studio factory collection

AF854042

ILLUSTRATOR 2021

LES FONDAMENTAUX DU DESSIN VECTORIEL

ISBN : 978-2-409-03447-3
Imprimé en France

Editions ENI
Rue Benjamin Franklin
44800 St HERBLAIN

Tél. 02.51.80.15.15
Fax 02.51.80.15.16

e-mail : editions@eni.fr
http://www.editions-eni.com

Auteur : Didier MAZIER
Collection **Studio Factory** dirigée par Corinne HERVO

Avant-propos

Ce livre, sur **Adobe Illustrator**, présente les **fonctionnalités de base** d'Illustrator en matière de dessin vectoriel. Il a été rédigé avec la version **25.2.2** d'Illustrator.

Le livre débute par une présentation des différents éléments d'interface (panneaux, plans de travail, espaces de travail, règles, repères, grille) avant d'aborder la gestion des **documents et des calques**.

Vous découvrirez ensuite les outils permettant de **créer des formes** diverses, d'insérer et de mettre en forme du **texte** et verrez en détail l'utilisation des outils **Plume** pour la création des **tracés**.

Vous apprendrez à modifier et mettre en valeur les objets en leur appliquant des **attributs**, des **styles**, des **effets**, des **transformations**.

Cet ouvrage a été conçu pour vous permettre de retrouver rapidement les options à activer et les manipulations à effectuer pour réaliser telle ou telle opération. Les captures d'écran proposées tout au long de ces pages permettent d'expliciter la manœuvre en cours en affichant la boîte de dialogue correspondant à la commande ou en proposant un exemple précis. Elles ont été réalisées sur Mac.

Vous trouverez en annexe un **glossaire**. De plus, les dernières pages de cet ouvrage présentent un **index thématique** qui sera fort utile pour retrouver rapidement les manipulations correspondant à tel ou tel thème.

Conventions typographiques

Pour que l'utilisateur puisse plus facilement retrouver et interpréter les informations qui l'intéressent, nous avons adopté les conventions typographiques suivantes.

Ces styles de caractères sont utilisés pour :

gras indiquer une option du menu ou d'une boîte de dialogue à activer.

italique un commentaire introduisant la manipulation ou explicitant les modifications visibles sur votre écran.

Ctrl symboliser les touches du clavier sur lesquelles vous devez appuyer ; lorsque deux touches sont placées l'une à côté de l'autre, vous devez appuyer simultanément sur les deux touches.

Les symboles suivants introduisent :

la manipulation à exécuter (activer une option, cliquez avec la souris...).

une remarque d'ordre général sur la commande en cours.

une astuce à connaître et à retenir !

Avant-propos

Avant-propos

L'environnement de travail

Interface et préférences

Affichage

Règles, repères, grille

Les documents et les calques

Documents

Calques

Tracés, texte et formes

Dessiner

Outil Plume

Modification des tracés

Texte

Attributs

Effets

Transformation des objets

Impression

Impression

Généralités sur les formats

Il existe différents formats d'images : le format bitmap et le format vectoriel.

Le format Bitmap

Les images au format Bitmap sont des images composées d'une matrice de points, les pixels. Ce sont surtout les photos qui sont concernées par ce format d'images, car il vise à reproduire au mieux la réalité.

En général ces images sont issues de scanner, d'appareils photos numériques ou de vidéo.

Il faut être conscient, dès le début du travail sur l'image, de son support de destination : la résolution est différente entre un support papier et un support écran.

Image à 300 dpi
Dimensions en pixels : 827 x 600

Image à 72 dpi
Dimensions en pixels : 198 x 149

Zoom à 100 % pour les 2 images

Pour ces deux images (réduites à 25 %), la taille d'affichage écran en pixels est la même, mais la résolution est différente : 72 dpi pour l'une, 300 dpi pour l'autre. Le **dpi** (*Dot Per Inch*) signifie point par pouce et est l'unité standard de résolution d'image.

Si vous imprimez les deux, pour avoir la même qualité d'image, l'une devra avoir une taille de 6,77 x 6 cm et l'autre de 28 x 25 cm.

Le format vectoriel

Les images au format vectoriel sont des images composées de courbes, d'objets. Ce sont surtout les dessins, éloignés de la réalité, qui sont créés dans ce format.

Lors d'un agrandissement, l'image vectorielle ne perd pas de sa qualité (elle n'est pas pixellisée).

Image vectorielle
(zoom 400 %)

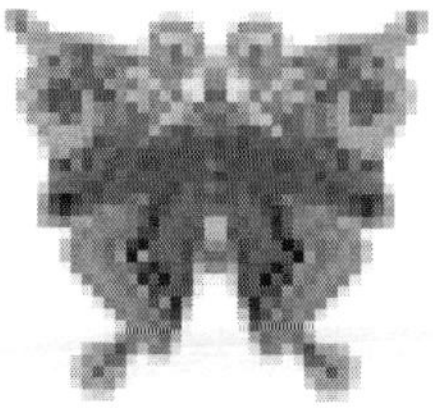

Image bitmap
(zoom 400 %)

Les profils colorimétriques

Illustrator propose cinq modèles colorimétriques : niveaux de gris, RVB, CMJN, TSL et RVB Web sécurisé. Vous les changerez selon la destination de votre document. Les documents Illustrator offrent, à leur création, le choix entre RVB et CMJN.

Lors de la création d'un document, Illustrator offre le choix entre les modes RVB et CMJN. Il est toujours possible de choisir des couleurs dans un autre mode (Lab ou TSL), mais celles-ci seront toujours converties dans l'un de ces deux espaces colorimétriques.

Niveaux de gris Profil colorimétrique utilisé pour les images en noir et blanc. Une seule couleur est présente, le noir, qui sera dosé plus ou moins fortement.

RVB Profil recommandé pour les images destinées aux sites Internet ou aux vidéos, à tout ce qui sera affiché sur un écran.

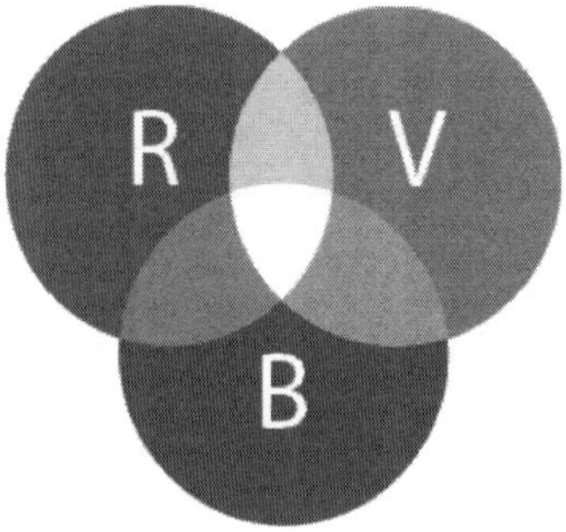

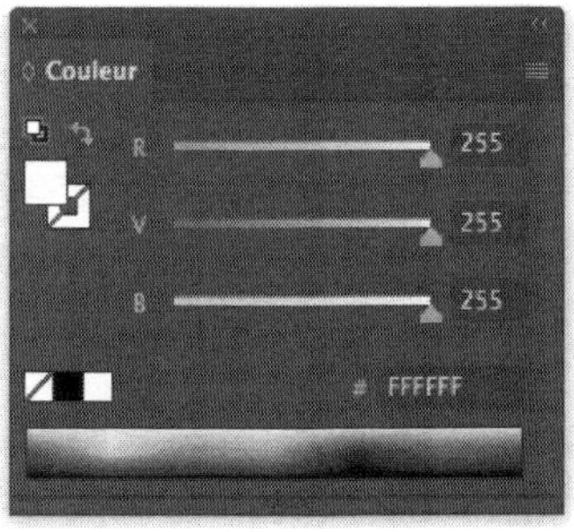

TSL Teinte Saturation Luminosité. Ce profil colorimétrique définit la perception visuelle de la couleur à partir de sa teinte, sa saturation (vivacité) et sa luminosité. On retrouve dans ce format le mélange des formats CMJN et RVB.

CMJN Cyan Magenta Jaune Noir. Utilisé pour l'impression ; la somme des trois couleurs CMJ donne un noir approximatif, c'est pourquoi on ajoute la couleur noire.

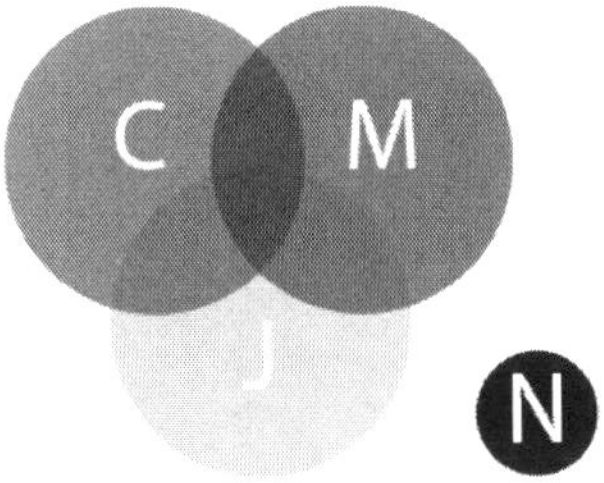

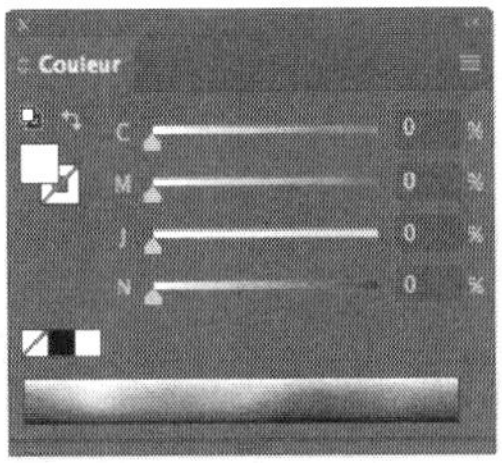

RVB Web sécurisé 216 palettes Web Safe. 216 couleurs sont définies dans ce profil colorimétrique : 256 RVB - 40 couleurs réservées pour Windows ou Mac OS. Ces couleurs seront reconnues par tous les écrans.

Découvrir l'interface de l'application

Lancez l'application Adobe Illustrator CC :

Voici l'interface après ouverture d'un document :

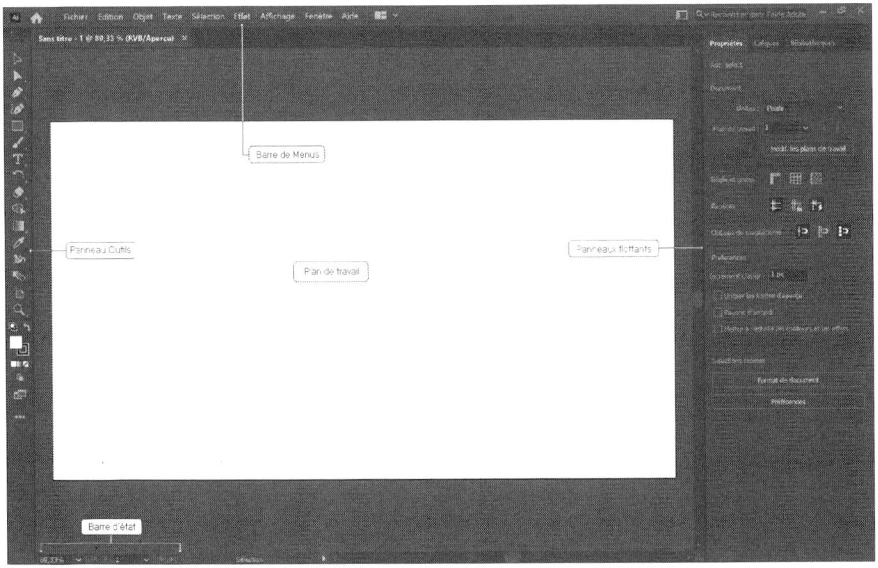

Illustrator sur PC

Illustrator sous Mac

Zone de travail

La surface de travail se situe sur la totalité de la fenêtre. Seuls les éléments situés dans le plan de travail seront imprimés.

Nouveauté

Un nouveau document est créé sur une zone de travail de grande taille si lorsque dans la boîte de dialogue **Nouveau document** vous créez un plan de travail supérieur à 227 pouces (5,777 mètres) ou si vous créez un nombre de plans de travail qui excèdent cette limite ou enfin si vous sélectionnez le préréglage **Format imprimerie** dans l'onglet **Impression**.

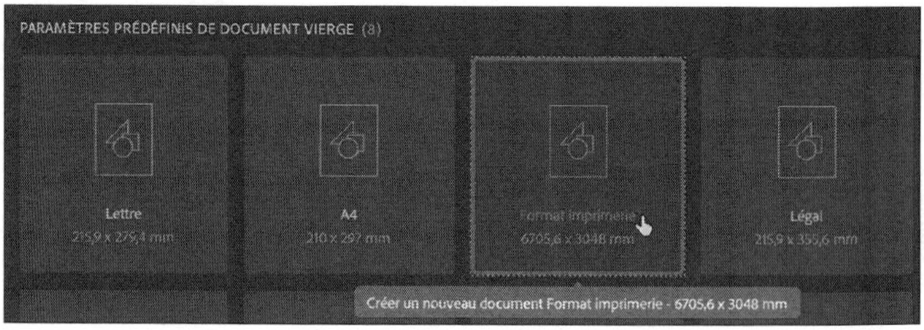

Plan(s) de travail

Ils représentent la zone sur laquelle vous allez travailler et qui sera imprimée. Ils sont représentés par des lignes continues noires. Par défaut, le plan de travail est de la taille d'une page de format A4 soit 21 x 29,7 cm (ou 595,28 pt x 841,89 pt).

- Le format du plan de travail est défini lors de la création d'un nouveau document (par défaut, il est de la même taille que la page).

  Il vous est possible de créer jusqu'à 100 plans de travail différents (cf. Les plans de travail dans le chapitre Affichage).

- Pour afficher ou masquer les plans de travail :

  Affichage - Afficher ou **Masquer les plans de travail** ou Ctrl ⇧ **H** (PC) ou cmd ⌘ ⇧ **H** (Mac)

  Les plans de travail sont également gérables grâce à un panneau dédié.

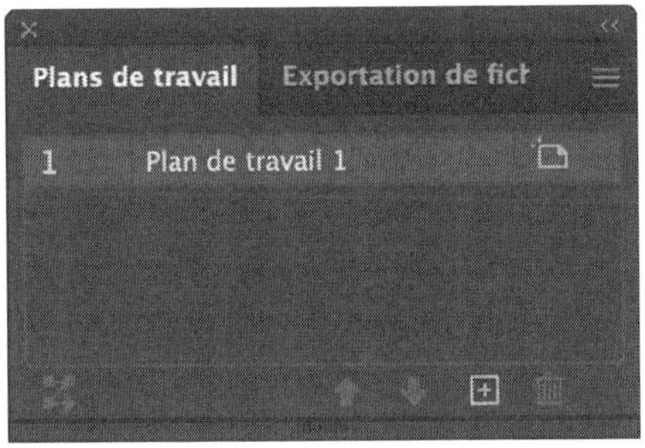

Limites de page et surface imprimable

Beaucoup d'imprimantes ne peuvent pas imprimer jusqu'au bord de la feuille. Les limites d'impression sont représentées par les lignes en pointillés à l'intérieur du plan de travail.

- Pour afficher ou masquer les limites d'impression :

  Affichage - **Afficher** ou **Masquer les limites d'impression**

- Pour modifier manuellement la position des limites d'impression et ainsi modifier la zone imprimable, sélectionnez l'outil **Limites d'impression** (cet outil est maintenant accessible via le bouton **Modifier la barre d'outils**). Cliquez ensuite dans votre document, à l'endroit où vous souhaitez positionner l'angle inférieur gauche des limites de page.

  Pour revenir à la configuration initiale, réalisez un double clic sur l'outil .

- Pour configurer la surface imprimable :

  Fichier - Imprimer ou Ctrl **P** (PC) ou cmd ⌘ **P** (Mac)

  Les options de cette boîte de dialogue dépendent des pilotes d'imprimante choisie.

Les fenêtres de document

Par défaut, lorsque vous ouvrez un document, celui-ci affiche son contenu dans une fenêtre à laquelle est associé un onglet reprenant le nom du document. Si plusieurs documents sont ouverts, vous visualisez les onglets correspondants dans l'espace de travail, formant ainsi un groupe de fenêtres.

- Si plusieurs documents sont ouverts, modifiez l'ordre de la fenêtre d'un document en faisant glisser son onglet vers le nouvel emplacement.
- Pour détacher une fenêtre du groupe de fenêtres et ainsi rendre cette fenêtre flottante, faites glisser l'onglet correspondant hors du groupe.

  Vous pouvez aussi activer le document concerné en cliquant sur son onglet puis en utilisant la commande ***Fenêtre - Disposition - Faire flotter dans la fenêtre.***
- Pour détacher toutes les fenêtres du groupe et ainsi rendre toutes ces fenêtres flottantes, utilisez la commande **Fenêtre - Disposition - Tout faire flotter dans les fenêtres**.
- Pour ancrer une fenêtre de document flottante au groupe de fenêtres, faites glisser sa barre de titre au niveau des onglets des autres fenêtres du groupe.
- Pour ancrer toutes les fenêtres de document flottantes et ainsi former un groupe de fenêtres, utilisez la commande **Fenêtre - Disposition - Intégrer toutes les fenêtres**.

Pour afficher les fenêtres des documents en **Mosaïque** ou en **Cascade**, cliquez sur l'option correspondante du menu **Fenêtre - Disposition**.

La barre d'état

Cette barre se situe en bas à gauche de votre écran. Elle affiche le pourcentage de zoom de votre page, les plans de travail disponibles ; sur la droite, apparaît par défaut l'outil actif.

- Pour modifier le type d'information visible dans la zone de droite, cliquez sur **Afficher** et choisissez l'option voulue :

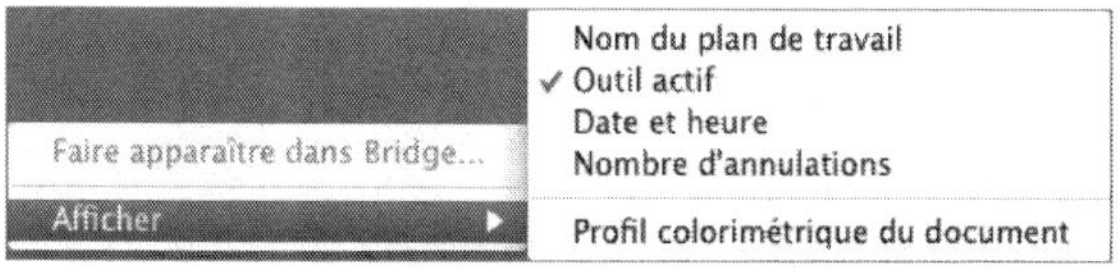

Une coche apparaît à gauche de l'élément actif.

Les barres d'outils

Découvrir les barres d'outils

- La barre d'outils donne accès à tous les outils d'Illustrator. Si elle est masquée, affichez-la par le menu **Fenêtre - Barres d'outils**.
- Vous pouvez afficher la barre au choix sur une ou deux colonnes en cliquant sur les flèches en haut à droite de la barre.

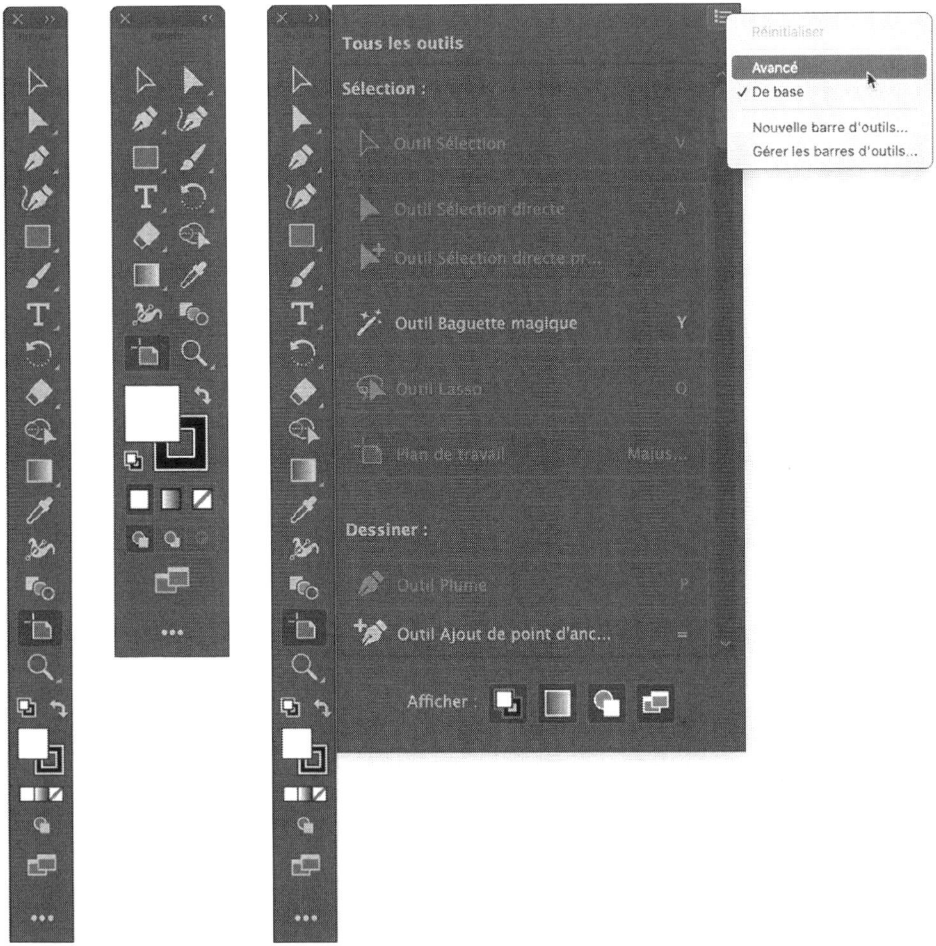

- Pour afficher tous les outils, cliquez sur les trois points en bas de la barre puis sur l'icône  et choisissez **Avancé** dans le menu contextuel du panneau qui se déploie.

  En bas de la liste des outils, choisissez de gauche à droite, d'afficher ou non, les commandes de contour et de fond, de couleurs et de dessin ainsi que le mode écran, en cliquant sur les icônes :

Afficher les outils masqués

- Pour afficher une série d'outils complémentaires, cliquez et maintenez le bouton de la souris enfoncé pendant quelques secondes sur les outils ayant une petite flèche en bas à droite de l'icône.

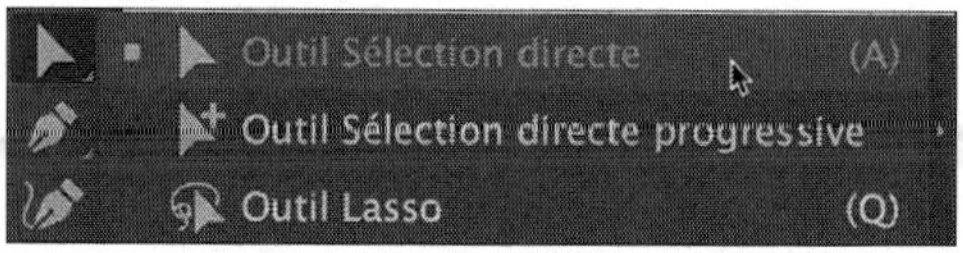

- Pour détacher une série d'outils, cliquez et maintenez le bouton de la souris enfoncé quelques secondes sur un outil ayant une petite flèche en bas à droite puis, lorsque tous les outils liés sont affichés, faites glisser la souris sur le bouton visible à l'extrémité droite de la série d'outils : les outils se détachent de la barre d'outils et deviennent une barre d'outils indépendante et flottante.

  Ci-dessous, avec une interface claire, voici les outils déployés.

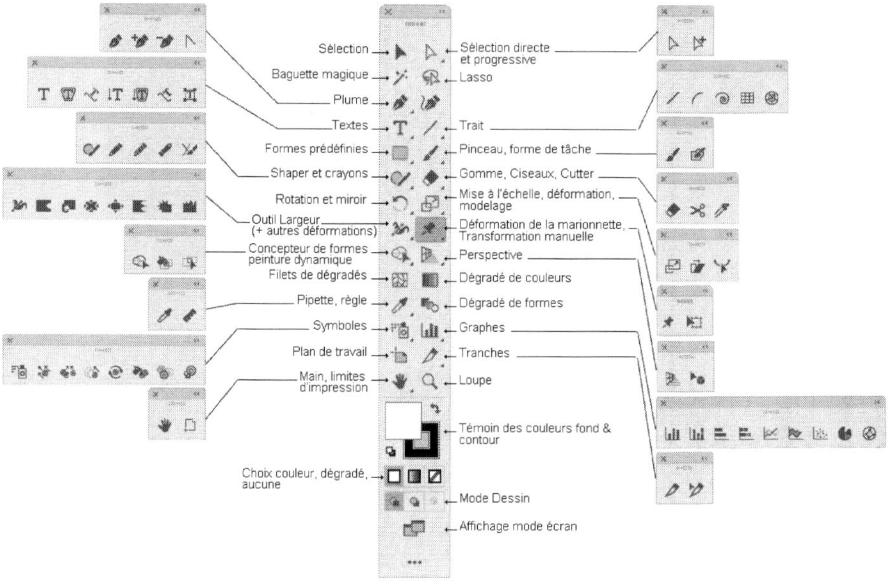

Le panneau Contrôle

Découvrir le panneau Contrôle

- Le contenu du panneau **Contrôle** (accessible par le menu **Fenêtre - Contrôle**) varie en fonction de l'objet sélectionné. Il présente les options les plus utilisées pour chaque objet sélectionné.

  *Exemple, le panneau **Contrôle** lors d'une sélection de tracé :*

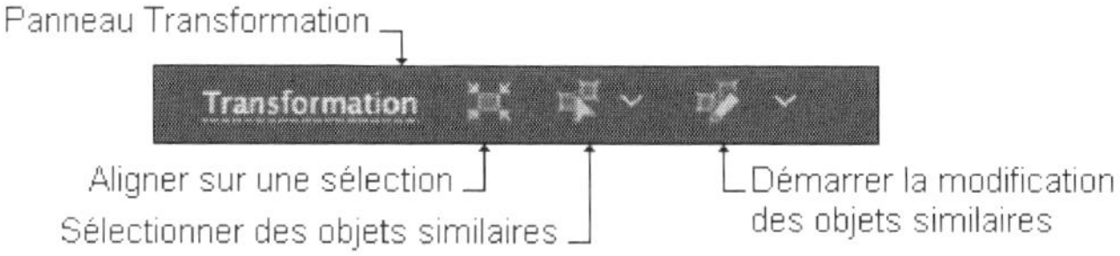

*Une fois choisi le type d'alignement (sur le plan de travail, un objet clé ou sur une sélection), les icônes d'alignement s'affichent sur le panneau **Contrôle** :*

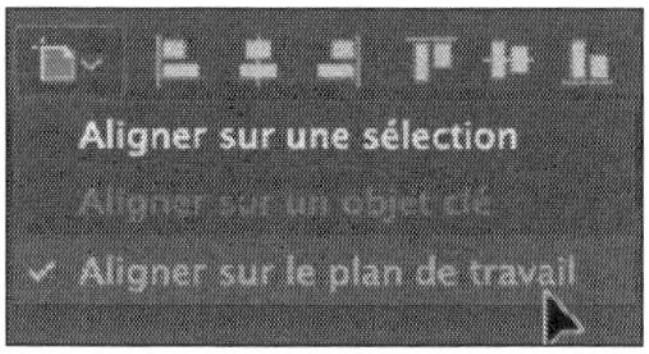

*Les options de base de transformation sont intégrées au panneau **Contrôle**. Un clic sur le lien **Transformation** ouvre le panneau contextuel de **Transformation** :*

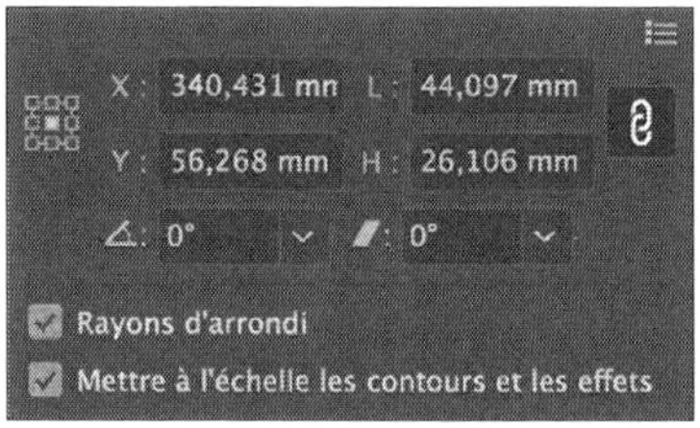

Personnaliser le panneau Contrôle

*Vous pouvez modifier les options visibles dans le panneau **Contrôle** à l'aide du menu de celui-ci.*

- Cliquez sur le bouton visible à droite du panneau.

  La liste des options apparaît. Les options actives sont précédées d'une coche. Par défaut, toutes les options sont actives.

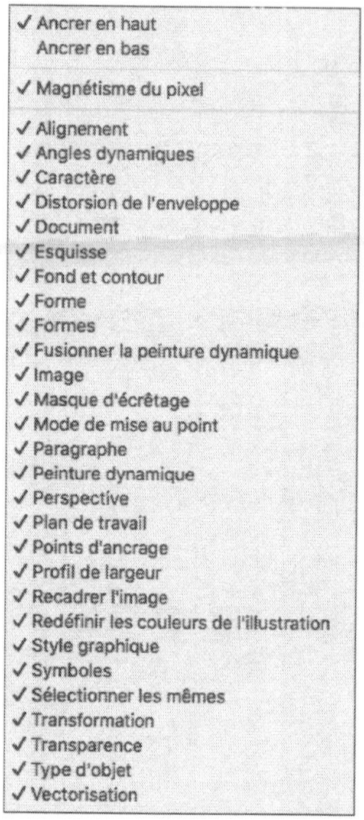

- Pour masquer une option, cliquez sur son nom afin de faire disparaître la petite coche.
- Pour afficher une option masquée, cliquez dessus afin de faire apparaître la petite coche.

Modifier le positionnement du panneau Contrôle

*Par défaut, le panneau **Contrôle** est fixé en haut de la fenêtre.*

- Pour fixer le panneau en bas de la fenêtre, cliquez sur le bouton visible à droite du panneau puis cliquez sur l'option **Ancrer en bas**.
- Pour transformer le panneau **Contrôle** en panneau flottant, pointez sa barre de manipulation visible à gauche puis faites-le glisser à l'endroit où vous souhaitez le positionner dans le plan de travail.

  Le panneau devient alors une fenêtre que vous pouvez déplacer et/ou dimensionner. On parle alors de panneau "flottant".
- Pour fixer de nouveau le panneau **Contrôle**, pointez sa barre de manipulation, faites-la glisser vers le haut ou le bas de la fenêtre puis lâchez le bouton de la souris lorsque vous visualisez un trait horizontal bleu.

Gérer les panneaux et les docks

En dehors des panneaux présents par défaut dans l'espace de travail **Les indispensables** *(***Propriétés***,* **Calques** *et* **Bibliothèques***), de nombreux autres panneaux sont disponibles. Tous les panneaux peuvent être agencés à l'écran selon vos besoins. À l'origine, ils sont groupés dans un espace appelé le* **dock***.*

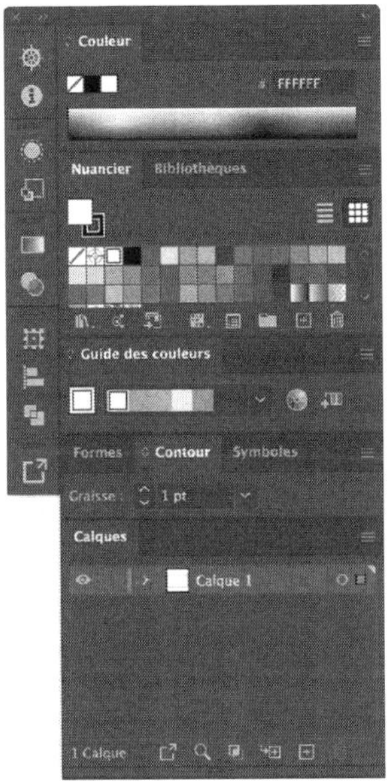

- Pour afficher ou masquer tous les panneaux, appuyez sur la touche ⇥.

Les options d'impression sont détaillées dans le chapitre Impression.

- Pour réduire les panneaux d'un dock en icônes, cliquez sur le bouton >> visible dans le coin supérieur droit du dock concerné.
- Pour afficher les panneaux d'un dock en entier, cliquez sur le bouton << visible dans la partie supérieure du dock correspondant.

  Pour réduire/développer les panneaux d'un dock, vous pouvez aussi cliquer sur la barre de titre du dock concerné.

- Pour masquer les panneaux d'un groupe de panneaux, faites un double clic sur l'onglet d'un panneau du groupe correspondant : seuls les onglets des panneaux du groupe restent visibles dans le dock.
- Pour activer un panneau, cliquez sur son onglet si celui-ci est visible ; s'il ne l'est pas, cliquez sur le nom du panneau concerné dans le menu **Fenêtre**.

  Les panneaux liés au texte sont accessibles par le menu **Fenêtre** *-* **Texte***.*

- Pour fermer un panneau, faites un clic droit sur son onglet puis cliquez sur l'option **Fermer** ou cliquez sur son nom dans le menu **Fenêtre**.
- Pour détacher un panneau d'un groupe de panneaux, faites glisser son onglet en dehors du dock ; vous pouvez aussi détacher un groupe de panneaux d'un dock en faisant glisser sa barre de titre en dehors du dock.
- Pour déplacer un panneau, faites glisser son onglet vers sa nouvelle position, dans le même ou dans un autre groupe de panneaux ; dans le cas d'un autre groupe, celui-ci peut faire partie du même dock ou d'un autre.
- Pour créer un groupe de panneaux, faites glisser entre deux groupes existants l'onglet du premier panneau devant être inséré dans le nouveau groupe puis lâchez le bouton de votre souris lorsque vous visualisez un trait horizontal à l'emplacement souhaité.
- Pour créer un dock, faites glisser à droite ou à gauche d'un dock existant le premier panneau ou le premier groupe de panneaux devant être inséré dans le nouveau dock puis lâchez le bouton de votre souris lorsque vous visualisez un trait vertical à l'emplacement souhaité.

Pour utiliser un espace de travail déjà préprogrammé, cliquez sur le menu **Fenêtre**, pointez l'option **Espace de travail** puis cliquez sur l'option désirée. Vous pouvez également utiliser le menu déroulant des espaces de travail situé sur le panneau des options en haut à droite.

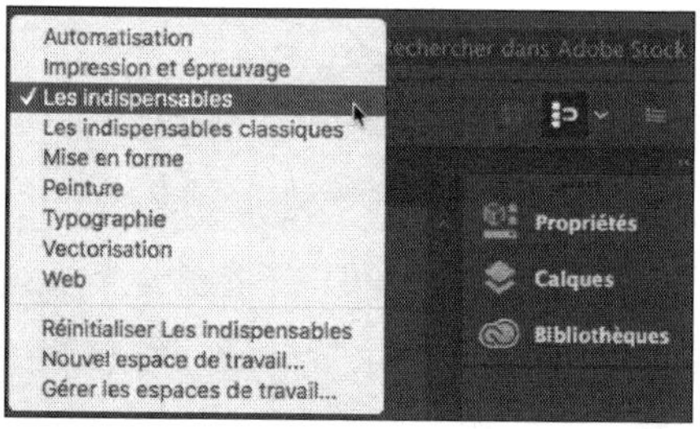

L'option **Les indispensables** permet de retrouver l'espace de travail d'origine : par défaut les panneaux du dock sont réduits en icône. Lorsqu'il n'y a plus de panneau ou de groupe dans un dock, celui-ci disparaît automatiquement.

Découvrir le panneau Propriétés

Le panneau **Propriétés**, qui affiche contextuellement les informations essentielles des éléments sélectionnés, a vocation à devenir le lieu privilégié pour les réglages et peut-être se substituera-t-il à terme aux panneaux dédiés à chaque type d'opération, qui restent évidemment toujours des alternatives possibles.

Vous avez donc le choix des armes ! Ci-après nous voyons un texte sélectionné sur lequel vous pouvez agir au choix à partir du panneau **Contrôle**, du panneau **Caractère** ou du panneau **Propriétés**.

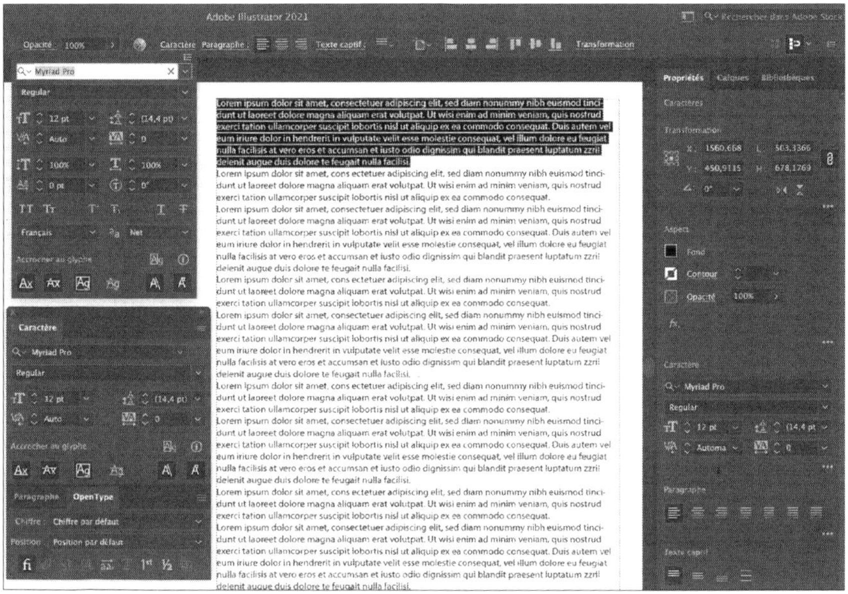

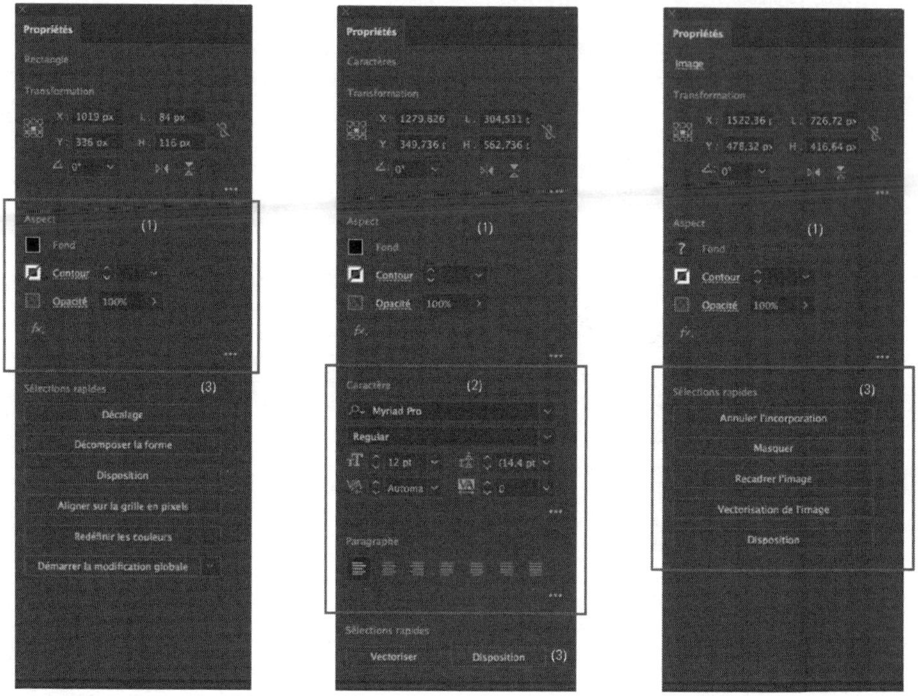

Le panneau **Propriétés** offre trois sections :

- **Commandes de transformation et d'aspect** (1) : pour modifier les dimensions et les caractéristiques d'objet.
- **Commandes dynamiques** (2) : pour modifier des caractéristiques spécifiques, comme par exemple, les réglages typographiques du texte.
- **Actions rapides** (3) : pour gagner du temps avec des raccourcis évitant d'avoir recours aux menus.

Annuler/rétablir les manipulations

Le nombre d'actions pouvant être annulées est illimité. Il dépend seulement de la capacité de mémoire de votre ordinateur.

⇥ Pour annuler les dernières actions, utilisez autant de fois que nécessaire la commande **Edition - Annuler Nom de la dernière action** ou le raccourci-clavier Ctrl **Z** (PC), cmd ⌘ **Z** (Mac).

*Lorsque Illustrator ne peut rien annuler, la commande **Annuler** est grisée et donc indisponible.*

- Pour rétablir les dernières actions, utilisez autant de fois que nécessaire la commande **Edition - Rétablir Nom de la dernière action** ou le raccourci-clavier Ctrl ⇧ **Z** (PC), cmd ⌘ ⇧ **Z** (Mac).

Vous pouvez aussi récupérer la dernière version enregistrée d'un document à l'aide de la commande **Fichier - Version précédente** ou F12. Attention, cette manipulation ne peut pas être annulée.

Les préférences de l'application

Intervenir sur l'aspect du pointeur

Cette manipulation détermine si le pointeur doit prendre la forme d'une croix (lors de l'utilisation de l'outil ***Plume*** *par exemple) ou adopter une autre forme comme un crayon, un pinceau, etc., lorsque vous réalisez certains tracés.*

- **Edition (Illustrator CC** sur Mac) - **Préférences - Général** ou Ctrl **K** (PC) ou cmd ⌘ **K** (Mac)
- Pour que le pointeur prenne la forme d'une croix, cochez l'option **Haute précision du curseur**.
- Cliquez sur le bouton **OK**.

Si vous souhaitez momentanément que le pointeur prenne la forme d'une croix, appuyez sur la touche ⇪. Appuyez de nouveau sur cette touche pour désactiver le verrouillage majuscules lorsque vous ne souhaitez plus que le pointeur prenne la forme d'une croix.

Définir les unités de mesure

- **Edition (Illustrator CC** sur Mac) - **Préférences** - **Unités**

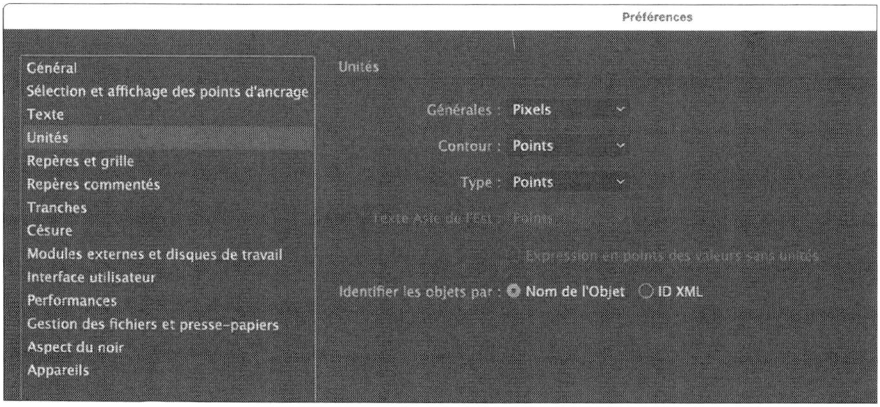

- Cliquez sur l'unité souhaitée dans les listes **Générales**, **Contour** et/ou **Type**.
- Validez en cliquant sur le bouton **OK**.

1 pouce = 72 points = 6 picas = 2,54 cm ; 10 points = 3,53 mm

Paramétrer l'échelle de l'interface utilisateur

L'échelle de l'interface utilisateur est réglable pour s'adapter à la taille de l'écran sur lequel vous travaillez.

- Ouvrez les **Préférences - Interface utilisateur** et déplacez le curseur pour régler le niveau d'agrandissement des éléments d'interface, ainsi qu'éventuellement la mise à l'échelle proportionnelle du curseur.

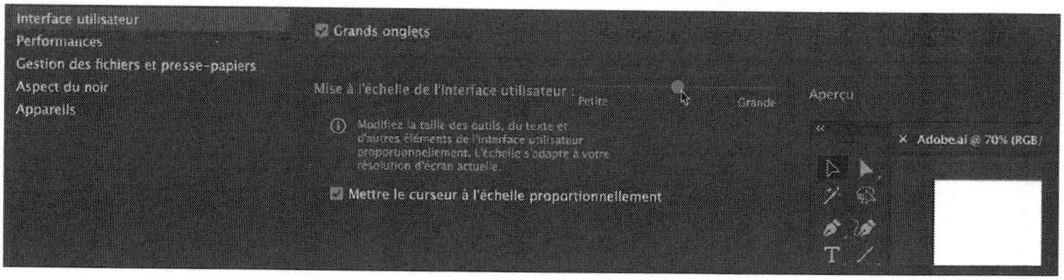

- Relancez ensuite Illustrator pour appliquer ces réglages.

Modifier le mode d'affichage du logiciel

- Pour modifier le mode d'affichage du logiciel, cliquez sur le dernier outil du panneau **Outils** puis sur l'option correspondant au mode d'affichage souhaité :

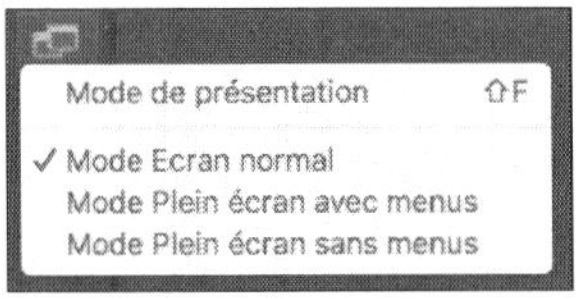

La combinaison de touches ⇧ **F** active le mode présentation.

Modifier le zoom d'affichage

Vous pouvez agrandir ou réduire la taille d'affichage de votre illustration. Pour cela, plusieurs méthodes sont à votre disposition.

*L'option **Taille réelle** est activée par défaut. Avec un zoom de 100%, quelle que soit la résolution de l'écran, la taille d'un objet affiché à l'écran est la taille physique réelle de celui-ci (cependant, la taille réelle ne fonctionne pas pour l'aperçu en pixels).*

Dans la barre d'état

- Ouvrez la liste visible à gauche dans la barre d'état puis sélectionnez le facteur de zoom souhaité, ou saisissez une valeur de zoom puis appuyez sur la touche ⏎.

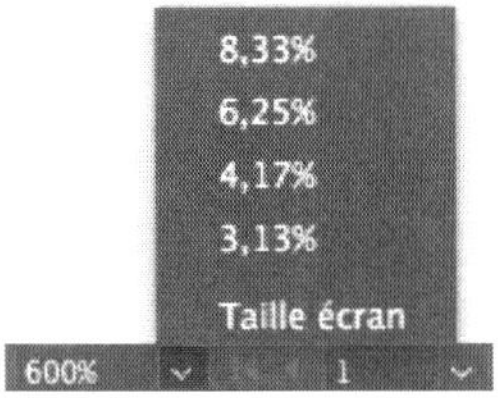

Par le menu

- Cliquez sur le menu **Affichage**.

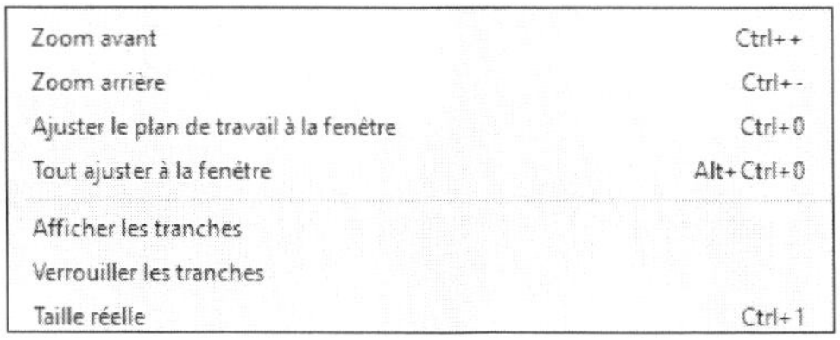

Sur PC

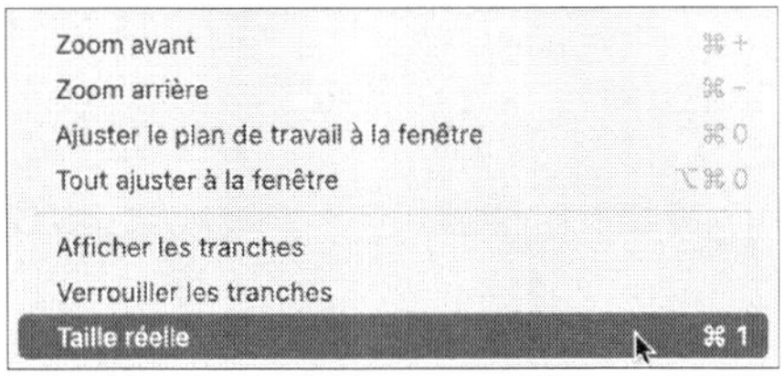

Sur Mac

- Cliquez sur l'option correspondant à la taille d'affichage souhaitée.

Notez que l'affichage **Taille réelle**, qui correspond à un affichage à 100 %, se trouve quelques lignes plus bas dans le bloc suivant. Le raccourci-clavier est cmd ⌘ **1** (Mac) ou Ctrl **1** (PC).

Dans le panneau Navigation

- **Fenêtre - Navigation**
- Tapez le pourcentage d'agrandissement dans la zone de saisie visible en bas à gauche 74% puis appuyez sur la touche ↵ ou cliquez sur les boutons **Zoom arrière** ou **Zoom avant**.
- Pour déplacer la zone de visualisation, cliquez et faites glisser votre souris dans le panneau **Navigation** ou effectuez un cliqué-glissé dans votre document tout en maintenant la touche Espace enfoncée.

À l'aide des outils

- Sélectionnez l'outil **Zoom** puis cliquez dans le document pour augmenter la valeur du zoom. Maintenez la touche Alt (PC) ou alt (Mac) enfoncée en cliquant dans le document pour réduire la valeur du zoom.

- Faites un double clic sur l'outil **Main** pour afficher entièrement le plan de travail (taille écran).

- Faites un double clic sur l'outil **Zoom** pour afficher votre illustration en taille réelle (zoom 100 %).

Pour faire défiler le document, sélectionnez l'outil **Main** puis réalisez un cliqué-glissé dans votre document.

Pour désactiver l'option **Taille réelle**, choisissez **Edition - Préférences - Général** (PC) ou **Illustrator CC - Préférences - Général** (Mac). Désélectionnez **Afficher la taille d'impression (zoom à 100%)**.

Les plans de travail

Les plans de travail fonctionnent comme des zones de recadrage qui définissent les zones d'impression. Ils sont utilisés pour recadrer des zones d'impression ou repositionner des éléments. Plusieurs plans de travail peuvent être créés pour un même document mais un seul peut être actif à la fois.

Créer des plans de travail

- Cliquez sur l'icône **Plan de travail** dans la barre d'outils ou utilisez le raccourci-clavier ⇧ **O**.
- Dessinez autant de plans de travail que nécessaire à l'aide de cliqués-glissés.

Chacun des plans de travail créé apparaît sur fond blanc ; le plan de travail actif est entouré d'une ligne en pointillés. Un numéro s'affiche en haut à gauche de chacun des plans de travail.

- Pour créer un plan de travail dans un plan de travail actif, appuyez sur la touche ⇧ pendant la création de celui-ci.
- Pour modifier les options d'un plan de travail, veillez à ce qu'il soit sélectionné puis double cliquez sur l'outil ou sur l'outil du panneau **Contrôle**.

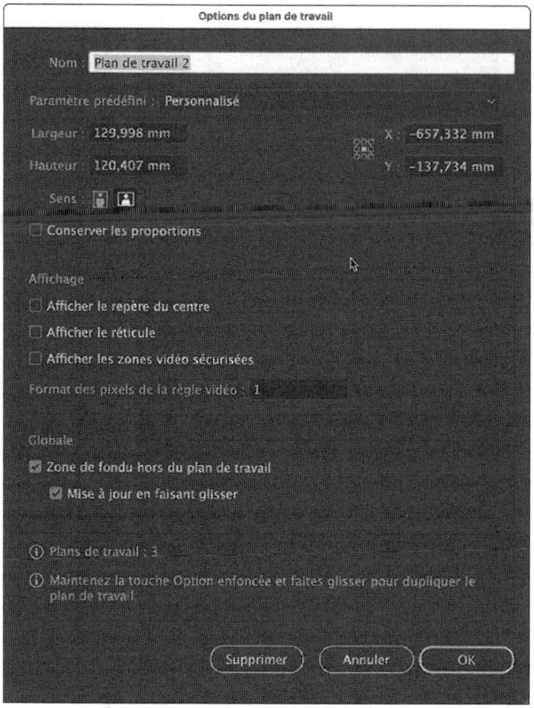

- Sélectionnez une zone de recadrage prédéfinie dans la liste **Paramètre prédéfini** ou spécifiez la **Largeur**, la **Hauteur** et l'orientation (**Sens**) du plan de travail.
- Définissez la position du centre du plan de travail à l'aide des zones **X** et **Y**.
- Définissez le mode d'affichage du plan de travail :

Afficher le repère du centre	Cochez cette option si vous souhaitez afficher un point au centre de votre plan de travail.
Afficher le réticule	Cochez cette option si vous souhaitez rendre visibles des repères au centre des côtés du plan.
Afficher les zones vidéo sécurisées	Cochez cette option pour afficher les repères des zones visualisables dans une vidéo.

- Modifiez éventuellement le **Format des pixels de la règle vidéo** dans la zone correspondante.
- Spécifiez si vous souhaitez une **Zone de fondu hors du plan de travail** en cochant l'option correspondante : dans ce cas, lorsqu'un plan de travail est actif, la zone située à l'extérieur de celui-ci est plus foncée que la zone du plan de travail.

- Cochez l'option **Mise à jour en faisant glisser** pour que la zone extérieure à la zone de recadrage apparaisse en grisé même pendant la création ou la modification de la zone de recadrage.

  À l'inverse des autres options, ces deux dernières options s'appliquent à tous les plans de travail créés et pas uniquement à celui qui est actif.

- Validez les modifications réalisées en cliquant sur le bouton **OK.**
- Pour quitter le mode de modification du plan de travail et ainsi valider le ou les plans de travail créés, cliquez sur un outil quelconque.

Pour créer un nouveau plan de travail, vous pouvez aussi cliquer sur l'outil **Nouveau plan de travail** du panneau **Contrôle** puis cliquer à l'endroit où le nouveau plan de travail doit être inséré : le nouveau plan de travail reprend la taille et les options de configuration du plan de travail actif au moment où vous avez cliqué sur l'outil .

Notez qu'avec le menu des paramètres prédéfinis il est facile d'ajuster un espace de travail à l'illustration qu'il contient :

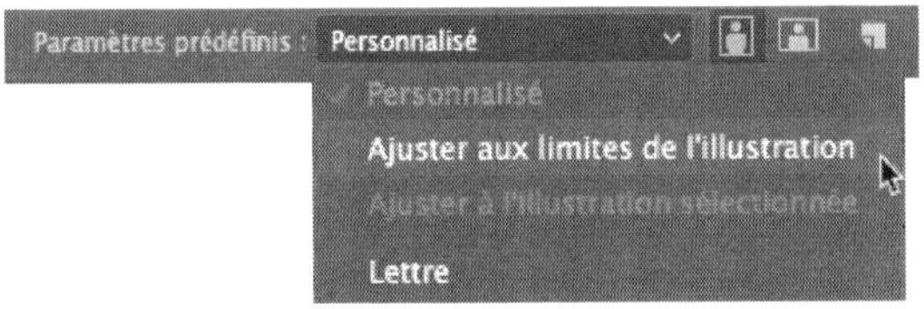

Gérer les plans de travail

- Cliquez sur l'outil **Plan de travail** ou appuyez sur les touches Ctrl **O**.
- Pour activer un plan de travail, cliquez dessus.
- Pour modifier la taille d'un plan de travail, activez-le puis faites glisser les poignées de redimensionnement ; vous pouvez aussi spécifier les nouvelles valeurs dans les zones **L** et **H** du panneau **Contrôle**.

- Pour afficher un plan de travail sans visualiser les parties qui débordent de ses limites, choisissez le menu **Affichage - Affichage rogné**.

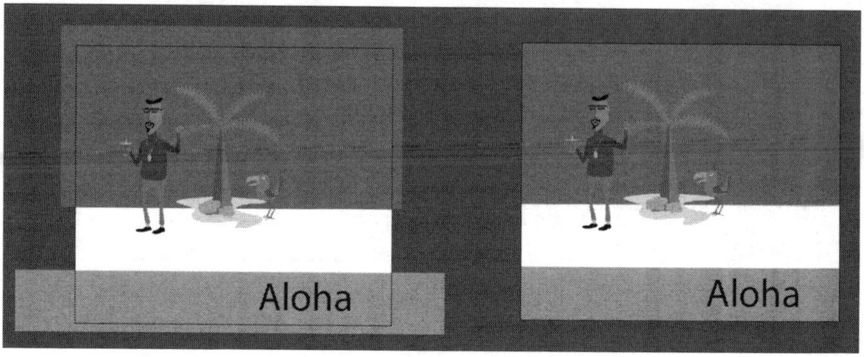

À gauche, affichage normal ; à droite, affichage rogné

- Pour déplacer un plan de travail et son contenu, veillez à ce que l'outil du panneau **Contrôle** soit activé, cliquez sur le plan de travail à déplacer puis faites-le glisser vers son nouvel emplacement ; vous pouvez aussi utiliser les touches de déplacement au clavier, ou spécifier la position du centre du plan de travail dans les zones **X** et **Y** du panneau **Contrôle** ; pour déplacer un plan de travail sans son contenu, désactivez l'outil du panneau **Contrôle** avant de réaliser le déplacement.
- Pour dupliquer un plan de travail, faites-le glisser en maintenant la touche Alt (PC) ou alt (Mac) enfoncée.
- Pour supprimer un plan de travail, cliquez dessus pour le sélectionner puis cliquez sur l'outil **Supprimer le plan de travail** du panneau **Contrôle** ou appuyez sur la touche Suppr ou cliquez sur le bouton ⊠ visible dans l'angle supérieur droit du plan de travail à supprimer.

  Attention, vous ne pouvez pas supprimer le dernier plan de travail.

Pour appliquer facilement à un espace de travail les dimensions des écrans des principaux périphériques, choisissez parmi les paramètres prédéfinis du menu déroulant du panneau **Contrôle**.

Utiliser le panneau Plans de travail

- Vous pouvez également gérer les plans de travail grâce au panneau dédié. Dans l'exemple ci-dessous, en cliquant trois fois sur l'icône **Nouveau plan de travail**, nous avons créé rapidement plusieurs plans de travail pour produire un document multipages.

- Les flèches du panneau **Plans de travail** permettent de réorganiser l'ordre des plans de travail. Vous pouvez également supprimer un plan de travail en le faisant glisser vers la corbeille.
- Le menu contextuel, accessible en haut à droite du panneau **Plans de travail**, autorise également l'accès aux commandes suivantes :
  - **Dupliquer les plans de travail**
  - **Supprimer les plans de travail vides**
  - **Convertir en plans de travail** : transforme les rectangles sélectionnés en plans de travail (ils ne doivent être ni pivotés ni utilisés comme masques d'écrêtage).
  - **Options du plan de travail** : permet d'accéder à la boîte de dialogue du même nom.
  - **Réorganiser tous les plans de travail** : permet de restructurer les positions des plans de travail du document.

Nouveauté

Vous pouvez désormais copier un plan de travail et son contenu et le coller dans un autre document avec les commandes usuelles cmd ⌘ **C** (Mac) - Ctrl **C** (PC) ou avec le menu **Édition**.

Gérer les plans de travail avec le panneau Propriétés

Lorsqu'un plan de travail est sélectionné, le panneau **Propriétés** *permet de gérer les actions suivantes :*

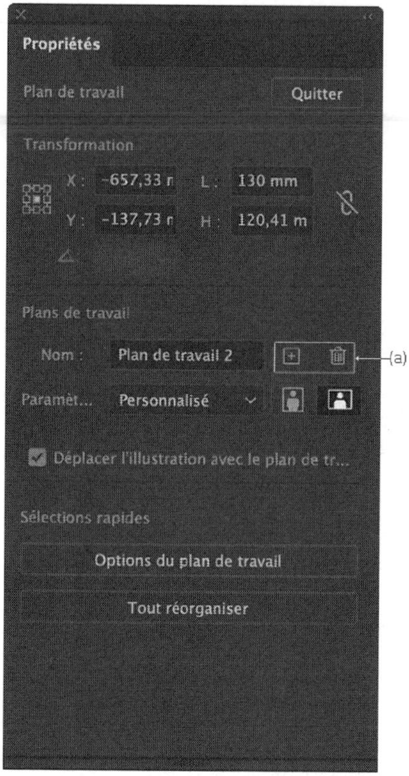

- Vous pouvez éditer le **Nom** du plan de travail.
- Les icônes (a) permettent de créer un plan de travail ou de supprimer le plan actif.
- Ouvrez la liste **Paramèt...** pour appliquer un ensemble de paramètres prédéfinis.
- Indiquez si vous souhaitez déplacer ou non le contenu avec le plan de travail à l'aide de l'option **Déplacer l'illustration avec le plan de travail**.

  Les boutons de la zone **Sélections rapides** *permettent d'activer les* **Options** *ou de réorganiser la répartition des plans de travail.*

Organiser les plans de travail

- Pour aligner de nombreux plans de travail, sélectionnez-les puis choisissez **Réorganiser tous les plans de travail** dans le menu déroulant du panneau.

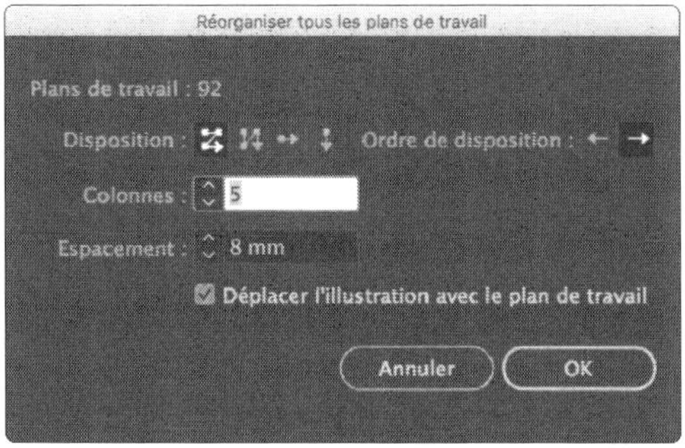

- Précisez la **Disposition** (déroulement des plans de travail, par exemple, par colonne puis rangée) et l'ordre de disposition (gauche à droite ou l'inverse).
- Indiquez le nombre de **Colonnes** et l'**Espacement** entre les colonnes.

  *Évitez de décocher la case **Déplacer l'illustration avec le plan de travail** car vous risquez de générer une pagaille générale !*

  Les plans de travail de votre document seront ainsi bien rangés :

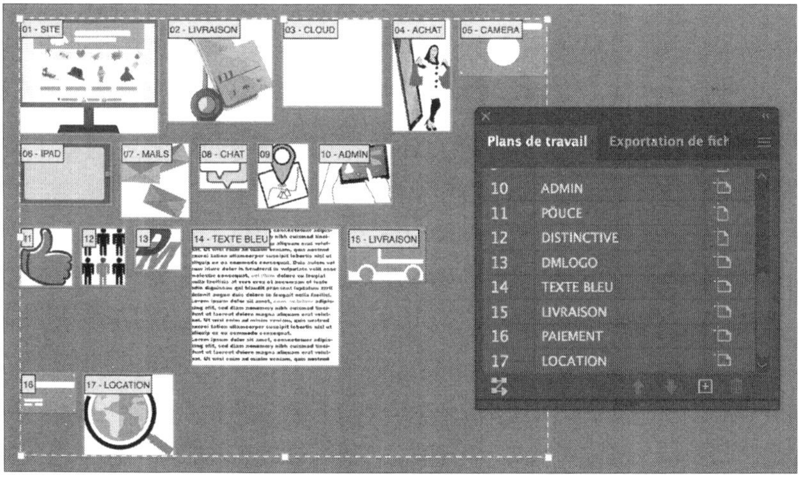

Pour passer d'un plan de travail au suivant, appuyez sur la touche Alt (PC) ou ⌥ (Mac), et appuyez sur les touches → ou ←. En mode présentation, vous pouvez ainsi utiliser chaque plan de travail comme une diapositive distincte.

Utiliser les règles

L'utilisation des règles, des repères et de la grille va vous permettre de faciliter les alignements d'objets.

Afficher/masquer les règles

- Pour afficher les règles, faites :
  Affichage - Règles - Afficher les règles ou Ctrl **R** (PC) ou cmd ⌘ **R** (Mac)
- Pour masquer les règles, faites :
  Affichage - Règles - Masquer les règles ou Ctrl **R** (PC) ou cmd ⌘ **R** (Mac)
- Un clic droit sur le plan de travail (ou Ctrl clic sur Mac) ouvre un menu déroulant qui permet d'afficher ou de masquer les règles.

Les règles peuvent être globales et dans ce cas il n'y a qu'un seul point d'origine. Si par contre elles sont liées aux plans de travail, il y a une origine pour chaque plan.

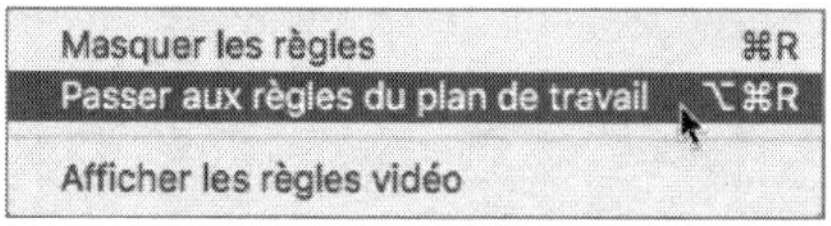

Paramétrer les règles

- Pour définir l'unité de mesure des règles, faites **Edition** (**Illustrator CC** sur Mac) - **Préférences - Unités**.
- Sélectionnez une unité de mesure dans la liste **Générales** (cf. chapitre Interface et préférences - Les préférences de l'application - Définir les unités de mesure).
  Cliquez sur le bouton **OK**.
- En faisant un clic droit (PC) ou Ctrl clic (Mac) sur les règles, il est possible de changer les unités de mesure. Les règles sont propres à chaque plan de travail, il est donc possible de **Passer aux règles globales** du document ou de revenir aux règles de chaque espace de travail.

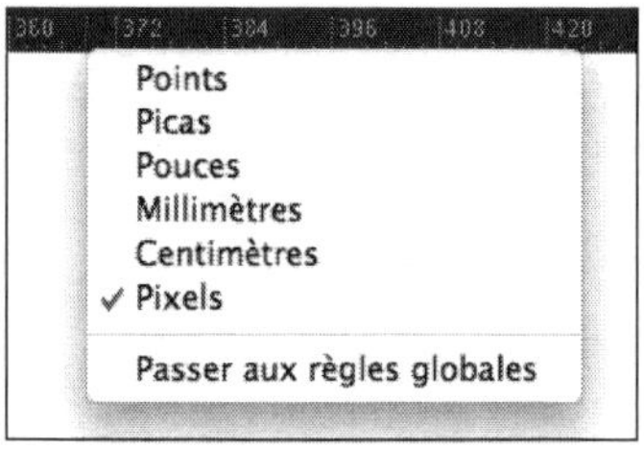

- Pour modifier l'origine en abscisses ou en ordonnées, cliquez dans la case située à l'intersection des règles horizontale et verticale puis faites glisser le pointeur à l'emplacement où vous souhaitez positionner l'origine des règles.

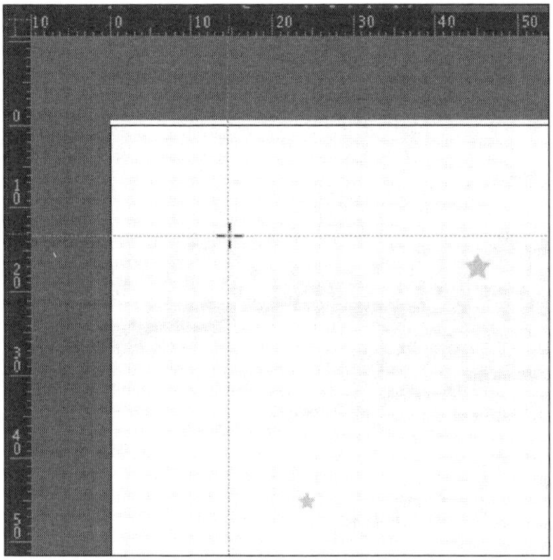

- Pour rétablir l'origine des règles à la position par défaut (angle inférieur gauche du document), faites un double clic dans la case située à l'intersection des règles horizontale et verticale.

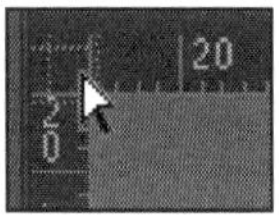

Gérer les repères de règles

Les repères servent à faciliter les alignements sur des lignes. Ils peuvent être magnétisés.

Créer les repères de règles

Ces repères sont verticaux ou horizontaux.

- Pour créer un repère, les règles doivent être affichées :
  Affichage - Règles - Afficher les règles ou Ctrl **R** (PC) ou cmd ⌘ **R** (Mac)
- Cliquez sur la règle verticale ou horizontale puis faites glisser la ligne pointillée représentant le repère jusqu'à l'endroit où vous souhaitez déposer votre repère.
  Un trait cyan apparaît.

Vous pouvez également placer un repère en double-cliquant sur la règle. Dans ce cas, en maintenant la touche ⇧ appuyée, le repère sera aimanté sur la division la plus proche.

- Enfin pour placer deux repères (horizontal et vertical) en même temps, cliquez en haut à gauche de la fenêtre, à la jonction des deux règles, en maintenant la touche Ctrl (PC) ou cmd ⌘ (Mac) appuyée...

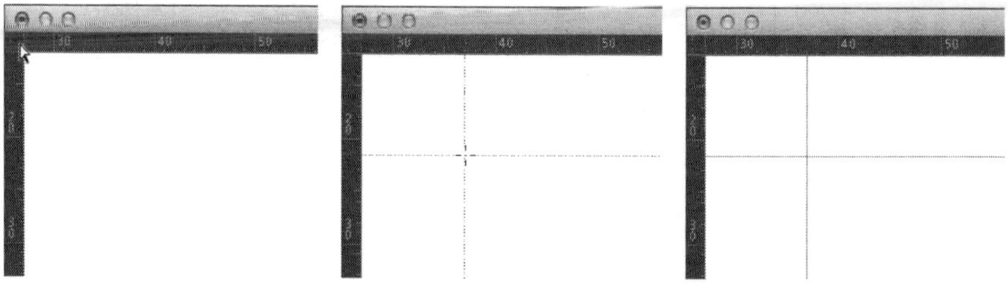

... puis tirez le curseur et relâchez-le à l'intersection des deux repères.

Les repères horizontal et vertical créés se croiseront à la position du curseur.

Ces repères n'apparaîtront pas à l'impression.

Déplacer un repère de règle

- Si besoin, faites **Affichage - Repères - Verrouiller les repères** pour désélectionner l'option ou utilisez le raccourci-clavier Ctrl Alt ; (PC) ou cmd ⌘ alt ⌥ ; (Mac).
- Cliquez sur le repère puis faites-le glisser jusqu'à l'endroit où vous souhaitez le positionner.

Masquer/afficher les repères de règle

- Pour masquer tous les repères, faites **Affichage - Repères - Masquer les repères**.

  Tous vos repères disparaissent par cette action mais ne sont pas effacés.
- Pour afficher tous les repères, faites **Affichage - Repères - Afficher les repères**.

Personnaliser les repères de règle

- Affichez, si besoin, les repères par **Affichage - Repères - Afficher les repères**.
- **Edition (Illustrator CC** sur Mac) - **Préférences - Repères et grille**

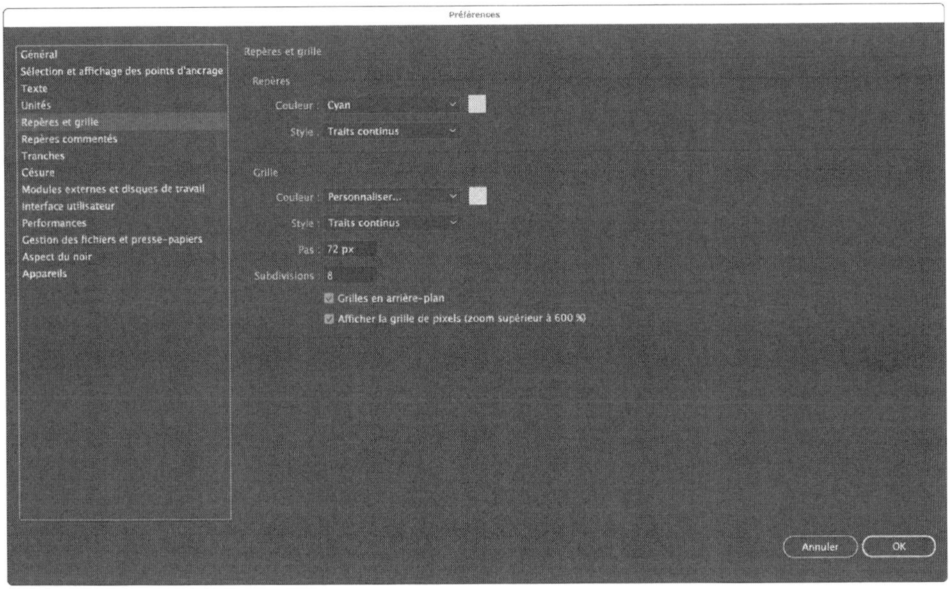

- Dans la liste **Couleur**, choisissez une couleur de trait.
- Pour choisir une couleur personnalisée dans le spectre de couleurs, sélectionnez l'option **Personnaliser** de la liste **Couleur** ou faites un double clic sur le rectangle coloré visible dans le cadre **Repères**.

  *La fenêtre **Couleurs** s'affiche.*

  Sélectionnez une couleur puis cliquez sur le bouton **OK** pour fermer la fenêtre **Couleurs**.
- Pour choisir un style de trait, ouvrez la liste **Style** puis cliquez sur une des deux options proposées : **Traits continus** ou **Traits pointillés**.
- Cliquez sur le bouton **OK**.

Supprimer les repères de règle

- Pour supprimer tous les repères, faites **Affichage - Repères - Effacer les repères**.
- Pour supprimer un repère, cliquez sur le repère que vous souhaitez supprimer ; pour sélectionner plusieurs repères, maintenez la touche ⇧ enfoncée puis cliquez successivement sur les repères à sélectionner.

  Appuyez sur la touche Suppr.

Dupliquer les repères de règle

- Veillez à ce que l'option **Verrouiller les repères** du menu **Affichage - Repères** soit désactivée.
- Appuyez sur la touche Alt (PC) ou alt ⌥ (Mac), cliquez sur le repère que vous souhaitez copier puis faites glisser la souris à l'endroit où vous souhaitez positionner le nouveau repère.

Verrouiller/déverrouiller les repères de règle

- Pour verrouiller les repères, faites **Affichage - Repères - Verrouiller les repères** ou utilisez le raccourci-clavier Ctrl Alt ; (PC) ou cmd ⌘ alt ⌥ ; (Mac).

  Une fois les repères verrouillés, ils ne peuvent plus être sélectionnés et donc déplacés par un cliqué-glissé ou encore supprimés.
- Pour déverrouiller les repères, faites **Affichage - Repères - Verrouiller les repères** ou Ctrl Alt ; (PC) ou cmd ⌘ alt ⌥ ; (Mac) afin de désactiver la commande.

Utiliser les repères commentés

Ces repères permettent la détection des autres objets. Ils sont dynamiques quand vous déplacez ou transformez un objet par rapport à un autre objet, un repère ou la page. Les repères commentés sont incompatibles avec le magnétisme de la grille.

Paramétrer les repères commentés

- **Edition (Illustrator CC** sur Mac) - **Préférences - Repères commentés**

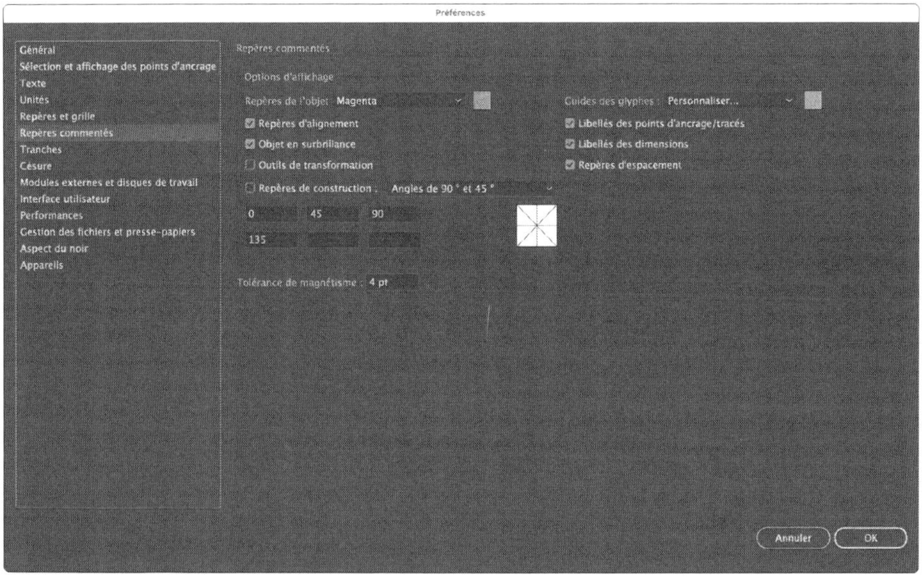

- Sélectionnez la **Couleur** souhaitée pour les repères ; par défaut, ils s'affichent en magenta.
- Cochez l'option **Repères d'alignement** si vous souhaitez afficher des repères en cours de déplacement. Les repères d'alignement apparaissent au centre et sur les bords des objets. Ils vous seront utiles lors des déplacements et de la transformation des objets.

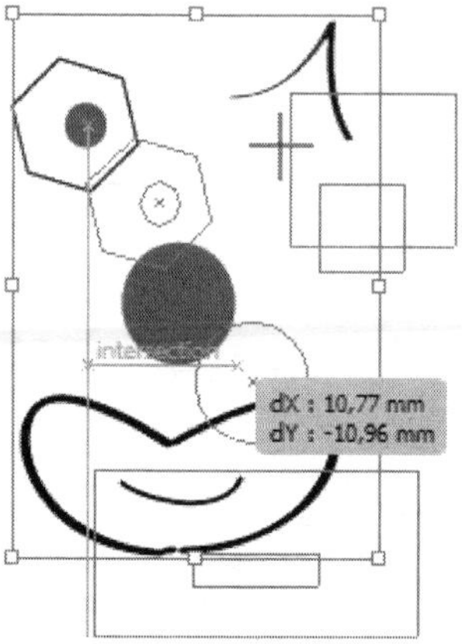

- Cochez l'option **Objet en surbrillance** pour faire apparaître un surlignement autour de l'objet lorsque le pointeur s'en approche.
- Cochez l'option **Outils de transformation** pour afficher des informations qui vont vous aider à transformer votre objet.
- Cochez l'option **Libellés des points d'ancrage/tracés** pour afficher des informations lors d'intersection de tracés.
- Cochez l'option **Libellé des dimensions** pour afficher les coordonnées de l'origine de l'objet en cours de déplacement. Les coordonnées s'affichent également lors de la création et de la transformation d'un objet et lorsque vous sélectionnez un point d'ancrage.

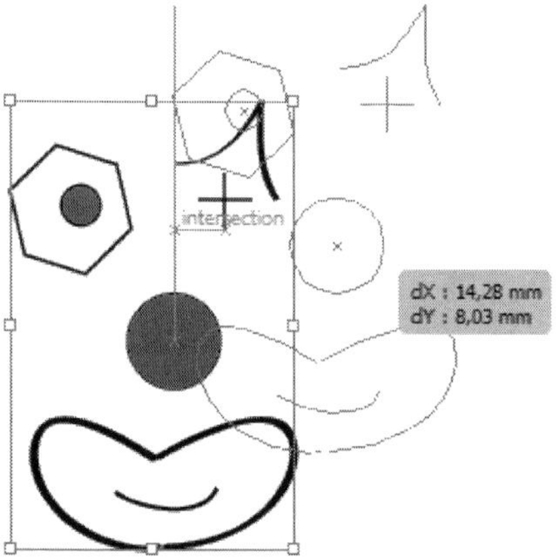

- Cochez l'option **Repères de construction** pour afficher une aide qui va vous aider à créer vos repères.

Ouvrez la liste **Angles** puis sélectionnez la catégorie d'angles que suivront les repères lors de la transformation de vos objets.

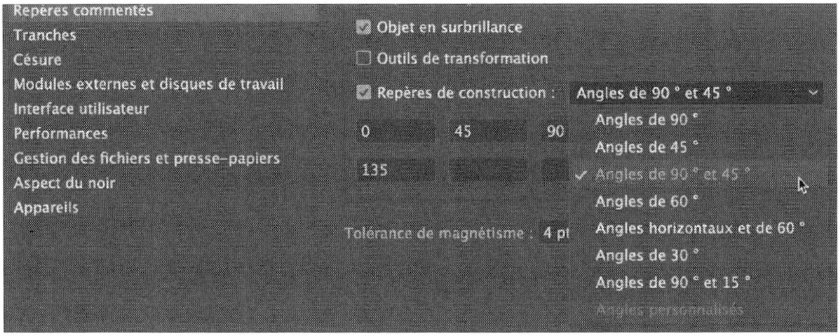

Vous pouvez également fixer dans les zones de saisie qui suivent, les valeurs des angles d'inclinaison des axes qui vous serviront de repères.

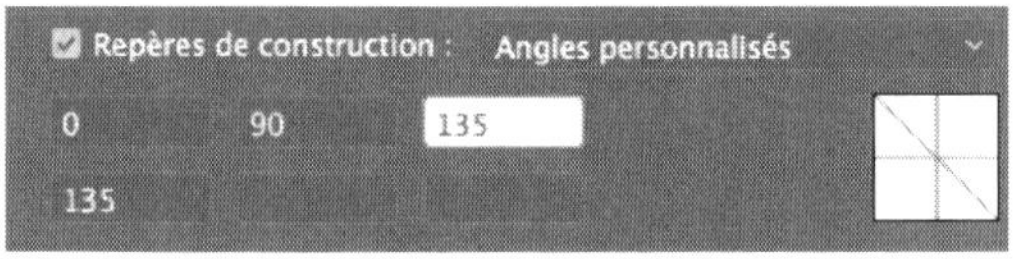

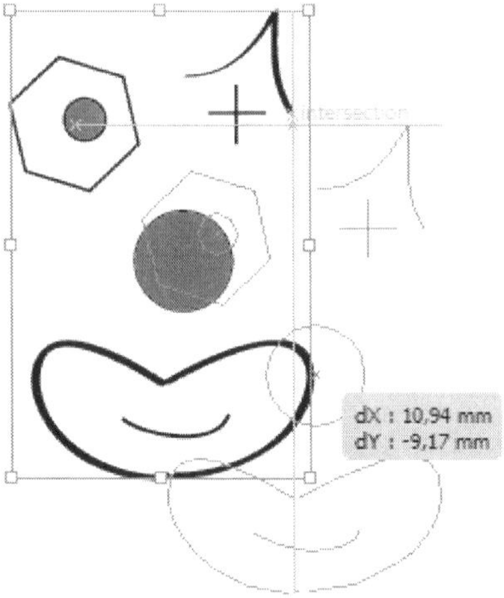

Saisissez la valeur de la **Tolérance de magnétisme** (en points) pour définir la distance entre le pointeur de votre souris et l'objet désigné pour que les repères apparaissent.

Validez en cliquant sur le bouton **OK**.

Utiliser les repères commentés

- **Affichage - Repères commentés** ou Ctrl **U** (PC) ou cmd ⌘ **U** (Mac)

  Lorsque vous dessinez un objet, si vous passez la souris sur un repère, il se surligne en bleu et affiche un commentaire selon l'endroit où vous vous trouvez. De cette manière, vous pouvez, par exemple, aligner vos autres objets sur le premier.

Lorsque l'option **Magnétisme de la grille** du menu **Affichage** est active, vous ne pouvez pas utiliser les repères commentés, même si la commande du menu est sélectionnée.

Utiliser la grille

Utilisez la grille pour vous aider dans les alignements verticaux et horizontaux d'objets.

Afficher/masquer la grille

- Pour afficher la grille, faites :
  Affichage - Afficher la grille ou Ctrl F7 (PC) ou cmd ⌘ F7 (Mac)
- Pour masquer la grille, faites :
  Affichage - Masquer la grille ou Ctrl F7 (PC) ou cmd ⌘ F7 (Mac)

Personnaliser la grille

- **Edition (Illustrator CC** sur Mac) - **Préférences - Repères et grille**

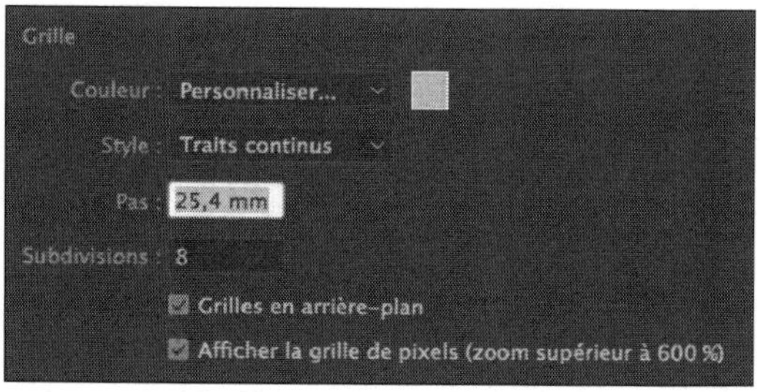

- Sélectionnez la **Couleur** et le **Style** de traits de votre grille à l'aide des listes correspondantes de la zone **Grille**.
- Dans le champ de saisie **Pas**, renseignez la distance à laisser entre les lignes principales de la grille (distance visible lorsque le zoom est égal à 100 %).
- Précisez le nombre de **Subdivisions** entre deux lignes principales. Ces subdivisions déterminent le quadrillage secondaire.
- Décochez l'option **Grilles en arrière-plan** si vous souhaitez afficher la grille devant les illustrations, au premier plan.
- **Afficher la grille de pixels** : avec un grossissement supérieur à 600 %, la grille de pixels s'affichera pour un positionnement plus précis lors de la création de documents destinés au Web.

- Cliquez sur le bouton **OK**.

Magnétiser la grille

Vous pouvez demander à ce que la grille soit magnétisée, aimantée afin de faciliter l'alignement de vos objets.

- **Affichage - Magnétisme de la grille** ou Ctrl ⇧ F7 (PC) ou cmd ⌘ ⇧ F7 (Mac)

Lorsque cette option est active, une coche est visible à gauche de celle-ci.

Nouveauté

Gérer les repères avec le panneau Propriétés

Avec l'outil ***Sélecteur*** *activé, le panneau* ***Propriétés*** *permet la gestion des règles :*

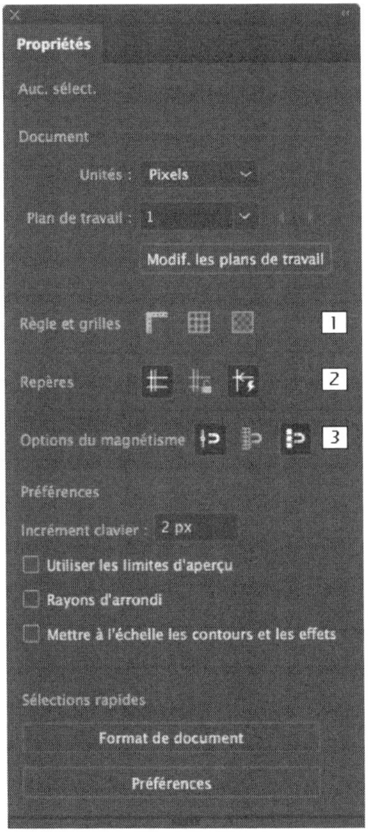

- Cliquez sur ces icônes (1) pour afficher dans l'ordre les règles, la grille et le damier de transparence.
- Cliquez sur ces icônes (2) pour, de gauche à droite, afficher/masquer les repères, verrouiller les repères, afficher /masquer les repères commentés.
- Cliquez sur ces icônes (3) pour, de gauche à droite, activer/désactiver le magnétisme du point, le magnétisme de la grille et le magnétisme du pixel.

Créer un nouveau document

Les dernières versions d'Illustrator facilitent grandement la création de documents en proposant des formats prédéfinis et des modèles graphiques.

- Au lancement, Illustrator vous propose de créer rapidement un nouveau document basé sur un des formats usuels en cliquant sur l'icône voulue.

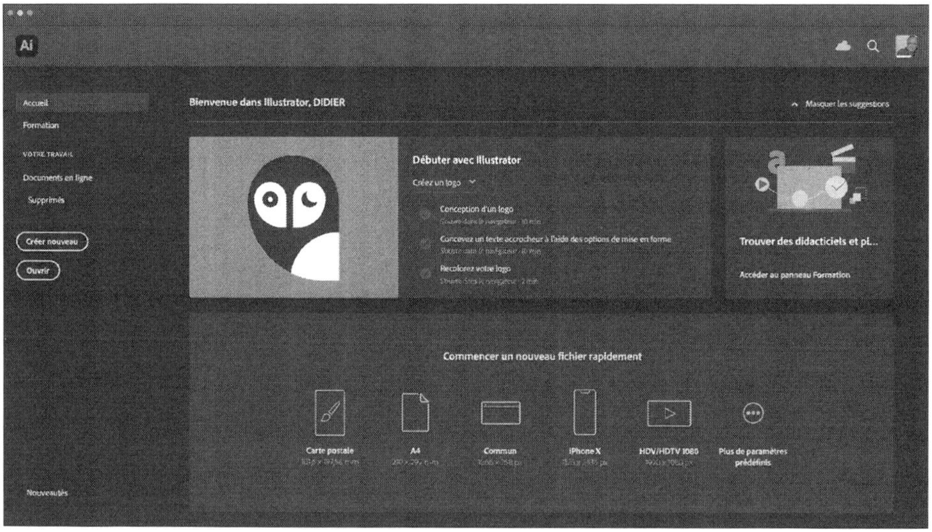

- Pour créer un nouveau document en accédant à tous les paramètres de réglage, cliquez sur **Créer nouveau**, ou ouvrez le menu **Fichier - Nouveau**.

Une fenêtre de dialogue propose alors les options suivantes réparties selon des onglets.

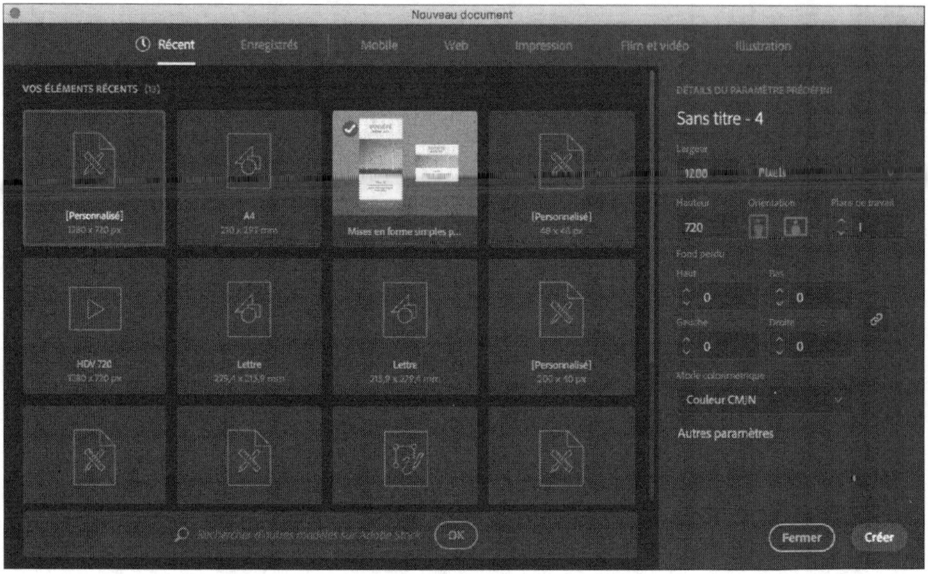

Récent Les formats de documents proposés sont les derniers que vous avez définis.

Enregistrés Les formats proposés sont ceux que vous avez enregistrés comme modèles.

Mobile Les formats proposés répondent aux spécifications des téléphones mobiles.

Web Les formats proposés répondent aux spécifications des sites web.

Impression Les formats proposés correspondent aux formats de documents imprimés.

Film et vidéo Les formats proposés correspondent aux formats pour la vidéo ou le cinéma.

Illustration Les formats proposés correspondent aux formats d'illustrations pour l'affichage et autres images imprimées, comme les cartes postales.

Notez que vous pouvez dans ces catégories trouver et télécharger des modèles qui se trouvent sous les paramètres prédéfinis.

- Cliquez sur le modèle voulu pour l'activer, dans la partie droite de la fenêtre ; un descriptif vous renseigne alors et vous pouvez cliquer sur **Afficher l'aperçu** pour visualiser les détails du modèle. Cliquez sur **Télécharger** pour obtenir le modèle qui s'affichera ensuite avec une coche.

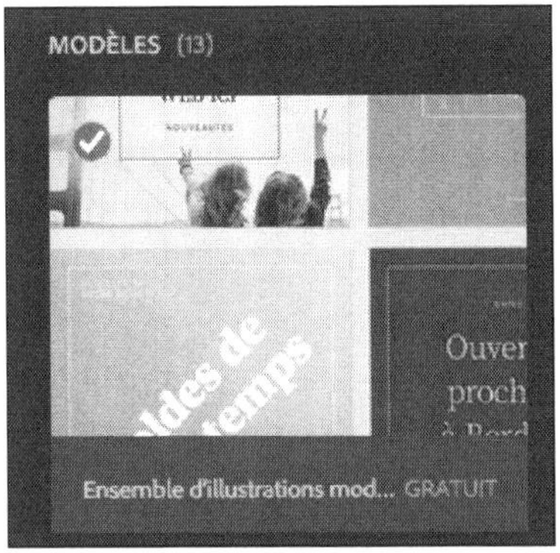

Dans la partie droite, réglez les paramètres :

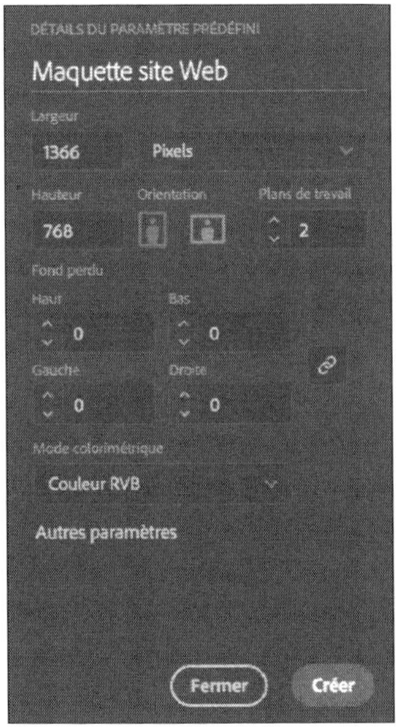

Largeur et **Hauteur** Dimensions du ou des plans de travail.

Plans de travail	Nombre de plans inclus dans le document pour un travail multi-écrans ou multi-pages.
Unités	Pixels mais également Picas, Pouces, Millimètres et Centimètres.
Orientation	Passez du mode portrait au mode paysage et vice versa.
Fond perdu	Définissez une zone additionnelle autour du plan de travail pour une impression impeccable à la recoupe.
Mode colorimétrique	Choisissez RVB pour l'écran et CMJN pour l'impression.

- Cliquez sur **Autres paramètres** pour afficher une boîte de dialogue et régler des fonctionnalités avancées :

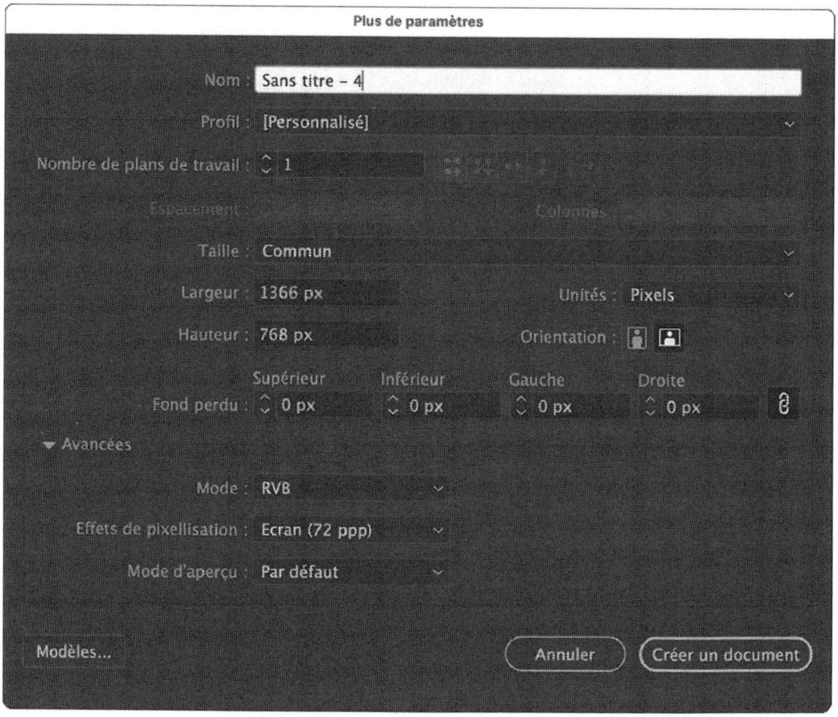

- Sélectionnez l'ordre dans lequel les plans de travail doivent être affichés en cliquant sur un des boutons proposés : **Grille par rangée**, **Grille par colonne**, **Réorganiser par rangée** ou **Réorganiser par colonne**.

- Cliquez sur le bouton → pour inverser la disposition des plans de travail.

  Si besoin, modifiez le nombre de **Rangées** ou de **Colonnes** dans la zone de saisie correspondante.
- Modifiez l'**Espacement** entre les plans de travail si nécessaire.
- Si besoin, modifiez la **Taille**, la **Largeur**, la **Hauteur** et/ou l'**Orientation** (**Portrait** ou **Paysage**) de votre document.
- Si l'unité de mesure proposée ne vous convient pas, ouvrez la liste **Unités** puis cliquez sur l'option correspondant à l'unité de mesure à appliquer au profil de document.
- Modifiez, si besoin, les valeurs du **Fond perdu** (**Supérieur**, **Inférieur**, **Gauche**, **Droite**). Le fond perdu désigne la zone de votre illustration qui se trouve à l'extérieur de la zone d'impression spécifiée.

  Si l'illustration est destinée à une impression en imprimerie, elle ne doit pas être inférieure à 18 points.
- Si besoin, affichez les options avancées en cliquant sur le bouton 

.
- Sélectionnez le **Mode** colorimétrique : **CMJN** si votre document est destiné à l'impression ou **RVB** si votre document est plutôt destiné à une visualisation écran.
- Les **Effets de pixellisation** permettent de générer une image en pixels. Attention, ces effets affectent la résolution finale de l'illustration. Plus la valeur est élevée, meilleur sera le résultat. Le **Mode d'aperçu** permet de définir l'aperçu utilisé par défaut. Choisissez les **Effets de pixellisation** et le **Mode d'aperçu** souhaités :

  Par défaut : l'affichage est vectoriel et en couleurs.

  Pixel : donne un rendu pixellisé.

  Surimpression : permet de visualiser les couleurs superposées.
- Si vous avez choisi le profil de document **Film et vidéo**, vous devez définir la **Grille de transparence** dans la liste correspondante.

  Dans le cas de documents Web, qui seront pixellisés et donc lissés, la case **Aligner les nouveaux objets sur la grille en pixels** est cochée, ce qui aura pour effet d'obtenir des images bien plus nettes lors de l'enregistrement dans un format web.
- Cliquez sur le bouton **OK**.

Modifier le format d'un document existant

- **Fichier - Format de document** ou Ctrl Alt **P** (PC) ou cmd ⌘ alt **P** (Mac)

  La boîte de dialogue comporte deux onglets.

Onglet Général

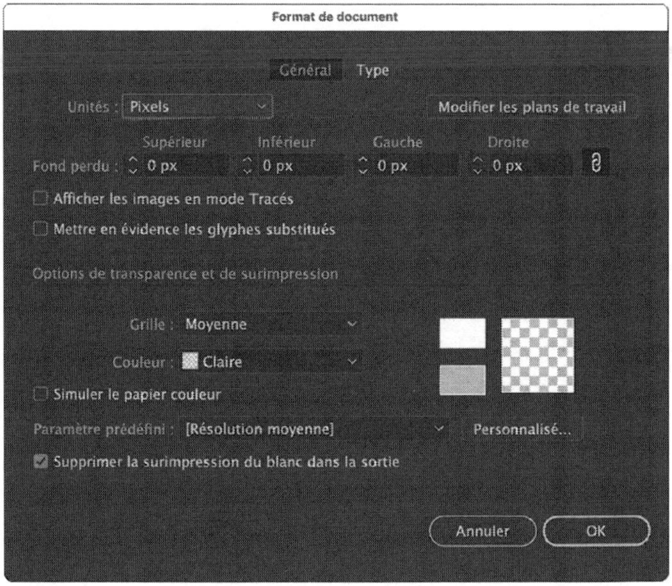

- Définissez les **Unités** d'affichage et les options de **Fond perdu**.
- Cochez l'option **Afficher les images en mode Tracés** si vous souhaitez que les illustrations s'affichent sous forme de cadres barrés. L'affichage est plus rapide.
- Cochez l'option **Mettre en évidence les polices substituées** pour afficher en rose les polices non installées sur votre système et remplacées par des polices de substitution.
- Cochez l'option **Mettre en évidence les glyphes substitués** si nécessaire.
- Si vous souhaitez imprimer votre illustration sur du papier de couleur, cochez l'option **Simuler le papier couleur** et sélectionnez la couleur de votre papier en cliquant sur le carré coloré en face de **Grille**. Vous visualiserez ainsi le rendu final de votre illustration sur le papier de couleur.
- Définissez la taille de la **Grille**, sa **Couleur** et sa résolution (**Paramètre prédéfini**).
- Cochez l'option **Supprimer la surimpression du blanc dans la sortie** pour éviter que cette surimpression ne s'applique accidentellement après modification d'un objet.

Onglet Type

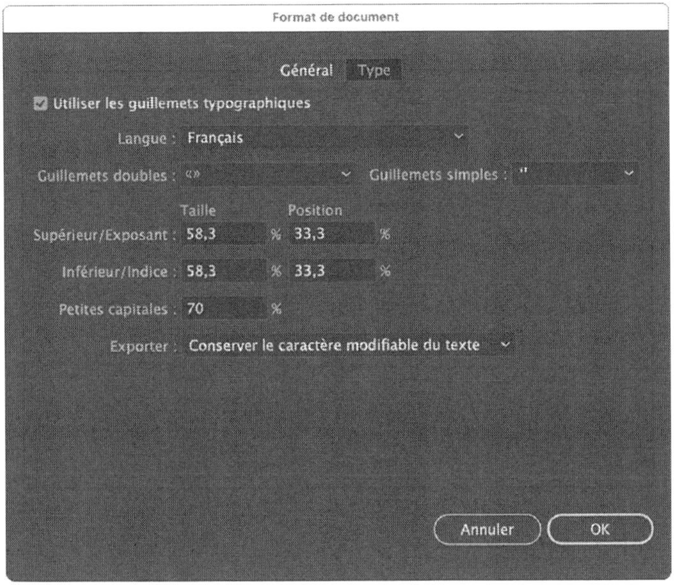

- Cochez **Utiliser les guillemets typographiques** si votre document comprend des guillemets et des apostrophes.
- Sélectionnez la **Langue** dans laquelle vous travaillez dans votre document.
- Sélectionnez, dans les menus déroulants correspondants, la forme de vos **Guillemets doubles** et de vos **Guillemets simples**.
- Définissez la **Taille** et la **Position** des **Exposant**, **Indice** et **Petites capitales**.
- Dans la liste **Exporter**, choisissez si vous souhaitez **Conserver le caractère modifiable du texte** lors de l'exportation ou si vous souhaitez **Conserver l'aspect du texte**.
- Cliquez sur le bouton **OK**.

Créer un document à partir d'un modèle

Illustrator CC permet de créer des documents à partir de modèles fournis avec le logiciel ou que vous aurez créés au préalable. Ceci vous permet d'une part de gagner du temps et d'autre part d'homogénéiser vos documents de communication puisque vous utiliserez toujours les mêmes styles, les mêmes nuances...

- **Fichier - Nouveau d'après un modèle** ou Ctrl ⇧ **N** (PC) ou cmd ⌘ ⇧ **N** (Mac)

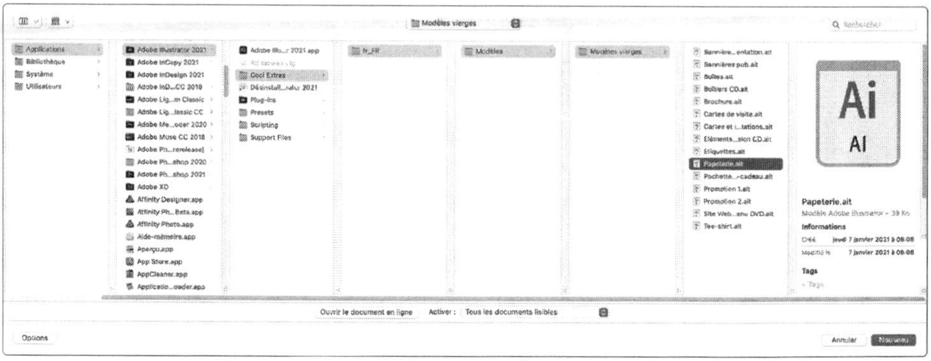

La boîte de dialogue ***Nouveau d'après un modèle*** *apparaît à l'écran et le dossier* ***Modèles*** *est sélectionné automatiquement à l'ouverture de celle-ci.*

- Faites un double clic sur le dossier contenant le modèle que vous souhaitez utiliser.
- Faites un double clic sur le modèle à utiliser ou sélectionnez-le puis cliquez sur le bouton **Nouveau**.

Un nouveau document ***Sans titre*** *est créé, reprenant les informations du modèle sélectionné.*

Ouvrir un document

- **Fichier - Ouvrir** ou Ctrl **O** (PC) ou cmd ⌘ **O** (Mac)

  *La boîte de dialogue **Ouvrir** apparaît à l'écran.*

- Sélectionnez le dossier dans lequel le document a été enregistré par un double clic sur son icône.

  Sous Windows, il est possible que sur votre écran vous visualisiez l'extension des fichiers (.ai) si l'option correspondante est active.

- Sélectionnez, si besoin est, le format du document à partir de la liste **Types de fichiers** (PC) ou **Activer** (Mac).

  *Illustrator est capable d'exploiter de nombreux formats de documents issus d'applications diverses telles que CorelDraw, Photoshop... Pour limiter la liste aux documents créés dans Illustrator, sélectionnez le format **Adobe Illustrator (*.AI, *.AIT)** (PC) ou **Illustrator (ai, ait)** (Mac).*

- Sélectionnez le document à ouvrir.

  À la sélection, sous Windows comme sur Mac, un aperçu du fichier s'affiche dans la fenêtre à droite.

- Cliquez sur le bouton **Ouvrir** ou appuyez sur la touche ⏎ ou faites un double clic sur le document à ouvrir.

Lorsque vous sélectionnez l'option **Ouvrir les fichiers récents** du menu **Fichier**, vous visualisez la liste des dix derniers documents utilisés ; cliquer sur l'un d'entre eux l'ouvre immédiatement.

Nouveauté

Ouvrir un document en ligne

Le Creative Cloud offre un espace de stockage des fichiers en ligne. Nous verrons plus loin les caractéristiques avancées de ce système, mais vous avez déjà noté que dans la fenêtre d'ouverture de document, il est possible d'ouvrir un document en ligne.

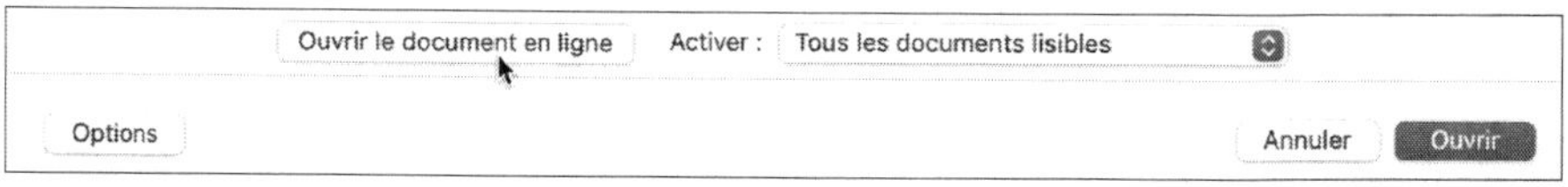

En cliquant sur le bouton **Ouvrir le document en ligne**, vous accédez au répertoire des fichiers enregistrés sur le Cloud tels que vous les avez organisés.

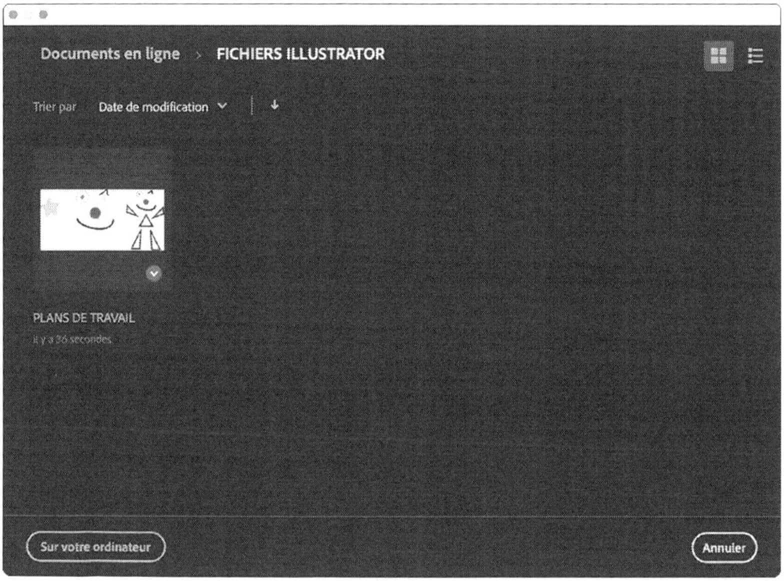

*Une fois que vous avez ouvert des fichiers situés dans le cloud, le bouton **Ouvrir** de l'écran d'accueil propose par défaut ces fichiers stockés en ligne, avec la possibilité d'ouvrir un fichier stocké sur l'ordinateur en cliquant sur le bouton **Sur votre ordinateur** en bas à gauche.*

*Une fois ouvert, un fichier stocké dans le cloud présente une icône de nuage sur la barre de titre et son extension est **.aic** au lieu de **.ai** :*

Nous verrons plus loin comment exploiter les fonctionnalités liées à ce type de fichier en ligne.

Ouvrir un PDF multipages

- Lorsque que vous ouvrez un PDF multipages, spécifiez la plage à importer. Dans l'exemple ci-après, nous avons choisi la plage de pages 1 à 3 :

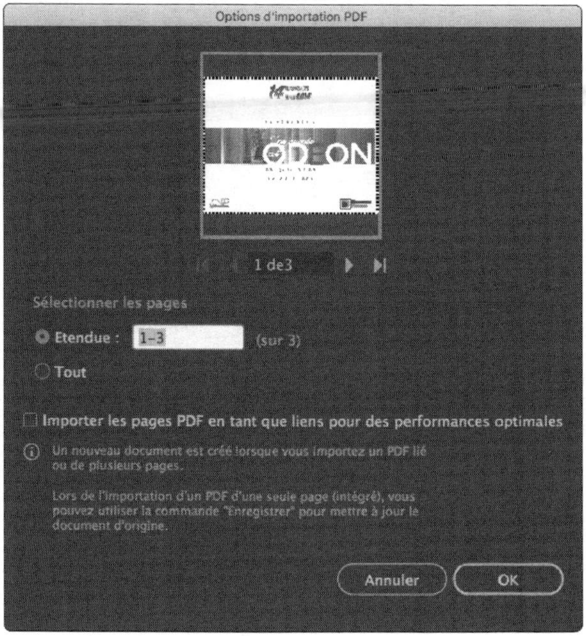

Illustrator créera un plan de travail par page.

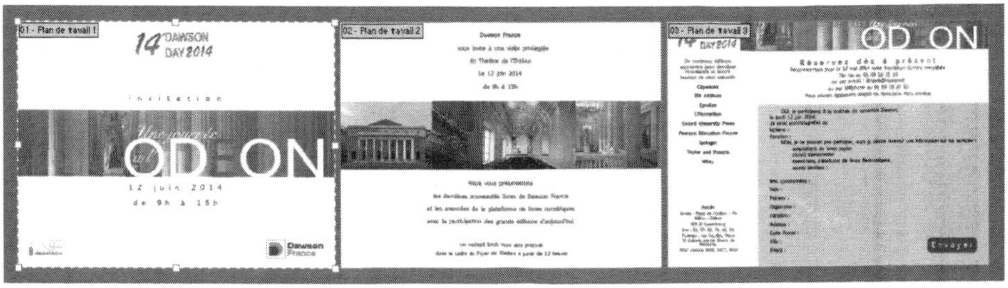

Accéder à un des documents ouverts

Ouvrez le menu **Fenêtre**.

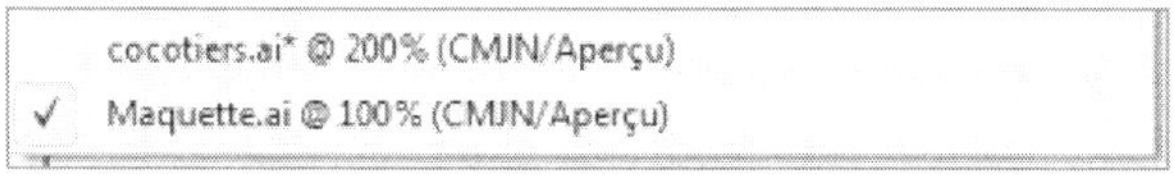

La liste des documents ouverts apparaît en bas du menu ; le nom du document actif est précédé d'une coche.

Cliquez sur le nom du document que vous souhaitez afficher à l'écran.

Le document choisi passe au premier plan.

Sous Windows, utilisez les combinaisons de touches Ctrl F6 et Ctrl ⇧ F6.

Afficher les informations sur le document

Fenêtre - Informations sur le document

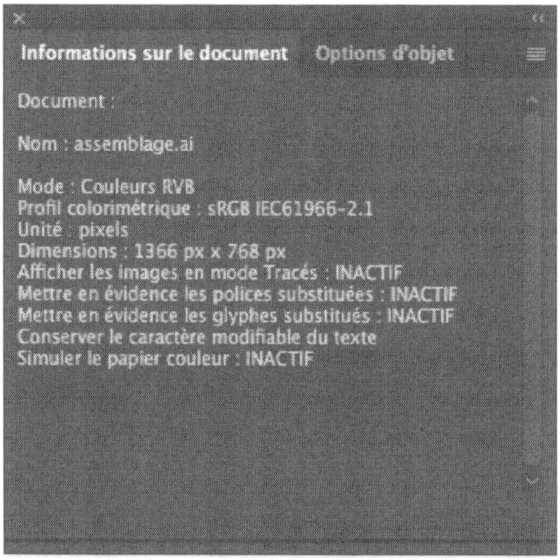

Après consultation des informations, fermez le panneau **Informations sur le document** en cliquant sur le bouton ☒.

Enregistrer au format Illustrator (*.AI)

Le format Illustrator (.AI) est le type de format par défaut d'Illustrator.*

- **Fichier** - **Enregistrer** (Ctrl **S** (PC) ou cmd ⌘ **S** (Mac)) ou **Enregistrer sous** (Ctrl ⇧ **S** (PC) ou cmd ⌘ ⇧ **S** (Mac))

  La boîte de dialogue ***Enregistrer sous*** *apparaît à l'écran.*

- Sélectionnez le dossier dans lequel vous souhaitez enregistrer votre document.
- Saisissez le nom du document dans la zone de saisie **Nom du fichier** (PC) ou **Enregistrer sous** (Mac).
- Veillez à ce que le format **Adobe Illustrator (*.AI)** (PC) ou **Illustrator Template (.ait)** (Mac) soit sélectionné dans la liste **Type** ou **Format** selon le cas.
- Cliquez sur le bouton **Enregistrer**.

  La boîte de dialogue ***Options Illustrator*** *apparaît à l'écran.*

- Selon leur contenu, les fichiers Illustrator ne sont pas toujours rétrocompatibles. Il peut donc survenir des pertes de données dues à des fonctions non gérées lors de l'ouverture avec une version antérieure. Choisissez la version d'Illustrator pour laquelle enregistrer le fichier dans la liste déroulante afin de minimiser ces incidents, qui seront par ailleurs détaillés dans la zone **Avertissements**.

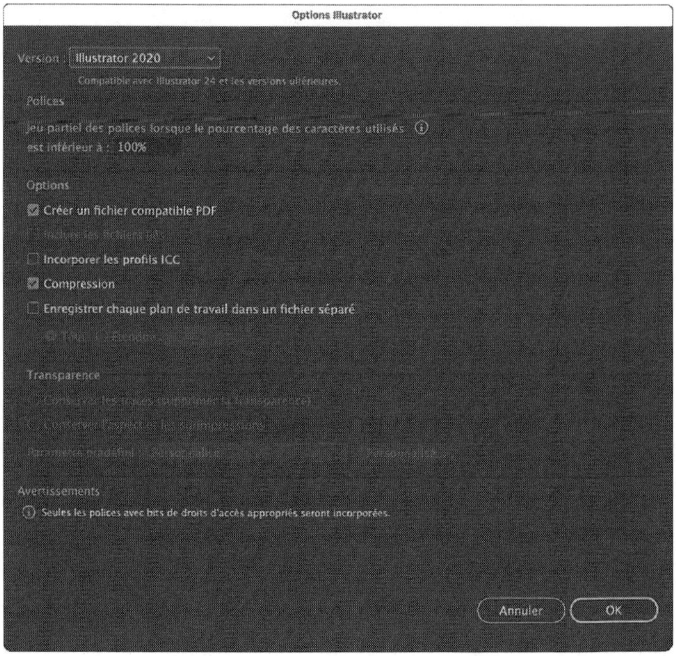

- Définissez dans le champ de saisie de la zone **Polices** le pourcentage de caractères utilisant une police à partir duquel Illustrator incorporera ou pas la police complète. Ceci permet de ne pas incorporer toutes les polices, et donc d'alléger le poids de votre fichier.
- Cochez les options de votre choix :

Créer un fichier compatible PDF	Permet d'enregistrer à l'intérieur du fichier AI une représentation en PDF du document, ce qui permet de rouvrir le fichier AI dans d'autres logiciels Adobe.
Inclure les fichiers liés	Joint les fichiers liés à votre travail (exemple : fichiers importés dans l'illustration).
Incorporer les profils ICC	Joint les profils ICC liés à votre document : très délicat à utiliser, ne vous en occupez pas si vous ne maîtrisez pas la gestion des profils ICC.
Compression	Elle compresse les données PDF dans le fichier Illustrator. Attention, cette option ralentit l'enregistrement. Décochez-la si votre fichier est déjà très lourd.
Enregistrer chaque plan de travail dans un fichier séparé	Le choix est donné entre **Tout** (avec un fichier par espace de travail) et **Étendue** pour laquelle vous précisez la séquence des espaces à enregistrer avec leurs numéros. Le tiret définit une plage continue (1-6 : tous les espaces de 1 à 6 inclus), alors que la virgule définit des plages discontinues (1,3,5 : espaces 1, 3 et 5).

- Cliquez sur le bouton **OK**.

Pour enregistrer le document sous un autre nom, utilisez la commande **Fichier** - **Enregistrer sous** (Ctrl ⇧ **S** sur PC, cmd ⌘ ⇧ **S** sous Mac).

La commande **Fichier** - **Enregistrer une copie** permet d'enregistrer une copie exacte du document existant qui comportera la mention **copie** après le nom du document ; cette commande conserve le document original comme document actif.

Nouveauté

Enregistrer sur le Cloud

- Vous pouvez toujours enregistrer sur le Cloud un document qui a été créé ou ouvert sur l'ordinateur et ce dans tous les formats. Pour cela cliquez sur le bouton **Enregistrer le document en ligne** de la boîte de dialogue **Enregistrer sous**.

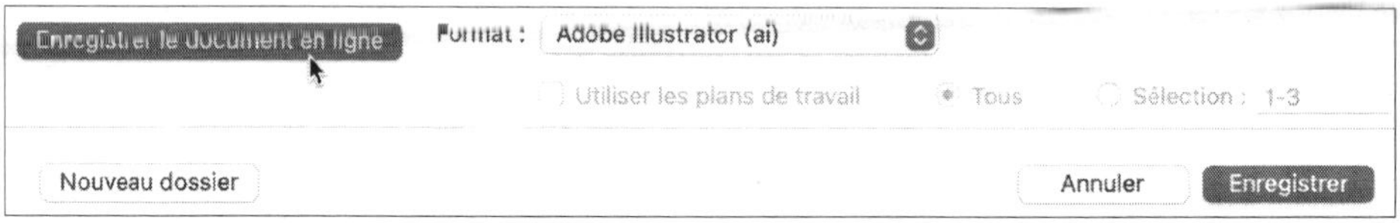

Une fois qu'un premier enregistrement a été effectué en ligne, une boîte de dialogue proposera ensuite par défaut le choix de l'enregistrement : sur l'ordinateur ou en ligne.

Enregistrer au format Illustrator EPS (*.EPS)

Ce format permet d'enregistrer au format PostScript pour l'impression en imprimerie.

- **Fichier** - **Enregistrer** (Ctrl **S** (PC) ou cmd ⌘ **S** (Mac)) ou **Enregistrer sous** (Ctrl ⇧ **S** (PC) ou cmd ⌘ ⇧ **S** (Mac))

La boîte de dialogue ***Enregistrer sous*** *apparaît à l'écran.*

- Sélectionnez le dossier dans lequel vous souhaitez enregistrer votre document puis saisissez son nom dans la zone **Nom du fichier** (PC) ou **Enregistrer sous** (Mac).
- Sélectionnez le format **Illustrator EPS (*.eps)** (*Encapsulated PostScript*) dans la liste **Type** ou **Format**, selon le cas.
- Pour enregistrer les plans de travail dans des fichiers séparés, cochez la case **Utiliser les plans de travail** et choisissez l'étendue à enregistrer comme décrit précédemment pour un document Adobe Illustrator.
- Cliquez sur le bouton **Enregistrer**.

  *La boîte de dialogue **Options EPS** apparaît.*
- Selon leur contenu, les fichiers EPS Illustrator ne sont pas toujours rétrocompatibles. Il peut donc survenir des pertes de données dues à des fonctions non gérées lors de l'ouverture avec une version antérieure. Choisissez la version d'Illustrator pour laquelle enregistrer le fichier dans la liste déroulante afin de minimiser ces incidents, qui seront par ailleurs détaillés dans la zone **Avertissements**.

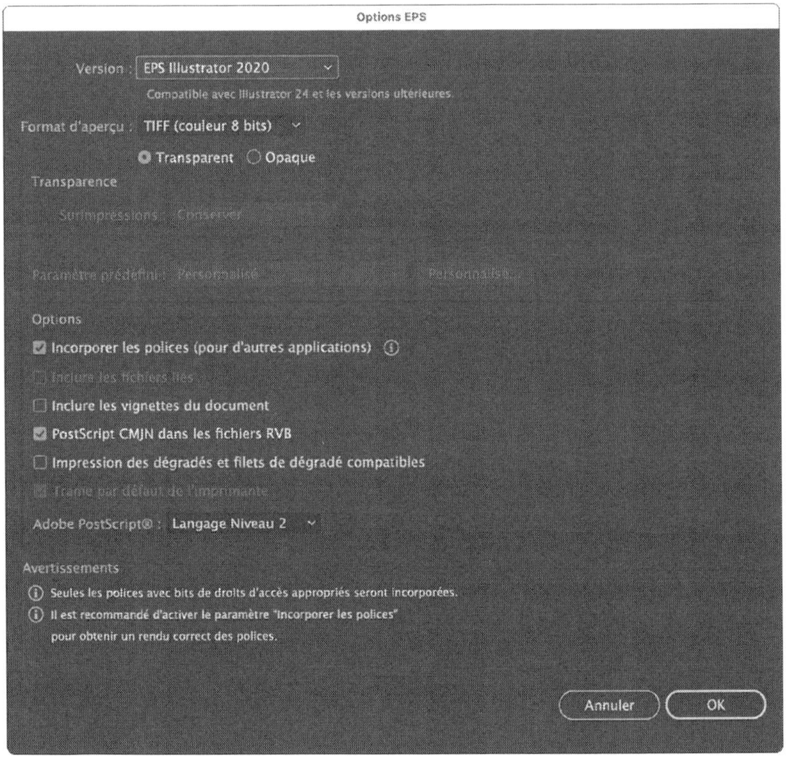

- Dans la liste **Format d'aperçu**, sélectionnez le type d'aperçu souhaité lorsque votre illustration sera incorporée dans un logiciel de mise en page tel que Adobe InDesign ou QuarkXPress :
  - **Sans** : si vous ne souhaitez pas d'aperçu.
  - **TIFF (noir et blanc)** : pour un aperçu en noir et blanc.
  - **TIFF (couleur 8 bits)** : pour un aperçu en couleur (un peu plus lourd).
- Si vous avez choisi un aperçu couleur, activez l'option **Transparent** ou **Opaque** en fonction de l'arrière-plan que vous souhaitez appliquer à votre illustration.
- Définissez les options de **Transparence** dans la zone correspondante :
  - Choisissez, dans le menu déroulant **Surimpressions**, de **Conserver** ou de **Supprimer** la surimpression (méthode qui consiste à faire chevaucher des couleurs).
  - Sélectionnez, dans le menu déroulant **Paramètre prédéfini**, la qualité de la résolution de la transparence : **Haute**, **Moyenne** ou **Basse** ou autres paramètres que vous avez définis.

  Cette option n'est active que si vous définissez au préalable dans la fenêtre ***Aperçu de l'aplatissement*** *l'option* ***Paramètre prédéfini.***
- Cliquez sur le bouton **Personnalisé** pour personnaliser vos options d'aplatissement des transparences.

  Ne confondez pas surimpression et transparence. Dans l'exemple ci-après l'ellipse est transparente car son opacité est fixée à 50 %. Le polygone lui est opaque mais on a fixé dans ses options d'objet qu'il sera en surimpression. Cette surimpression n'est visible que via ***l'aperçu de l'aplatissement des transparences*** *ou* ***l'aperçu des séparations.***

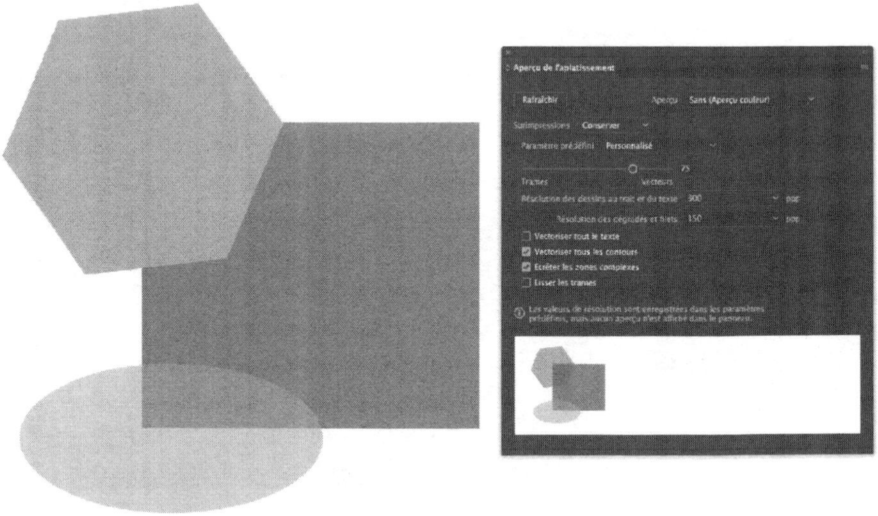

Faites glisser le curseur soit vers la droite pour augmenter la pixellisation et donc le tramage des objets, soit vers la gauche pour maintenir une vectorisation maximale des objets ; vous pouvez aussi saisir un nombre entre 0 et 100 : plus le chiffre sera grand, plus il y aura de pixellisation.

Ouvrez la liste **Résolution des dessins au trait et du texte** puis sélectionnez en ppp (point par pouce) la résolution de ces éléments après l'aplatissement.

Ouvrez la liste **Résolution des dégradés et filets** puis sélectionnez en ppp (point par pouce) la résolution de ces éléments après l'aplatissement.

Cochez l'option **Vectoriser tout le texte** pour que la largeur du texte soit préservée.

Cochez l'option **Vectoriser tous les contours** pour vous assurer que les contours garderont une taille fixe lors de l'aplatissement.

Cochez l'option **Ecrêter les zones complexes** pour améliorer la séparation entre les objets vectoriels et pixellisés lors de l'aplatissement.

Cochez l'option **Lisser les trames** pour éviter les moirages.

Cliquez sur **OK** pour valider.

- Cochez les **Options** de votre choix dans la zone correspondante :

Incorporer les polices (pour d'autres applications)	Permet d'importer les polices utilisées dans votre illustration dans une autre application.
Inclure les fichiers liés	Joint les fichiers liés à votre travail.
Inclure les vignettes du document	Cochez cette option si vous souhaitez avoir un aperçu de votre illustration lorsque vous ferez **Fichier - Ouvrir** ou **Fichier - Importer**.
PostScript CMJN dans les fichiers RVB	Permet d'imprimer des documents RVB ou de visualiser dans Illustrator un document RVB avec un rendu parfait.
Impression des dégradés et filets de dégradé compatibles	Permet d'optimiser l'impression des dégradés et filets de dégradés sur les anciennes imprimantes en convertissant ces objets au format JPEG.
Trame par défaut de l'imprimante	Cochez l'option pour enregistrer la trame par défaut de l'imprimante. Celle-ci pourra toujours être modifiée par la suite dans les paramètres d'impression.

- Sélectionnez la version du PostScript utilisée à l'aide de la liste **Adobe Postscript®**.
- Cliquez sur le bouton **OK**.

Enregistrer au format Adobe PDF (*.PDF)

Ce format est très utilisé pour enregistrer des documents destinés à être transmis par messagerie, qu'ils soient destinés à être imprimés ou pas.

- **Fichier - Enregistrer** (Ctrl **S** (PC) ou cmd ⌘ **S** (Mac)) ou **Enregistrer sous** (Ctrl ⇧ **S** (PC) ou cmd ⌘ ⇧ **S** (Mac))

  La boîte de dialogue ***Enregistrer sous*** *apparaît à l'écran.*

- Sélectionnez le dossier dans lequel vous souhaitez enregistrer votre document puis saisissez son nom dans la zone **Nom du fichier** (PC) ou **Enregistrer sous** (Mac).
- Sélectionnez le format **Adobe PDF (*.pdf)** (*Portable Document Format*) dans la liste **Type** ou **Format**, selon le cas.
- Pour enregistrer les plans de travail dans des fichiers séparés, cochez la case **Utiliser les plans de travail** et choisissez l'étendue à enregistrer comme décrit précédemment pour un document Adobe Illustrator.
- Cliquez sur le bouton **Enregistrer**.

  La boîte de dialogue ***Enregistrer le fichier Adobe PDF*** *apparaît.*

- Sélectionnez dans la liste déroulante correspondante le **Paramètre prédéfini Adobe PDF** que vous souhaitez utiliser (vous verrez un peu plus loin comment créer vos propres styles) :

Personnalisé	Pour définir vos propres paramètres.
Illustrator par défaut	Pour utiliser les paramètres par défaut.
Qualité supérieure	Pour obtenir une bonne qualité avec une imprimante ou un système de reprographie de bureau.
PDF/X-1a:2001	Destiné au pré-presse. Les polices, les couleurs (qui restent en CMJN et tons directs tels que les Pantone), les zones de recouvrement, les limites de page sont inclus dans le document PDF généré.
PDF/X-3:2002	Identique au précédent, il gère en plus les couleurs selon le type d'imprimante qui sera utilisé.
PDF/X-4:2008	Identique au PDF/X-3, il gère également la transparence.
Qualité optimale	Le fichier incorpore absolument toutes les données sans compression ni modification d'aucune sorte.
Taille de fichier minimale	Permet de générer des PDF à usage d'Internet et d'e-mail.

PDF/X (Portable Document Format Exchange) est une norme ISO pour l'échange de fichiers graphiques qui garantit leur conformité lors de l'impression. Ces formats sont à privilégier lors de la remise de documents à votre imprimeur. Le format le plus couramment accepté en France est le PDF/X3. Son successeur, le PDF/X4, intègre la gestion avancée des transparences et tend peu à peu à le remplacer.

- Modifiez éventuellement les options d'enregistrement du style sélectionné.
- Cliquez sur le bouton **Enregistrer en PDF**.

Enregistrer au format SVG (*.SVG) ou Compressé en SVG (*.SVGZ)

Le format SVG (.SVG) permet d'enregistrer des illustrations dynamiques destinées au Web. Le format Compressé en SVG (*.SVGZ) permet de réduire de 50 à 80 % la taille des fichiers mais ne peut pas être modifié facilement.*

- **Fichier** - **Enregistrer** (Ctrl **S** (PC) ou cmd ⌘ **S** (Mac)) ou **Enregistrer sous** (Ctrl ⇧ **S** (PC) ou cmd ⌘ ⇧ **S** (Mac))

*La boîte de dialogue **Enregistrer sous** apparaît à l'écran.*

- Sélectionnez le dossier dans lequel vous souhaitez enregistrer votre document puis saisissez son nom dans la zone **Nom du fichier** (PC) ou **Enregistrer sous** (Mac).
- Sélectionnez le format **SVG (*.SVG)** dans la liste **Type** ou **Format**.
- Cliquez sur le bouton **Enregistrer**.

*La boîte de dialogue **Options SVG** apparaît.*

Un bandeau propose d'utiliser la fonctionnalité d'export pour l'écran.

- Sélectionnez, dans le menu déroulant **Profils SVG**, la définition du document :

SVG 1.0 Pour les fichiers visualisés sur les écrans d'ordinateurs de bureau.

SVG 1.1 Pour les fichiers visualisés sur les écrans d'ordinateurs de bureau ; cette version est la plus aboutie du format SVG, elle est proposée par défaut.

SVG Tiny 1.1 Pour les fichiers visualisés sur des écrans tels que les écrans de téléphone portable. Cette définition n'est pas reconnue par tous les navigateurs, de plus elle ne permet pas d'afficher les dégradés, la transparence, les masques, les symboles...

SVG Tiny 1.1+ Même chose que la SVG Tiny 1.1, mais cette définition permet d'afficher en plus les dégradés, la transparence.

SVG Basic 1.1 Pour les fichiers visualisés sur les écrans peu puissants. Ce format n'est pas lisible par tous les navigateurs.

SVG Tiny 1.2 Pour les fichiers visualisés sur des périphériques (téléphones portables, ordinateurs...).

- Sélectionnez, dans la liste **Type**, l'option correspondant à la façon dont seront exportées les polices :

SVG La visibilité des petites polices est moins bonne mais elles sont visibles sur tous les types d'écran.

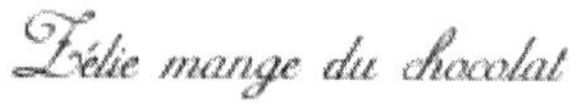

Vectoriser Vectorise toutes les polices, elles seront visibles sur tous les types d'écran, mais cette option a tendance à graisser un peu le texte.

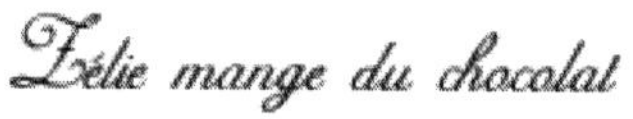

- Définissez quelles polices incorporer au fichier à l'aide de la liste **Jeu partiel**.
- Activez, dans la zone **Options**, l'option correspondant à l'emplacement des images pixellisées incluses dans l'illustration :

Incorporer Les images sont incorporées au fichier.

Lier Les images JPEG ou PNG enregistrées préalablement sont liées au fichier Illustrator.

- Cochez l'option **Conserver les fonctions d'édition d'Illustrator** si vous souhaitez pouvoir rouvrir le fichier SVG dans Illustrator et ainsi pouvoir le modifier.
- Si vous souhaitez disposer de **Plus d'options**, cliquez sur le bouton correspondant.
- Sélectionnez dans le menu déroulant **Propriétés CSS** l'option désirée :

Attributs de présentation Offre plus de souplesse au niveau des modifications.

Attributs de style La lisibilité des fichiers est privilégiée mais le poids des fichiers est important.

Attributs de style (références d'entités) Le poids des fichiers est réduit.

Eléments de style Facilite les échanges avec un fichier HTML.

- Définissez la précision des données vectorielles (de 1 à 7) dans la zone **Positions décimales**. La valeur la plus élevée correspond à une qualité d'image élevée pour un poids important.
- Sélectionnez le **Codage** des caractères dans la liste correspondante :

Unicode (UTF-8) (*Unicode Transformation Format*) : format 8 bits pris en charge par le XML.

Unicode (UTF-16) : format 16 bits.

ISO 8859-1 : ne conserve pas les métadonnées des fichiers.

- Cochez, si nécessaire, l'option **Inclure les données de tranche** pour inclure l'ensemble des données relatives aux tranches que vous avez créées dans votre page web.
- Cochez l'option **Inclure les informations XMP** pour inclure ces informations dans le fichier SVG.
- Cochez l'option **Produire moins d'éléments <tspan>** pour obtenir un fichier moins volumineux et plus facilement modifiable : les paramètres d'autocrénage sont ignorés lors de l'exportation ; décocher cette option permet de garder l'aspect du texte autocréné.
- Cochez l'option **Utiliser l'élément <textPath> pour le texte curviligne** pour exporter le texte sous le format <textPath>.
- Pour visualiser votre document sous forme de code informatique dans votre navigateur, cliquez sur le bouton **Code SVG**.

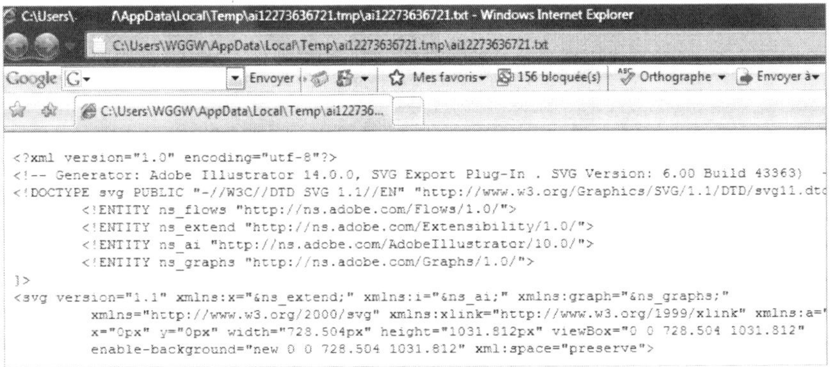

- Pour visualiser votre document dans une fenêtre de navigateur, cliquez sur le bouton .
- Cliquez sur le bouton **OK**.

Importer une image

- Si vous souhaitez intégrer des images externes dans votre document, utilisez la commande **Fichier - Importer**.
- Sélectionnez le type de fichier à importer dans la liste **Types de fichiers** (PC) ou **Activer** (Mac).

  Vous pouvez importer des fichiers de type Adobe PDF (PDF), Dessin AutoCAD (DWG), Fichier AutoCAD Interchange (DXF), BMP, Compressé en SVG (SVGZ), Computer Graphics Metafile (CGM), CorelDRAW (CDR), PostScript encapsulé (EPS), Métafichier étendu (EMF), FreeHand (FH), GIF, JPEG, Photoshop (PSD), TIFF, SVG (SVG)...

- Activez le dossier contenant l'image à importer puis sélectionnez le fichier ou les fichiers correspondants (car il est possible d'importer plusieurs fichiers à la fois).
- Cochez l'option **Lier** pour que l'image ne soit pas incorporée, mais liée au document.
- Cochez l'option **Modèle** si vous souhaitez que l'image soit insérée au fichier comme modèle, c'est-à-dire sur un calque à part, importée à 50 % d'opacité et verrouillée.
- Cochez l'option **Remplacer** si vous souhaitez remplacer l'image sélectionnée au préalable dans votre document par l'image sélectionnée dans la boîte de dialogue **Importer**.

  Cette option est indisponible si aucune image n'a été sélectionnée au préalable dans le document.
- Cliquez sur le bouton **Importer**.

Lors de l'import d'un PDF multipage, spécifiez la page à placer dans le document. Pour créer un plan de travail par page, vous devez passer par la commande **Ouvrir**.

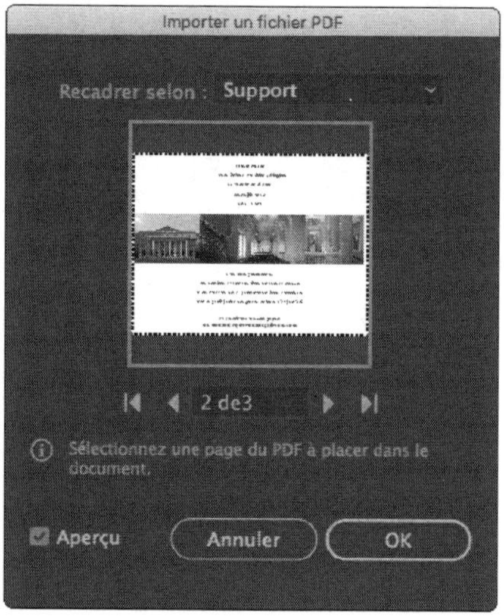

Importer un fichier Adobe Photoshop

Adobe cherche à optimiser le passage d'un logiciel à l'autre dans sa suite. De ce fait, vous pouvez retrouver, par exemple, les calques que vous aviez créés sur un document .psd dans votre document Illustrator lors de son importation.

- **Fichier - Importer**
- Sélectionnez l'option **Photoshop (*.PSD,*.PDD)** dans la liste **Types de fichiers** ou **Activer** (Mac).
- Activez le dossier contenant l'image à importer puis sélectionnez le fichier .psd correspondant et affichez les options d'importation.

- Veillez à ce que l'option **Lier** soit décochée. En effet, les options d'importation pourront être modifiées seulement si l'image est incorporée au document et non pas liée à celui-ci.
- Cliquez sur le bouton **Importer**.

Si vous n'avez pas coché l'option ***Lier*** *et avez coché* ***Afficher les options d'importation****, la fenêtre* ***Options d'importation Photoshop*** *apparaît à l'écran :*

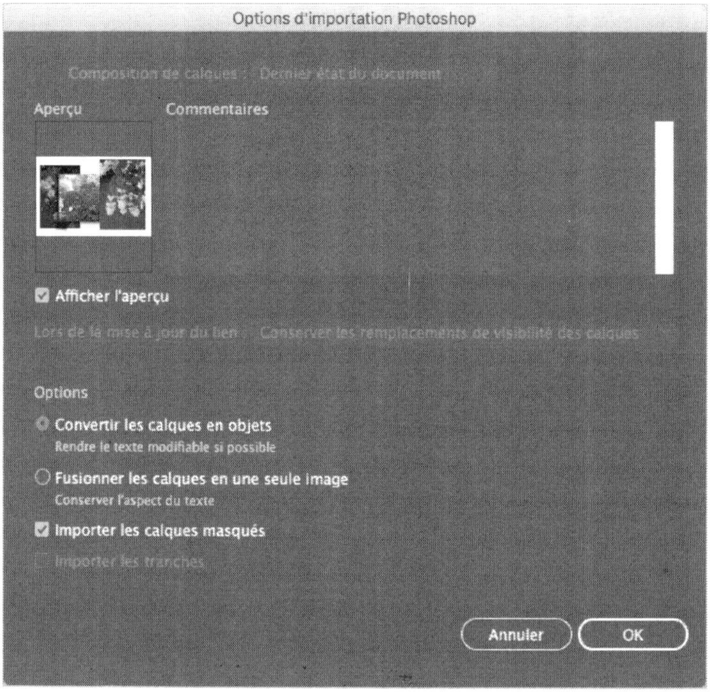

- Cochez l'option **Afficher l'aperçu** si vous souhaitez visualiser l'image dans le cadre **Aperçu**.
- Activez l'option **Convertir les calques en objets** si vous souhaitez que chacun des calques reste indépendant dans votre document Illustrator ; vous pourrez les déplacer et modifier le texte.

  Activez l'option **Fusionner les calques en une seule image** si vous souhaitez que tous vos calques soient aplatis et ne forment qu'un seul objet dans Illustrator ; les calques ne seront plus modifiables.
- Cochez l'option **Importer les calques masqués** si vous avez masqué des calques dans Photoshop mais que vous souhaitez les importer tout de même dans Illustrator pour éventuellement les activer.

- Cochez l'option **Importer les tranches** pour importer dans Illustrator les tranches créées dans Photoshop. Cela peut être très utile si vous faites une maquette de site Internet à l'aide des deux logiciels.
- Validez vos choix en cliquant sur le bouton **OK**.

- Dans le cas où l'option **Lier** a été activée lors de l'import, une fois sélectionné, l'objet importé est modifiable en cliquant sur le lien **Fichier lié** du panneau **Contrôle**.

Un panneau contextuel s'affiche alors, avec une barre d'icônes.

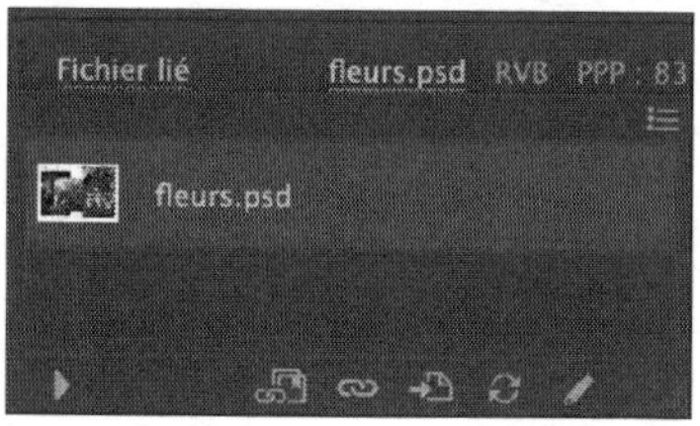

réédite le lien depuis les bibilothèques Creative Cloud.

réédite le lien vers **Fichier lié** : vous pouvez ainsi remplacer le fichier importé par un autre.

affiche le lien centré dans le plan de travail d'Illustrator ; utile dans le cas d'illustrations complexes.

met à jour le fichier lorsque celui-ci a été modifié à l'extérieur d'Illustrator.

ouvre le fichier dans Photoshop (ou l'application avec laquelle il a été créé) pour pouvoir le modifier.

Le panneau **Contrôle** permet également d'incorporer le fichier importé dans Illustrator. Cliquez sur le bouton **Incorporer** pour que le lien fasse partie intégrante du fichier .ai. Il ne sera alors plus lié au fichier d'origine.

Pour désincorporer un élément importé, cliquez sur le bouton **Annuler l'incorporation**.

Notez qu'un panneau est dédié aux liens. Il présente les mêmes fonctionnalités que le panneau **Contrôle**.

Exporter un document

Une fois que vous avez créé une illustration, vous pouvez l'enregistrer dans un format qui permettra son utilisation dans une autre application : BMP, JPEG, PSD... ; l'export vers Photoshop place votre illustration sur un calque, séparé du fond de l'image.

Pour exporter votre illustration, faites **Fichier - Exporter**.

Le sous-menu propose :

- **Exporter pour les écrans**
- **Exporter sous** : offre la possibilité d'exporter dans quasiment tous les formats graphiques. Dans ce cas il est possible de choisir la plage de plans de travails à exporter.
- **Enregistrer pour le web (hérité)** : ancienne interface d'export aux formats graphiques pour le web.

Utiliser le panneau Exportation de fichier

Ce panneau est principalement destiné à exporter séparément des éléments ou des groupes d'éléments d'un document Illustrator.

Ouvrez le menu **Fenêtre - Exportation de fichier**.

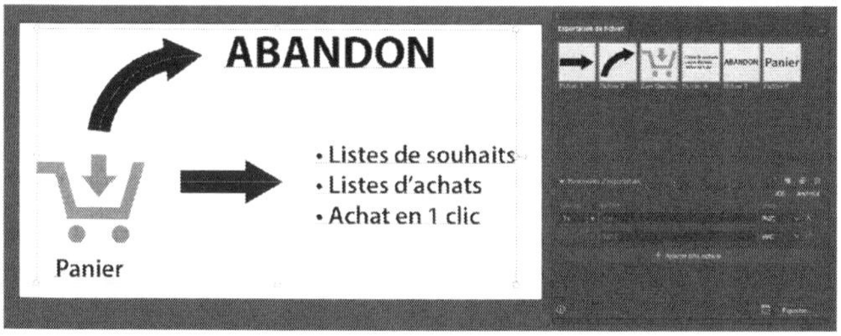

Sélectionnez les éléments à exporter et faites-les glisser vers la zone de dépôt du panneau.

Si vous appuyez sur la touche [alt] (Mac) ou [Alt] (PC) l'ensemble des éléments sera exporté en un seul fichier. Dans le cas contraire, chaque élément (ou groupe d'éléments) constituera un fichier distinct.

- Réglez ensuite les caractéristiques d'export souhaitées. Vous pouvez par exemple exporter le même lot de fichiers dans plusieurs dimensions ou types de fichiers différents.
- Cliquez sur **Ajouter une échelle** pour créer de nouveaux formats d'export.

SI vous travaillez des interfaces pour mobiles, vous pouvez cliquer directement sur **iOS** ou **Android** pour exporter automatiquement dans les formats requis par ces systèmes.

Créer un assemblage de fichiers

L'assemblage de fichiers permet d'exporter dans un seul et même dossier tous les éléments qui constituent un fichier Illustrator. Dans le cas ci-après, le fichier utilise une image importée ainsi qu'une police de caractères.

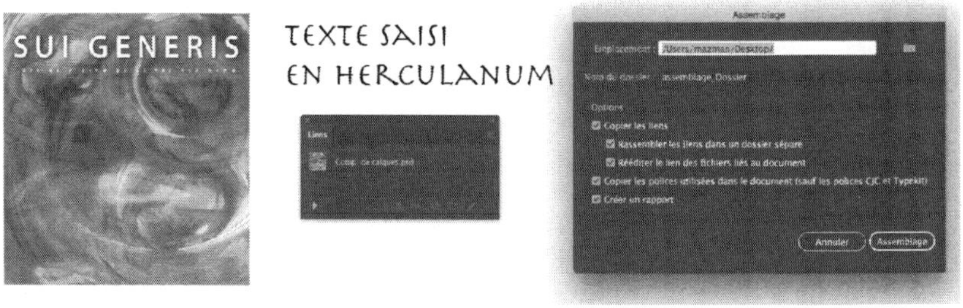

- Ouvrez le menu **Fichier - Assemblage** et choisissez l'emplacement, le nom du dossier et les éléments à rassembler. Notez que seules les polices utilisées seront copiées et non pas les familles entières. Vous devrez également accepter de respecter les droits de propriété. Cliquez sur **Assemblage** pour terminer.

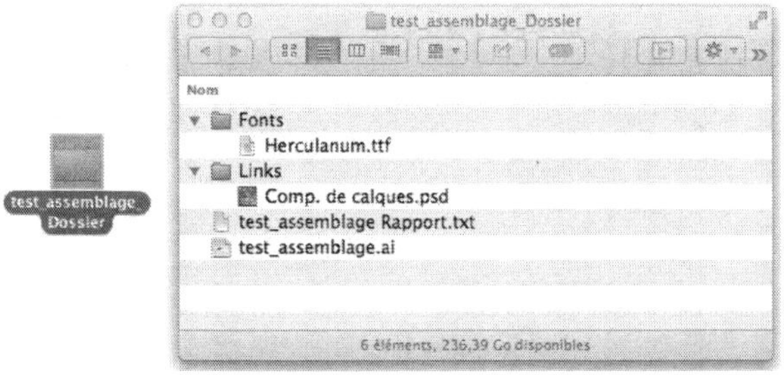

Une fois l'assemblage terminé, le dossier de destination comprend :

- *Le dossier* **Fonts** *: les polices de caractères utilisées dans le document.*
- *Le dossier* **Links** *: les images liées.*
- *Le* **Rapport** *: un fichier texte contenant les informations sur le document.*
- *Le fichier* **.ai** *(Illustrator) : Il s'agit d'une copie du fichier original qui reste toujours à l'emplacement ou vous l'avez enregistré initialement.*

Exploiter la suite Creative Cloud

Illustrator fait partie de la suite créative incluse dans l'abonnement Creative Cloud. Cet abonnement permet des mises à jour au fil de l'eau, une facturation mensuelle, mais surtout une intégration des logiciels qui le composent. Vous pouvez donc accéder à des ressources telles que bibliothèques et banques d'images, les partager avec vos collaborateurs et mettre vos réalisations en ligne.

Les documents stockés en ligne présentent de nombreux avantages, outre leur sauvegarde, comme le partage et le travail collaboratif ainsi que l'historique des versions.

Les bibliothèques

- Accédez au panneau des bibliothèques via le menu **Fenêtres - Bibliothèques** ou en cliquant sur l'icône située à droite du dock. Le panneau des bibliothèques, une fois déployé présente les fonctions principales suivantes :

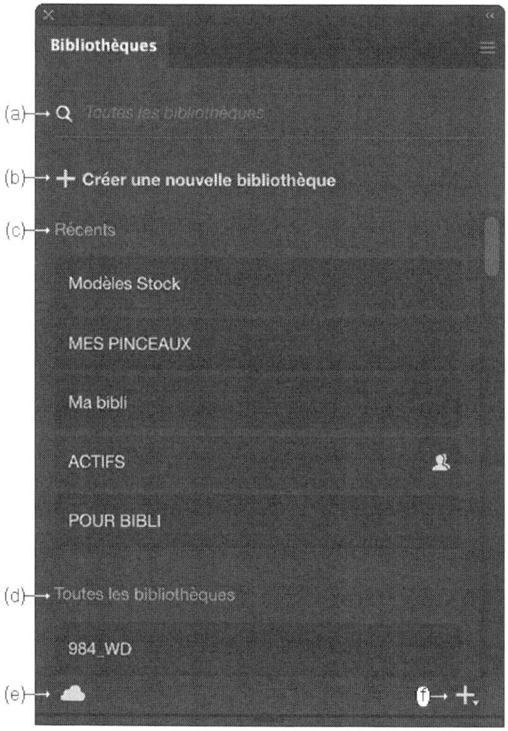

(a) : recherche dans les bibliothèques

(b) : crée une nouvelle bibliothèque

(c) : menu des bibliothèques récentes

(d) : menu de toutes les bibliothèques

(e) : icône indiquant la mise à jour des bibliothèques

(f) : bouton pour créer et gérer les bibliothèques

Créer une bibliothèque

- Cliquez sur **Créer une nouvelle bibliothèque** en haut du panneau ou en bas dans le menu déroulé en cliquant sur le .

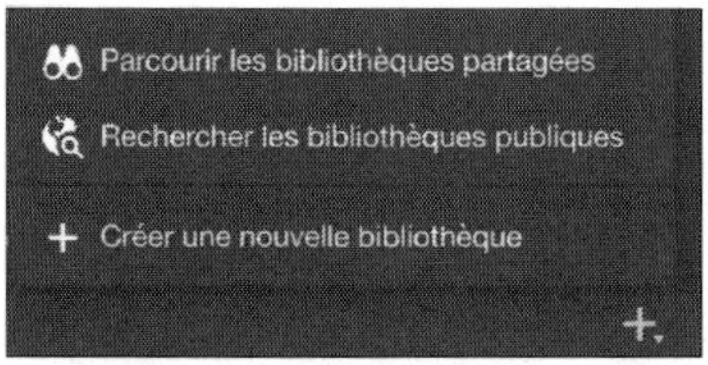

- Nommez la bibliothèque et cliquez sur **Créer**.

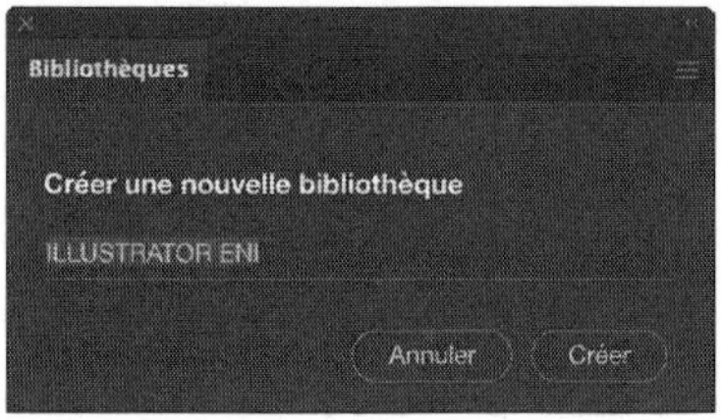

Le panneau contextuel affiche la bibliothèque.

Ajouter des éléments à une bibliothèque

- Glissez les éléments à ajouter vers la zone de dépôt du panneau.

- Vous pouvez également sélectionner un élément et cliquer sur le bouton ![]. Dans ce cas, un menu déroulant vous offre les choix d'enregistrer les paramètres de l'élément sélectivement ou tous les paramètres en une seule fois.

Dans cet exemple, nous avons enregistré le bloc de texte, la couleur, les styles de caractère et de paragraphe et également le texte en tant qu'élément graphique :

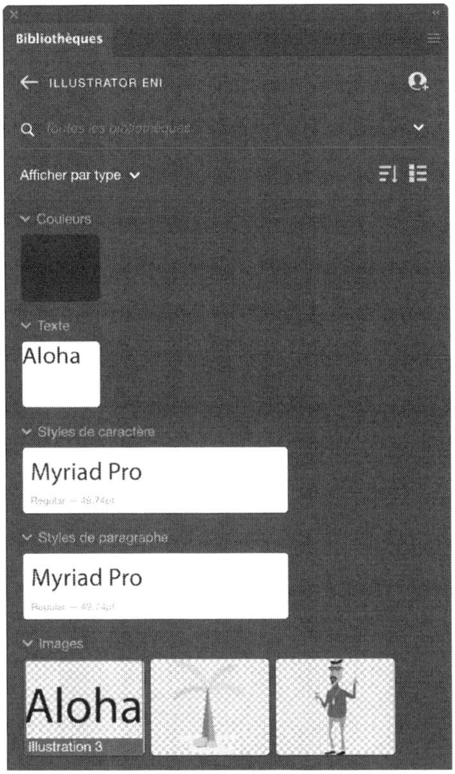

Nouveauté

Organiser les bibliothèques en groupes

- Par défaut les bibliothèques classent les éléments par type, mais vous pouvez créer vous-même des groupes en cliquant sur l'icône 🗀 en bas du panneau.
- Il suffit ensuite de glisser-déposer les éléments non groupés vers la zone de dépôt du groupe créé.

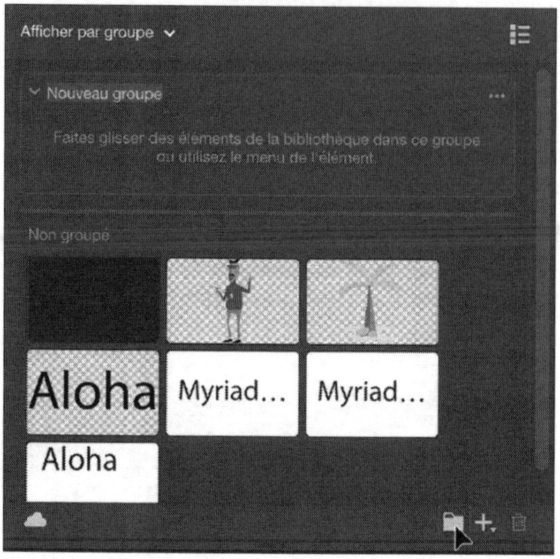

Vous aurez ensuite le choix entre **Afficher par types** ou **par groupes** vos différents éléments.

Le menu des options de groupe permet de :

- copier ou déplacer le groupe pour l'affecter à une autre bibliothèque,
- renommer le groupe,
- supprimer le groupe (mais pas ses contenus),
- supprimer le groupe et ses contenus.

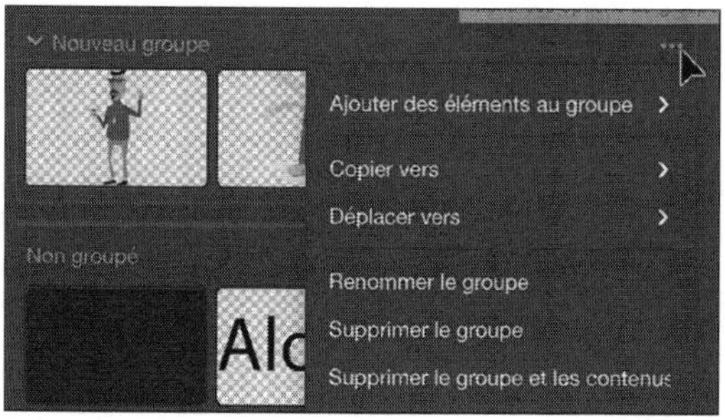

Partager une bibliothèque

- Cliquez sur l'icône en haut du panneau afin d'ouvrir l'application Creative Cloud.
- Saisissez les adresses e-mails des personnes à inviter en précisant les droits concédés : **Droits de modification** ou **Droits de lecture seule**.

- Cliquez sur **Inviter** pour valider le partage.

Rechercher dans les bibliothèques

- Pour localiser un élément dont vous avez besoin dans une bibliothèque très copieuse, vous pouvez effectuer une recherche. Il est également possible d'étendre cette recherche à la totalité des bibliothèques ou à celles proposées en ligne en déroulant le menu à droite du champ de recherche :

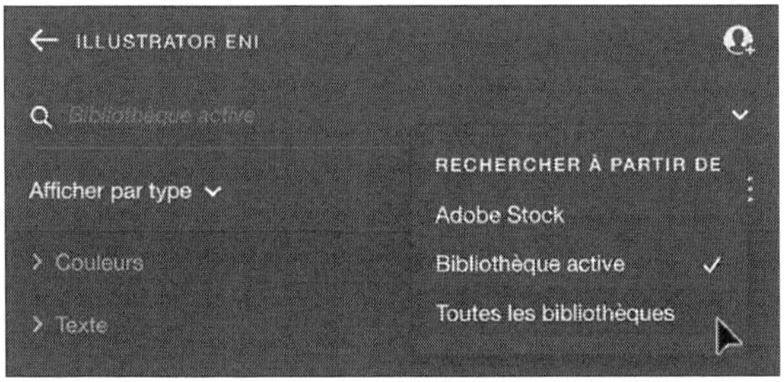

Nouveauté

Gérer les documents en ligne

La gestion des documents en ligne sur le Cloud qui est au cœur du business model d'Adobe va probablement nous conduire à changer nos habitudes. Ce nouveau mode d'organisation des fichiers, rendu possible par l'accélération des connexions et la mobilité accrue, présente des avantages certains pour les utilisateurs.

Accéder aux fichiers à partir de n'importe quel appareil

Si vous travaillez sur une tablette, une fois connecté avec votre identifiant Adobe, vous accédez aux fichiers enregistrés sur le Cloud. Toute modification effectuée sur la tablette sera enregistrée en ligne.

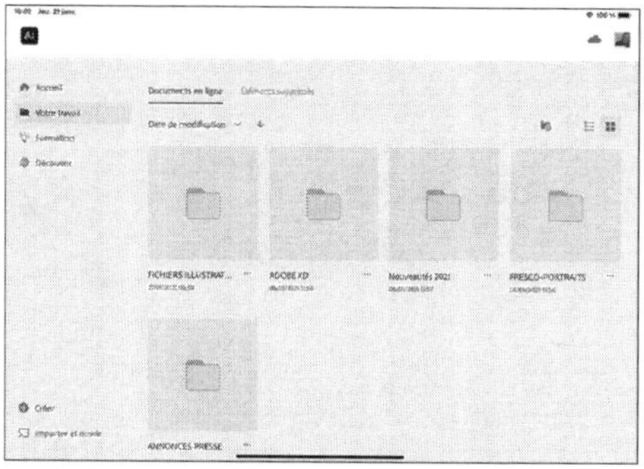

Enregistrement des fichiers en ligne

Lorsque vous effectuez des modifications sur un fichier stocké en ligne, celles-ci ne sont pas prises en compte tant que vous n'enregistrez pas. Vous pouvez savoir que des modifications non enregistrées ont été effectuées en consultant l'onglet du document qui, dans ce cas, présente un astérisque à côté du nom de fichier. L'astérisque disparaît dès que vous enregistrez, par exemple avec cmd ⌘ **S** (Mac) ou Ctrl **S** (PC).

Notez qu'Illustrator enregistre les modifications de façon incrémentale et non pas la totalité du document, ce qui permet d'effectuer cette sauvegarde rapidement sans ralentir votre machine.

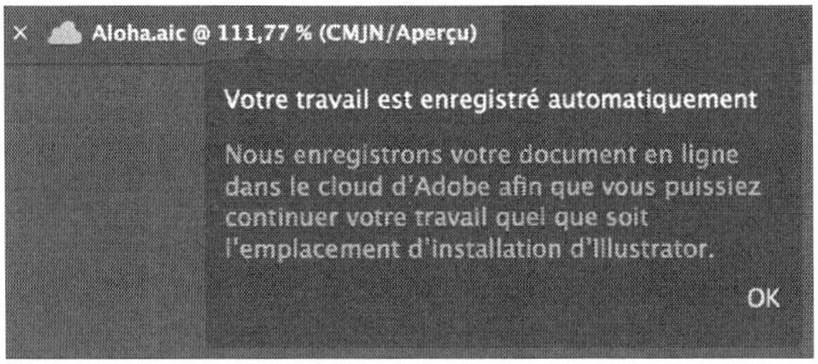

L'historique des versions

L'avantage majeur de travailler avec des fichiers enregistrés sur le Cloud consiste en la possibilité de suivre l'évolution de son travail avec l'historique des versions.

Ouvrez le panneau par le menu **Fenêtre - Historique des versions**.

(1) L'aperçu du document affiche en temps réel la version sélectionnée.

(2) Les versions marquées sont répertoriées en tête de liste pour les retrouver plus rapidement. Pour marquer une version, cliquez sur le signet en bout de ligne. Recliquez sur le même signet pour ne plus marquer cette version.

Les versions sont conservées trente jours et classées par mois dans des dossiers, alors que les versions marquées sont conservées jusqu'à leur suppression

En cliquant sur les trois points en bout de ligne, vous affichez un menu pour :

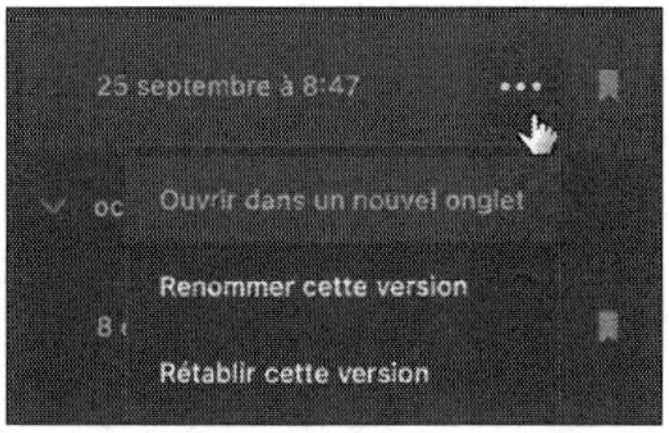

- **Ouvrir la version dans un nouvel onglet**
- **Renommer la version**
- **Rétablir cette version**, c'est-à-dire remplacer la version ouverte par la version choisie.

Cette gestion des versions ne concerne que les documents en ligne, mais il s'agit indéniablement d'une avancée avec de nouveaux flux de production axés sur le travail collaboratif en ligne.

Principe

Les calques permettent de séparer votre document en plusieurs niveaux. Ils peuvent être affichés ou masqués, imprimables ou non, modifiables ou non... Ils permettent de visualiser les objets facilement et de les sélectionner rapidement dans une composition très complexe. Pour vous les représenter, imaginez une pile de feuilles transparentes.

L'élément placé au-dessus cache les éléments placés en dessous, à condition que l'objet situé sur le calque soit plus grand que ceux situés sur les calques inférieurs.

- Pour visualiser les calques, affichez le panneau **Calques** : **Fenêtre - Calques** ou F7

Un calque peut comprendre plusieurs calques "objets" :

- Un calque **<Tracé>** est créé automatiquement dès lors que vous dessinez une forme.
- Un calque **<Texte>** est créé automatiquement dès lors que vous saisissez du texte.
- Un calque **Vectorisation** est créé automatiquement dès lors que vous générez une vectorisation dynamique.

Un calque n'est que le regroupement de plusieurs calques "objets" : un calque par texte, un calque par tracé. Donc si vous avez une dizaine de formes et de textes, vous aurez une dizaine de calques objets dans votre calque.

Créer et paramétrer les calques

Vous pouvez créer plusieurs calques, les nommer, les classer, les afficher, les masquer... faire tout ce qui peut être utile pour organiser la composition de votre graphique.

Créer un calque

- Affichez le panneau **Calques**.
- Cliquez sur le bouton **Nouveau calque** ⊞.

*Un nouveau calque apparaît dans le panneau **Calques** et est créé au-dessus du calque courant.*

Pour créer un nouveau calque, vous pouvez aussi ouvrir le menu du panneau **Calques** puis cliquer sur l'option **Nouveau calque** : la boîte de dialogue **Options de calque** apparaît alors à l'écran, vous permettant de définir les options du calque (cf. sous-titre suivant).

Définir les options d'un calque

Les options servent à définir les moyens de visualisation de votre calque, tels que son nom, sa couleur...

- Affichez le panneau **Calques**.
- S'il s'agit d'un calque existant, cliquez sur le calque, ouvrez le menu du panneau **Calques** puis cliquez sur **Options de "nom du calque"** ou faites un double clic sur le calque concerné.
- S'il s'agit d'un calque à créer, maintenez la touche Alt (PC) ou alt (Mac) et cliquez sur le bouton ou sélectionnez **Nouveau calque** dans le menu .

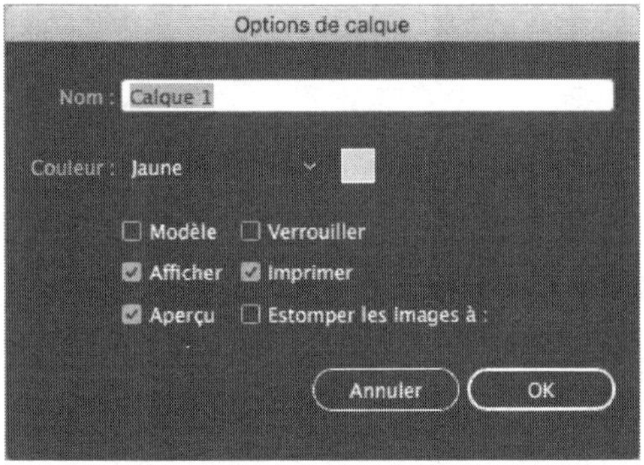

- Saisissez le **Nom** du calque dans la zone de saisie correspondante.
- Dans la liste **Couleur**, sélectionnez la couleur que vous souhaitez avoir autour de vos objets présents sur ce calque lorsqu'ils seront sélectionnés (vous pourrez plus rapidement reconnaître les objets sélectionnés). Pour cela, sélectionnez une couleur dans la liste déroulante ou cliquez sur **Personnaliser** pour choisir une couleur personnalisée dans le spectre de couleurs de la boîte de dialogue **Couleurs** ou double cliquez sur le carré coloré pour ouvrir directement le spectre de couleurs de la boîte de dialogue **Couleurs** (sur PC uniquement).

- Cochez les options :

Modèle	Pour transformer le calque en calque modèle.
Afficher	Pour afficher le calque.
Aperçu	Pour avoir les tracés d'objets en mode aperçu.
Verrouiller	Pour empêcher les modifications.
Imprimer	Pour imprimer les objets figurant sur le calque.
Estomper les images à x %	Pour diminuer l'opacité des images importées sur ce calque suivant la valeur indiquée.

- Cliquez sur le bouton **OK** pour valider.

Il est très important de nommer les calques, votre travail s'en trouvera facilité : il est plus facile de savoir ce qu'il y a sur un calque qui est nommé judicieusement qu'un calque nommé calque 1 ou calque 2.

Visualiser le contenu d'un calque

- Cliquez sur la petite flèche situées à gauche du cadre représentant l'aperçu du calque.

Votre calque se déroule, et tous les calques de tracé ou de texte qui le composent ainsi que les sous-calques apparaissent.

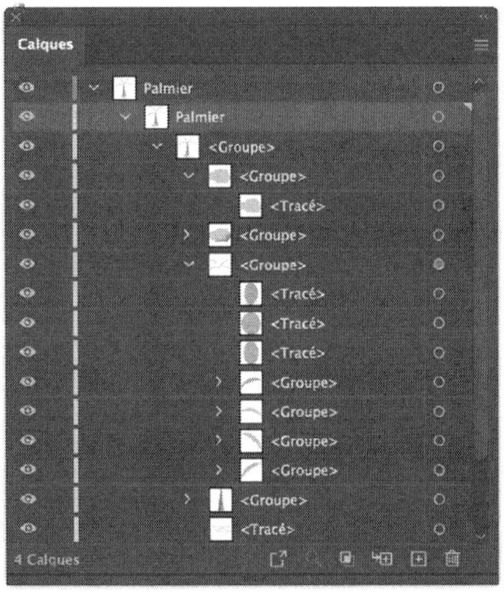

Afficher/masquer les calques

Vous pouvez afficher ou masquer un calque ou des calques selon la complexité de votre travail. Si un calque est masqué, tous les objets situés sur ce calque seront cachés.

- Pour masquer un calque et tout ce qu'il contient, cliquez sur l'œil situé à l'extrémité gauche du nom du calque à masquer. Pour réafficher le calque, cliquez de nouveau sur ce bouton pour faire apparaître l'icône œil.

  L'œil est présent quand le calque est visible, et inversement.

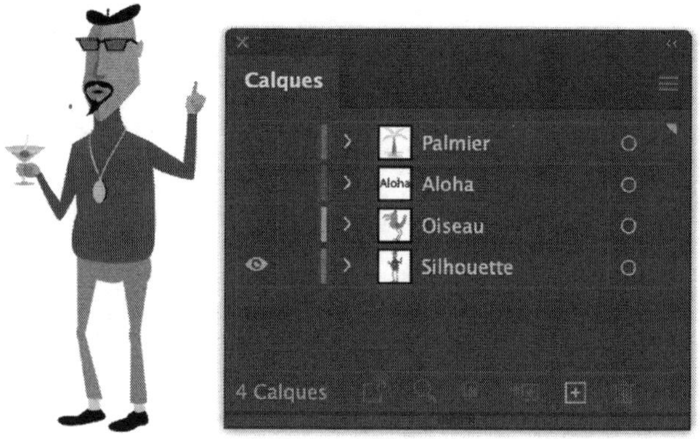

*Les objets situés sur les calques **Palmier** et **Oiseau** ne sont pas visibles. Un aperçu de l'objet est toutefois visible à côté du nom du calque.*

- Pour masquer plusieurs calques, utilisez une des méthodes suivantes :
  - Sélectionnez les calques dont vous souhaitez conserver l'affichage, ouvrez le menu du panneau **Calques** puis cliquez sur l'option **Masquer les autres**.
  - Pointez l'icône du seul calque dont vous souhaitez conserver l'affichage puis cliquez en maintenant la touche Alt (PC) ou (Mac) enfoncée.
  - Faites glisser le pointeur de la souris sur la zone réservée à l'icône de chaque calque à masquer.
- Pour afficher de nouveau tous les calques, ouvrez le menu du panneau **Calques** puis cliquez sur l'option **Tout afficher**.

Un calque masqué n'est pas modifiable.

Afficher un calque en mode Tracés

*En mode **Tracés**, seuls les contours des objets sont visibles.*

- Pour passer en mode **Tracés**, appuyez sur la touche Ctrl (cmd ⌘ sur Mac) puis cliquez sur l'œil du ou des calques concernés.

ou

- Sélectionnez le ou les calques auxquels vous ne souhaitez pas appliquer le mode **Tracés**, ouvrez le menu du panneau puis cliquez sur l'option **Tracés des autres**.

- Pour afficher de nouveau tous les calques en mode **Aperçu**, ouvrez le menu et cliquez sur l'option **Aperçu de tous** ; si tous les calques sont en mode **Tracés**, vous pouvez aussi activer l'option **Aperçu** du menu **Affichage**.
- Pour afficher un ou plusieurs calques en mode **Aperçu**, sélectionnez les calques concernés. Cliquez sur **Options pour la sélection** du menu du panneau **Calques**, cochez l'option **Aperçu** puis cliquez sur le bouton **OK**.

Sélectionner un calque et les objets associés

- Pour sélectionner un calque, cliquez sur son nom dans le panneau **Calques**.
  Le calque devient bleu : il est sélectionné, c'est celui sur lequel vous allez travailler.
- Pour sélectionner dans le document tous les objets ou groupes d'objets d'un calque, cliquez dans la colonne de sélection du calque (entre le bouton et la barre de défilement) : l'icône se transforme ainsi : .
  La couleur du petit carré désormais visible à côté du rond correspond à la couleur du tracé des objets lorsqu'ils sont sélectionnés.

Même si plusieurs calques sont sélectionnés, un seul est le calque courant : il est indiqué par un petit triangle noir visible dans l'angle supérieur droit du calque. Pour définir le calque courant en sélection de plusieurs calques, cliquez sur son nom ou sélectionnez-le en dernier.

- Pour sélectionner tous les objets du calque de l'objet sélectionné dans votre document, utilisez la commande **Sélection - Objet - Tout sur les mêmes calques**.

Dupliquer un calque

- Cliquez sur le calque que vous souhaitez dupliquer.
- Ouvrez le menu du panneau **Calques** puis cliquez sur l'option **Dupliquer "nom du calque"** ou faites glisser le calque que vous souhaitez dupliquer sur le bouton **Nouveau calque** .
- Ensuite, renommez le calque.

Supprimer des calques

- Sélectionnez le ou les calques à supprimer.
- Cliquez sur le bouton visible en bas à droite du panneau **Calques** ou faites glisser le calque sur le bouton ou ouvrez le menu du panneau puis cliquez sur **Supprimer "nom du calque"**.
- Si Illustrator le demande, confirmez la suppression en cliquant sur le bouton **Oui**.

  Supprimer un calque supprime bien sûr tous les objets qu'il contient.

Modifier l'ordre des calques

Il est intéressant de pouvoir modifier l'ordre des calques car, par défaut, un nouveau calque se situe au-dessus du calque sélectionné, ce qui ne correspond pas forcément à ce que vous souhaitez dans la hiérarchie de vos objets.

- Cliquez sur le calque que vous souhaitez déplacer puis faites-le glisser vers le haut ou vers le bas dans le panneau **Calques**.

  Un double trait apparaît entre deux calques indiquant la future position du calque.

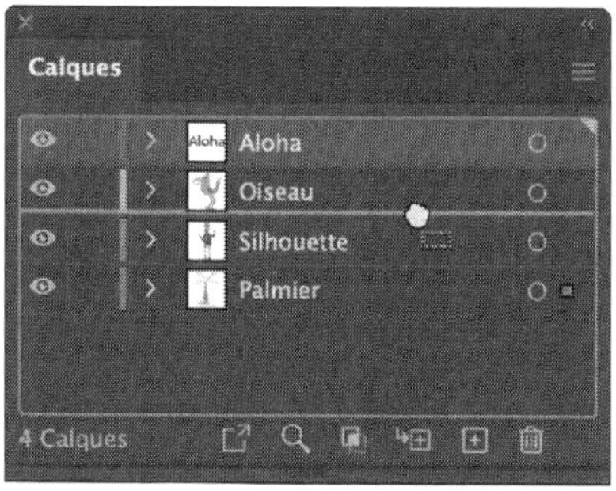

- Relâchez le bouton de la souris lorsque l'endroit souhaité est atteint.

Créer un sous-calque

Pour optimiser l'organisation de votre travail, vous avez la possibilité de créer des sous-calques. Les sous-calques ont les mêmes options que les calques.

- Cliquez sur le calque sous lequel figurera le sous-calque.
- Cliquez sur le bouton **Nouveau sous-calque** du panneau **Calques**.
- Si vous le souhaitez, renommez le sous-calque.

Les calques sont toujours au premier niveau de hiérarchie, les sous-calques sont au niveau inférieur. Si vous verrouillez un calque, ses sous-calques sont aussi verrouillés. Si vous masquez un calque, ses sous-calques sont aussi masqués. Si vous cliquez sur l'icône pour sélectionner tous les objets ou groupes d'objets d'un calque, tous les objets ou groupes d'objets des sous-calques sont également sélectionnés.

Verrouiller/déverrouiller les calques

Vous pouvez aussi verrouiller vos calques, cela vous empêchera de faire des modifications non voulues.

- Pour verrouiller un calque, cliquez sur la case située à droite de l'œil.

Un cadenas apparaît 

.

- Pour déverrouiller un calque, cliquez sur le cadenas.
- Pour verrouiller plusieurs calques, cliquez sur le ou les calques que vous ne souhaitez pas verrouiller, ouvrez le menu du panneau **Calques** puis cliquez sur l'option **Verrouiller les autres**.
- Pour déverrouiller tous les calques, ouvrez le menu du panneau **Calques** puis cliquez sur l'option **Tout déverrouiller** ou effectuez un cliqué-glissé sur tous les cadenas.

Isoler un groupe ou un sous-calque

Pour faciliter votre travail, vous pouvez isoler un groupe ou un sous-calque afin que seuls les objets de celui-ci puissent être affectés par les modifications. Tous les autres objets du document sont verrouillés.

- Dans le panneau **Calques** (**Fenêtre - Calques** ou F7), sélectionnez le groupe ou le sous-calque à isoler.
- Cliquez sur l'option **Passer en mode Isolation** du menu du panneau **Calques**.

*Seul le groupe ou le sous-calque isolé reste visible dans le panneau **Calques**. Dans le document, seuls les objets du groupe ou du sous-calque isolé sont accessibles, les objets des autres calques étant verrouillés.*

- Pour afficher de nouveau tous les calques du document, cliquez sur l'option **Quitter le mode Isolation** du menu ☰ du panneau **Calques**.

Les calques de niveau supérieur ne peuvent pas être isolés.

Fusionner des calques

- Sélectionnez les calques à réunir dans un seul calque ; utilisez la touche Ctrl (PC) ou cmd ⌘ (Mac) pour une sélection discontinue et/ou la touche ⇧ pour une sélection continue.
- Si nécessaire, parmi les calques sélectionnés, définissez le calque destinataire de la fusion (calque courant) en cliquant sur son nom : un petit triangle noir est visible dans l'angle supérieur droit du calque.
- Ouvrez le menu ☰ du panneau **Calques** puis cliquez sur **Fusionner la sélection**.

Instantanément, les objets sont transférés dans le calque courant et les autres calques disparaissent.

L'option **Rassembler sur un nouveau calque** du menu ☰ permet de réunir les calques sélectionnés dans un nouveau calque.

Introduction

Pour disposer de tous les outils disponibles, cliquez sur les trois points en bas de la barre des outils puis déroulez le menu contextuel et choisissez **Avancé**,

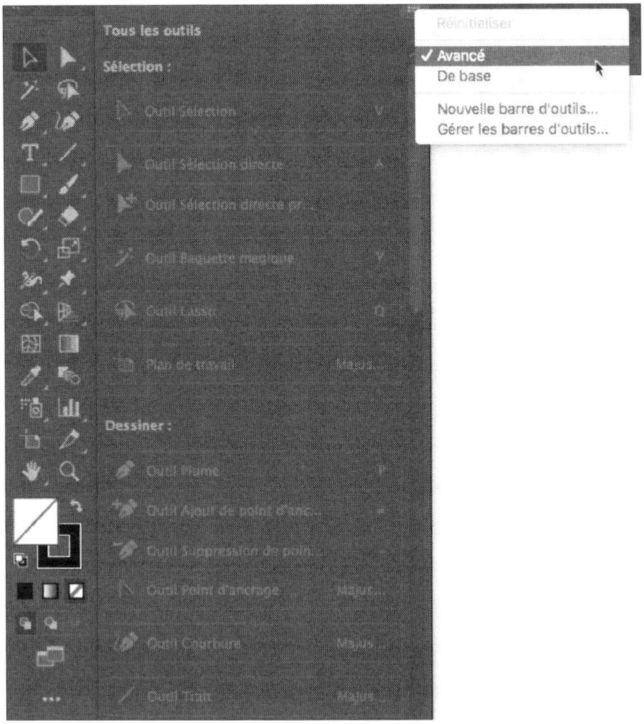

Créer une forme

Les outils de forme vectorielles sont très riches, mais pour les afficher tous, il faut cliquer sur l'icône ••• en bas du panneau des outils, puis sur l'icône ☰ afin d'afficher le menu latéral et choisir l'option **Avancé**.

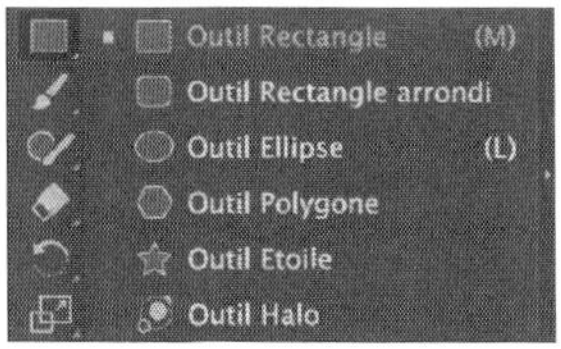

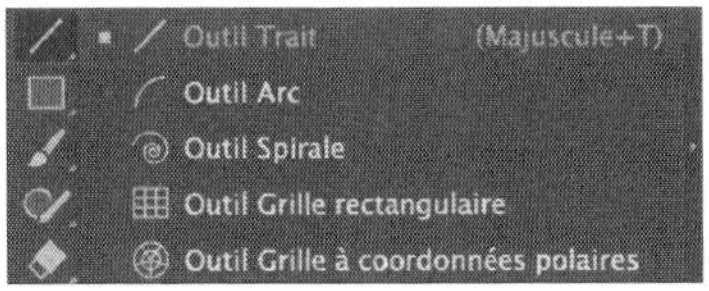

Vous pouvez dessiner vos formes à partir d'un coin ou du centre, et vous pouvez paramétrer votre forme à partir d'une boîte de dialogue.

Créer une forme avec la méthode manuelle depuis un coin

- Sélectionnez l'outil que vous souhaitez utiliser dans le panneau **Outils**.
- Pour dessiner la forme, effectuez un cliqué-glissé depuis un coin vers le coin opposé.

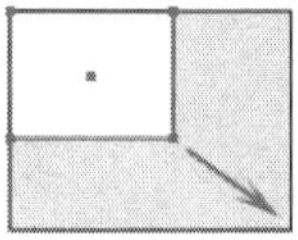

Créer une forme avec la méthode manuelle depuis le centre

- Sélectionnez l'outil que vous souhaitez utiliser dans le panneau **Outils** : **Rectangle** ou **Ellipse**.
- Appuyez sur la touche Alt (PC) ou ⌥ (Mac) et maintenez-la enfoncée.
- Effectuez un cliqué-glissé pour dessiner la forme depuis le centre de votre objet.

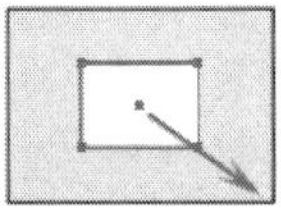

Créer une forme avec la méthode paramétrée depuis un coin

- Sélectionnez l'outil que vous souhaitez utiliser dans le panneau **Outils**.
- Cliquez, dans votre document, à l'endroit où vous souhaitez que soit placé le point d'origine qui, selon l'outil sélectionné, est soit le coin supérieur gauche, soit le centre.

Une boîte de dialogue contenant les informations nécessaires à la construction de votre forme s'ouvre.

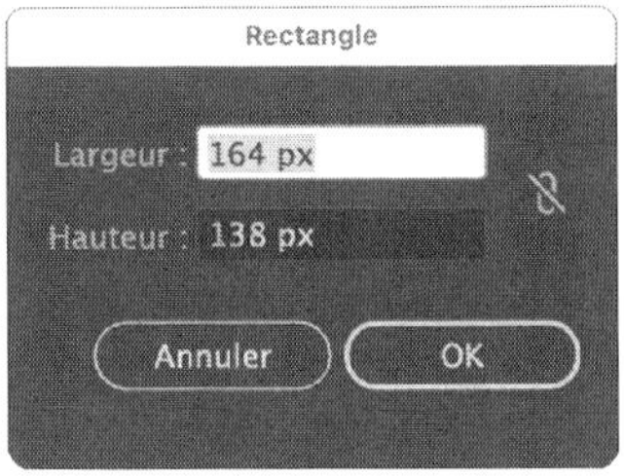

- Renseignez les données selon le résultat souhaité.

  En cliquant sur l'icône vous verrouillerez l'homotéthie : une fois les valeurs saisies, si vous en modifiez une, la seconde gardera les proportions du réglage précédent.
- Cliquez sur le bouton **OK**.

  La nouvelle forme apparaît dans votre document.

Créer une forme avec la méthode paramétrée depuis son centre

- Sélectionnez l'outil que vous souhaitez utiliser dans le panneau **Outils** : **Rectangle** ou **Ellipse**.
- Appuyez sur la touche Alt (PC) ou alt (Mac), et maintenez-la enfoncée.
- Faites un clic dans votre document, à l'endroit où vous souhaitez que soit placé le centre de votre forme.

  Une boîte de dialogue spécifique à la forme s'affiche.
- Renseignez les données selon le résultat souhaité.
- Cliquez sur le bouton **OK**.

Imposer des contraintes

- Cliquez sur un point d'ancrage et faites-le glisser pour chercher la diagonale. Grâce aux repères commentés cette diagonale va se matérialiser par un trait et vous pourrez ainsi tracer une forme carré ou un cercle.

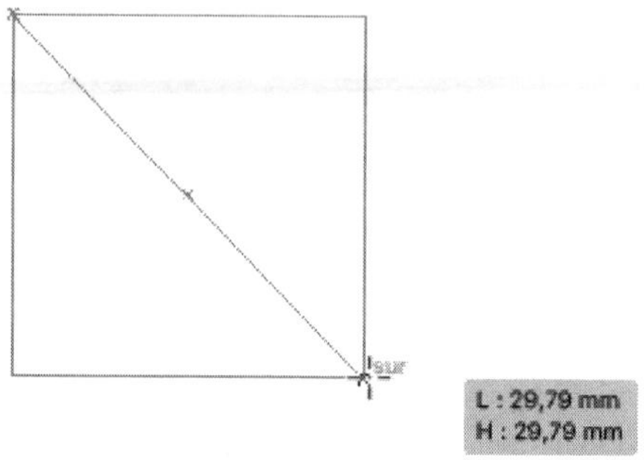

Pour afficher/masquer le centre d'une forme, sélectionnez la forme, affichez le panneau **Options d'objet** (**Fenêtre - Options d'objet** ou Ctrl F11 (PC) ou cmd ⌘ F11 (Mac)) puis cliquez sur le bouton ou .

Les angles dynamiques

Même si vous pouvez toujours créer directement un rectangle à coins arrondis ou utiliser l'effet ***Arrondis****, vous pouvez, depuis la version CC, modifier les angles des formes géométriques et des tracés fermés ou non, comme vous le constatez sur l'illustration ci-après.*

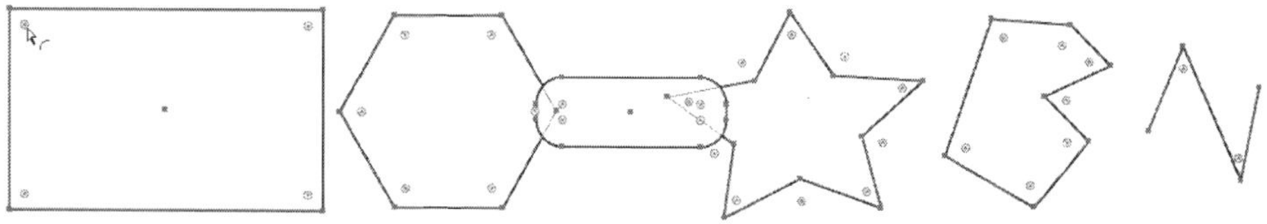

Depuis la version 2021, il n'est plus nécessaire de changer d'outil pour modifier une forme ou ses angles.

- Une fois la forme tracée, sélectionnez un ou plusieurs points d'ancrage et tirez dessus pour les modifier.

- Pour n'intervenir que sur un seul angle, maintenez la touche cmd ⌘ (Mac) ou Ctrl (PC) appuyée et cliquez-tirez sur le widget d'angle.
- Sélectionnez un ou plusieurs points d'ancrage et tirez dessus pour les modifier.
- Pour éditer plus précisément les angles, double cliquez sur un des widgets des angles sélectionnés.

  Le panneau **Transformation** s'ouvre alors et vous permet de fixer chaque angle selon les paramètres voulus dans la section **Propriétés de la forme** (ici **rectangle**).

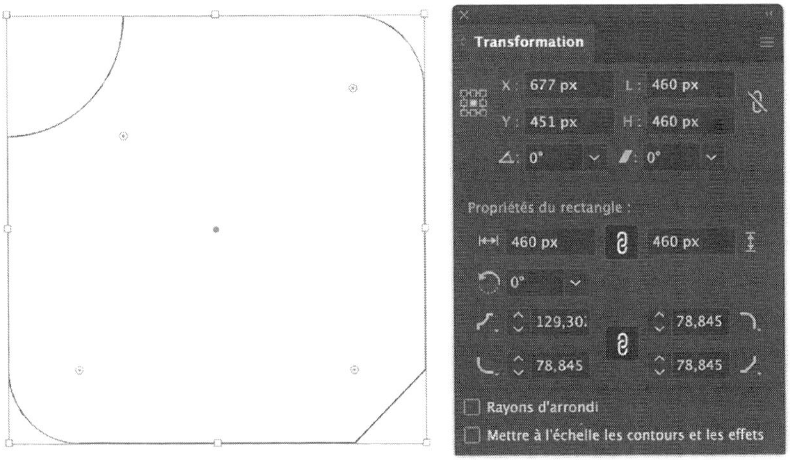

- En cours de travail, appuyez sur la touche Alt (PC) ou ⌥ (Mac), le widget d'angle changera de type à chaque clic dans une permutation circulaire.

Pour masquer les widgets d'angle, sélectionnez le menu **Affichage - Widget Masquer l'angle**.

Dans le panneau **Contrôle**, l'icône permet également de masquer les widgets de forme pour les angles lorsque ceux-ci n'ont pas encore été modifiés.

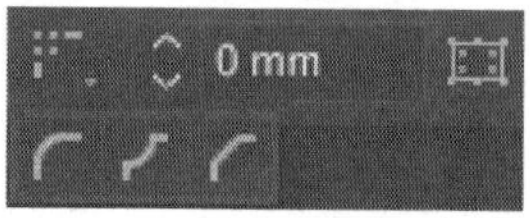

Le panneau des propriétés offre une alternative au panneau **Contrôle** pour les fonctions basiques d'édition des formes : transformation, aspect, décalage, décomposition et disposition de la forme.

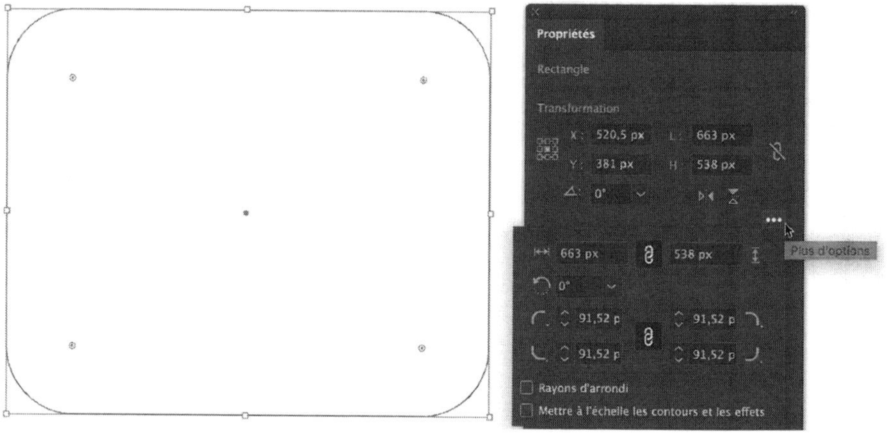

Cliquer sur l'icône ouvre un menu additionnel dans lequel vous pouvez régler les angles globalement ou individuellement en saisissant des valeurs numériques précises.

Les formes dynamiques

Les widgets d'angle sont complétés par d'autres fonctionnalités qui facilitent grandement le travail des graphistes.

Polygones dynamiques

- Cliquez et tirez sur le widget présent sur le côté d'un polygone pour en augmenter ou réduire le nombre de côtés.

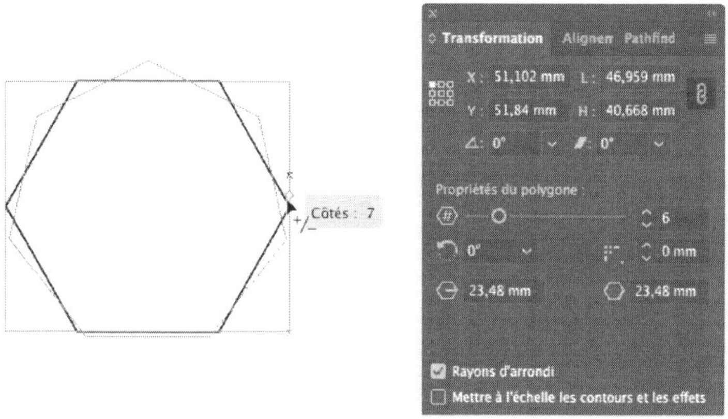

Avec le panneau ***Transformation*** *vous pouvez également modifier ces paramètres.*

- Lorsqu'un polygone a été déformé vous pouvez **Egaliser les côtés** qui seront alors ramenés à la taille du côté aligné sur le plus petit côté du cadre de sélection.

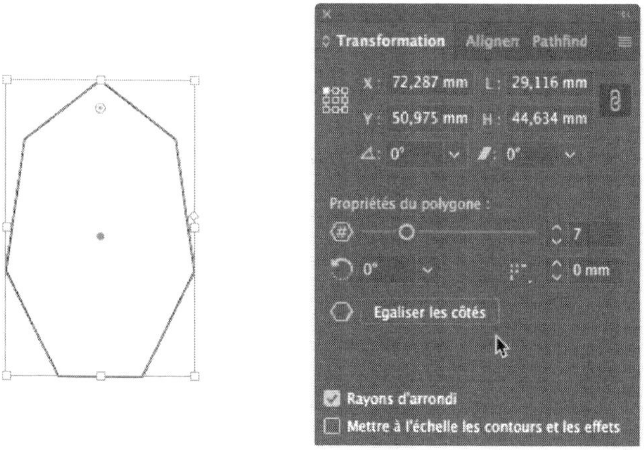

Ellipses dynamiques et graphes sectoriels

Les ellipses dynamiques permettent la création de graphes sectoriels très rapidement.

- Cliquez sur le point du widget et faites-le glisser jusqu'à l'ouverture souhaitée.

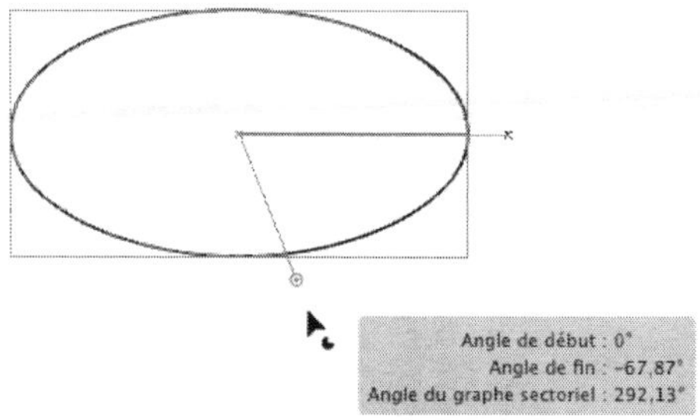

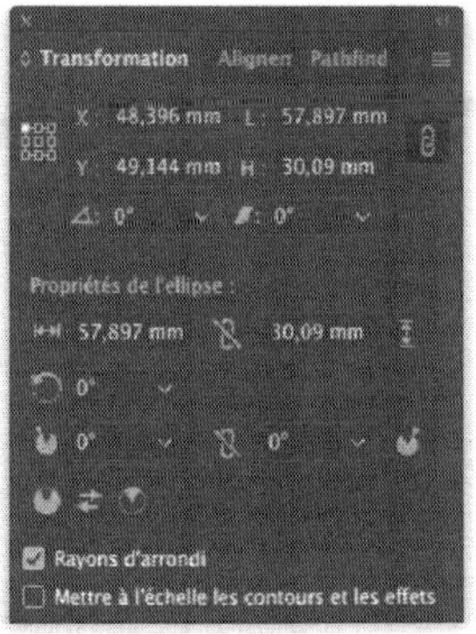

- Dans le panneau **Transformation** cliquez sur l'icône  pour intervertir le graphe en maintenant la touche ⇧ appuyée. La part précédemment coupée va se repositionner de façon indépendante et vous pourrez la déplacer pour créer rapidement un graphe significatif.

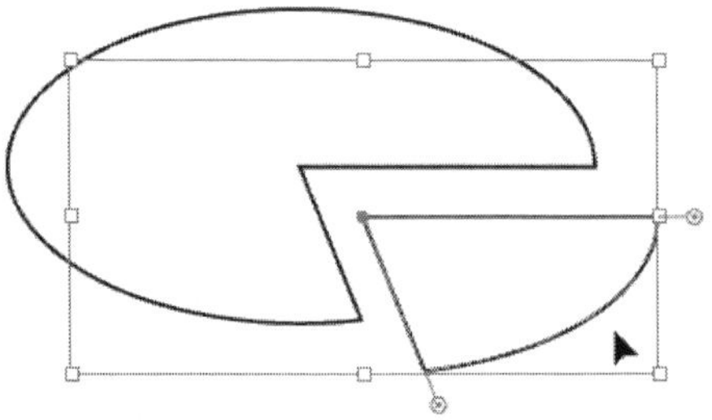

Traits dynamiques

- Il est possible d'appliquer une rotation à un trait sans outil particulier. Pour cela approchez le curseur d'une des extrémités, cliquez et glissez dans le sens voulu.

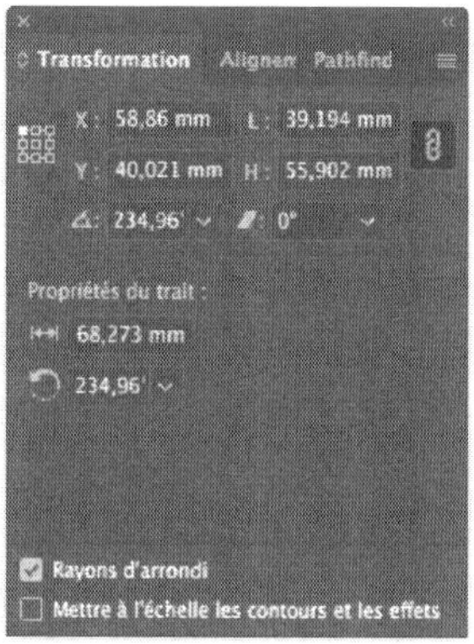

Utiliser l'outil Halo

*L'outil **Halo** permet de créer une source lumineuse importante sur vos objets. Vous obtiendrez plusieurs formes pour constituer l'effet de halo. Chaque objet pourra être modifié ou supprimé par la suite avec l'outil **Sélection directe**.*

Créer un halo de lumière

- Sélectionnez l'outil **Halo** (dans la même série que l'outil **Rectangle** de la barre d'outils **Avancé**).
- Maintenez la touche Alt (PC) ou ⌥ (Mac) enfoncée puis cliquez, dans votre document, à l'endroit où vous souhaitez que le halo apparaisse : sur un objet ou sur un endroit vide du document.

Modifier le centre

- Si besoin est, sélectionnez le halo concerné puis faites un double clic sur l'outil **Halo**.
- Pour augmenter la taille du centre, saisissez la valeur dans la zone de saisie **Diamètre** ou sélectionnez-la à l'aide des boutons d'incrémentation.
- Pour rendre plus ou moins transparent l'anneau lumineux, saisissez la valeur dans la zone de saisie **Opacité** ou cliquez sur le bouton puis faites glisser le curseur pour sélectionner une valeur.
- Pour rendre plus ou moins lumineux l'anneau central, saisissez la valeur dans la zone de saisie **Luminosité** ou cliquez sur le bouton puis faites glisser le curseur pour sélectionner une valeur.

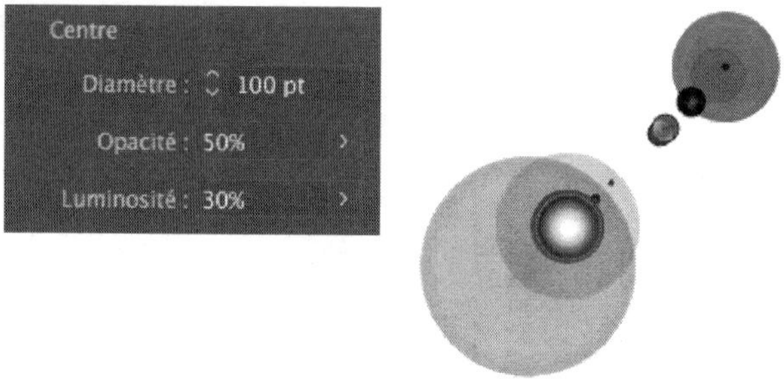

- Cliquez sur le bouton **OK** pour valider vos modifications.

L'option **Aperçu** de la boîte de dialogue **Options de l'outil Halo** permet de visualiser le résultat dans le document avant validation de la boîte de dialogue.

Modifier le halo

- Si besoin est, sélectionnez le halo concerné puis faites un double clic sur l'outil **Halo**.
- Pour augmenter la taille du halo, saisissez la valeur dans la zone de saisie **Expansion** ou cliquez sur le bouton puis faites glisser le curseur pour sélectionner une valeur.
- Pour rendre plus ou moins flou le halo, saisissez la valeur dans la zone de saisie **Tolérance** de la zone **Halo** ou cliquez sur le bouton puis faites glisser le curseur pour sélectionner une valeur.

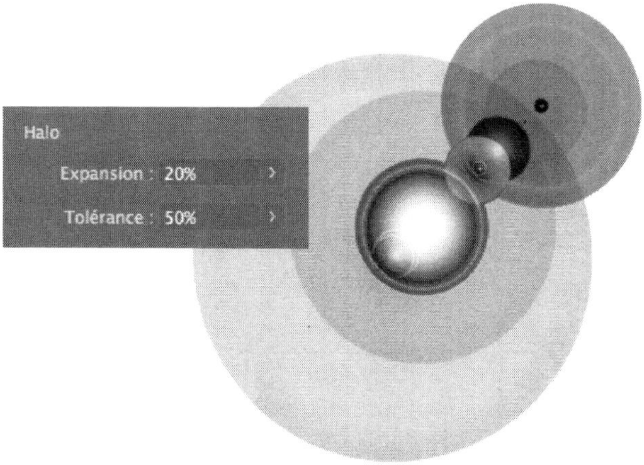

- Cliquez sur le bouton **OK** pour valider vos modifications.

Modifier les rayons

Les rayons sont les traits partant du centre du halo.

- Si besoin est, sélectionnez le halo concerné puis faites un double clic sur l'outil **Halo** .
- Veillez à ce que l'option **Rayons** soit cochée.
- Pour augmenter ou diminuer le nombre de rayons, tapez une valeur (comprise entre 0 et 50) dans la zone de saisie **Nombre** de la zone **Rayons** ou sélectionnez-la à l'aide des boutons d'incrémentation.
- Pour définir la taille du rayon le plus long, saisissez la valeur (en pourcentage du rayon moyen) dans la zone de saisie **Le plus long** ou cliquez sur le bouton puis faites glisser le curseur pour sélectionner une valeur.
- Pour rendre plus ou moins flous les rayons, saisissez la valeur dans la zone de saisie **Tolérance** de la zone **Rayons** ou cliquez sur le bouton puis faites glisser le curseur pour sélectionner une valeur.
- Cliquez sur le bouton **OK** pour valider vos modifications.

Modifier les auréoles

Les auréoles sont les disques noirs situés entre le centre et le point à l'extrémité.

- Sélectionnez le halo concerné puis faites un double clic sur l'outil **Halo** .
- Veillez à ce que l'option **Auréoles** soit cochée.

- Pour augmenter ou diminuer l'espace entre le centre du halo et le point central de l'auréole la plus éloignée (point d'extrémité), tapez une valeur (comprise entre 0 et 1000) dans la zone de saisie **Tracé** ou sélectionnez-la à l'aide des boutons d'incrémentation.
- Pour augmenter ou diminuer le nombre d'auréoles entre les points centre et extrémité, tapez une valeur (comprise entre 0 et 50) dans la zone de saisie **Nombre** ou sélectionnez-la à l'aide des boutons d'incrémentation.
- Pour augmenter la taille de la plus grande auréole, saisissez la valeur (en pourcentage de l'auréole moyenne) dans la zone de saisie **La plus grande** ou cliquez sur le bouton puis faites glisser le curseur pour sélectionner une valeur.
- Pour définir l'angle du tracé entre le point central du halo et le point central de l'auréole la plus éloignée (point d'extrémité), saisissez un nombre dans la zone de saisie **Direction** ou faites glisser le trait visible dans le cadran.

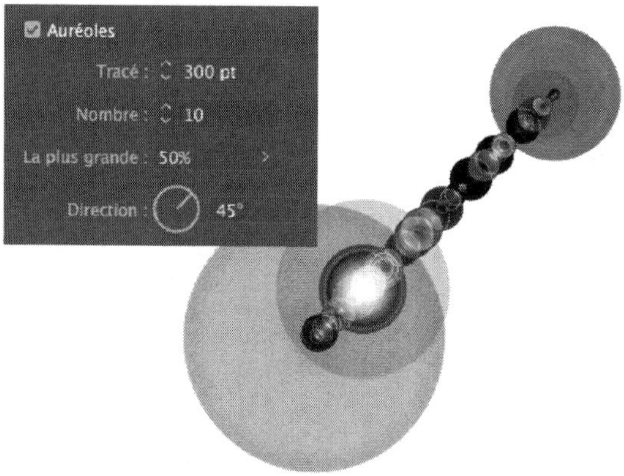

- Cliquez sur le bouton **OK** pour valider vos modifications.

Réinitialiser un halo avec les paramètres par défaut

- Sélectionnez le halo concerné par la réinitialisation.
- Faites un double clic sur l'outil **Halo** .
- Maintenez la touche Alt (PC) ou (Mac) enfoncée.

  *Le bouton **Réinitialiser** remplace le bouton **Annuler**.*
- Cliquez sur le bouton **Réinitialiser**.
- Lâchez la touche Alt (PC) ou (Mac) puis cliquez sur le bouton **OK**.

Augmenter le nombre de côtés en cours de tracé

*Avec certains outils (**Polygone, Étoile** ou **Spirale**), vous pouvez, en cours de création, augmenter le nombre de côtés, de branches ou de spirales.*

- Pour créer votre forme, sélectionnez l'outil **Etoile**, **Polygone** ou **Spirale** en fonction du résultat souhaité.
- Effectuez un cliqué-glissé pour dessiner la forme.
- Sans relâcher le bouton de la souris, appuyez sur la touche ↑ pour augmenter le nombre de branches ou sur la touche ↓ pour diminuer le nombre de branches.
- Lorsque le nombre de côtés vous convient, lâchez le bouton de la souris.

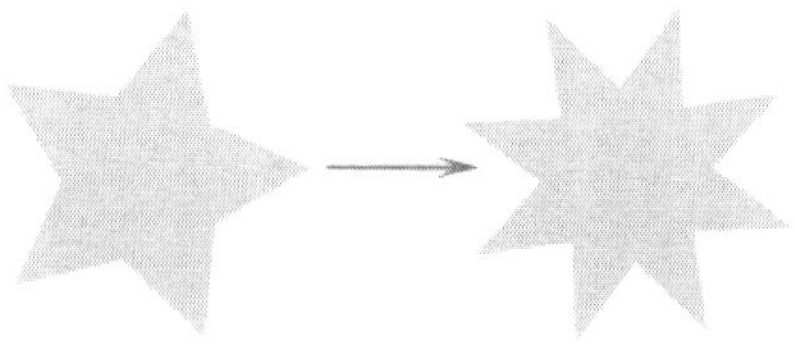

L'outil conserve, pour la création des futurs objets, le même nombre de côtés, de branches ou de spirales.

Utiliser l'outil Crayon et les outils associés

L'association de cet outil avec une palette graphique vous permet d'optimiser votre travail.

Créer un tracé

- Sélectionnez l'outil **Crayon** dans le même groupe que l'outil **Shaper** de la barre d'outils **Avancé**.
- Dessinez votre tracé en effectuant un cliqué-glissé.

  Lors du cliqué-glissé, le tracé se caractérise par un trait en pointillés bleus.
- Relâchez le bouton de votre souris lorsque votre tracé est terminé.

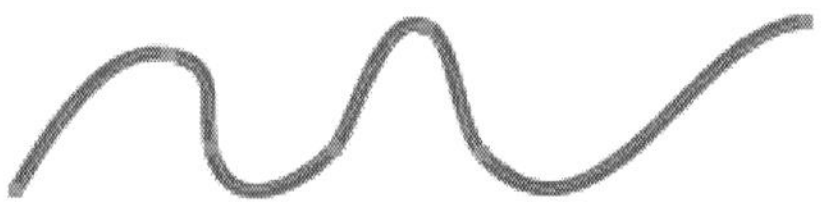

Paramétrer l'outil Crayon

- Pour afficher les préférences de l'outil **Crayon**, faites un double clic dessus.

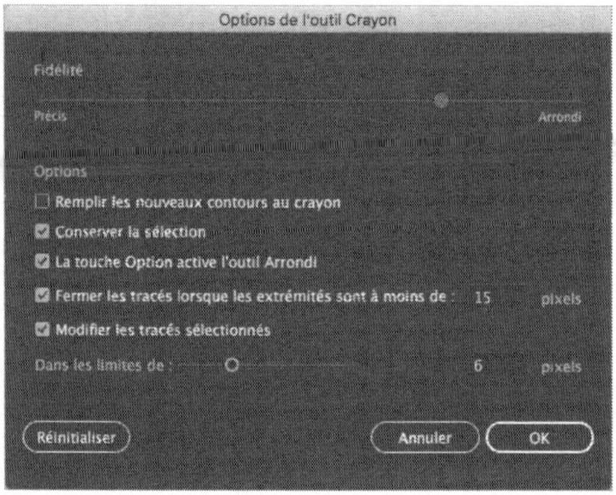

- Cliquez sur le curseur **Fidélité** puis faites-le glisser pour que le trait dessiné soit proche du cliqué-glissé que vous avez effectué pour le réaliser. Les valeurs vont de 0,5 à 20 pixels : plus la valeur est faible, plus il y aura des points d'ancrage et plus le tracé suivra parfaitement votre mouvement de souris et sera donc anguleux.
- Cochez l'option **Remplir les nouveaux contours au crayon** pour appliquer un fond aux contours que vous allez dessiner avec votre crayon. Attention, veillez à bien définir une couleur de fond si vous voulez que cela fonctionne.
- Cochez l'option **Conserver la sélection** pour conserver le tracé sélectionné une fois dessiné.
- Cochez l'option **Modifier les tracés sélectionnés** et saisissez une distance pour modifier le tracé seulement lorsque vous ne dépassez pas la distance saisie dans la zone **Dans les limites de**.
- Cliquez sur **OK** pour valider vos paramètres.

Le bouton **Réinitialiser** de la boîte de dialogue **Options de l'outil Crayon** permet de retrouver les paramètres par défaut.

Arrondir un tracé avec l'outil Arrondi

- Créez un tracé avec l'outil .
- Sélectionnez l'outil **Sélection directe** .
- Cliquez sur votre tracé pour le sélectionner.
- Sélectionnez l'outil **Arrondi** (dans la même série que l'outil **Crayon** de la barre d'outils **Avancé**).

- Faites glisser le pointeur sur les angles que vous souhaitez adoucir.

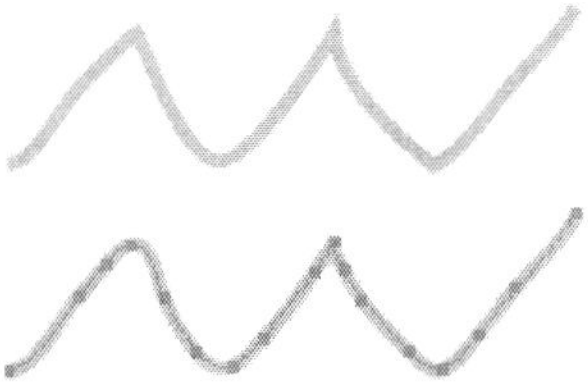

- En appuyant sur la touche Alt (PC) ou ⌥ (Mac), le crayon change d'aspect (l'étoile est remplacée par la barre) et vous pouvez tracer des droites. En maintenant simultanément la touche ⇧ enfoncée, les droites seront contraintes dans un espace orthonormé (angles multiples de 45°).

Gommer un tracé et joindre des extrémités

- Avec l'outil **Gomme** cliquez et glissez sur les zones du tracé à supprimer.
- Avec l'outil **Jonction** cliquez sur une extrémité d'un tracé scindé et glissez pour raccorder à un autre segment.

Tracés des formes impeccables avec l'outil de mise en forme (Shaper)

- Tracez sommairement une forme approximative avec l'outil **Shaper** .

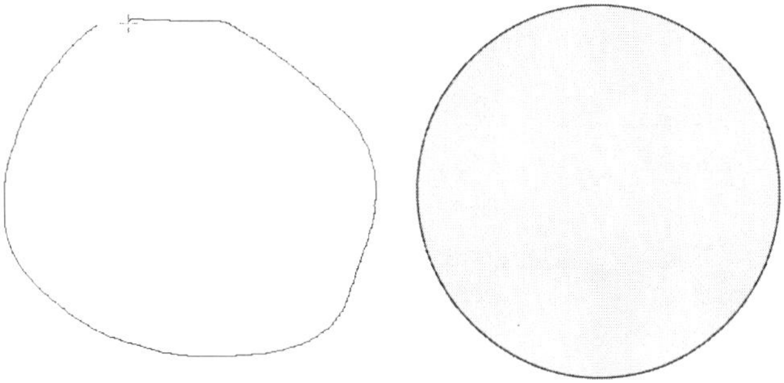

Cette forme sera automatiquement convertie en une forme géométrique.

Utiliser l'outil Gomme

*L'outil **Gomme** permet de supprimer rapidement des zones d'un tracé ou des objets d'une illustration. Vous pouvez définir la largeur, la forme et la régularité de la gomme.*

Effacer une partie d'un tracé

- Sélectionnez l'outil **Sélection directe**.
- Cliquez sur votre tracé pour le sélectionner.
- Sélectionnez l'outil **Gomme**.
- Faites glisser le pointeur sur la partie du tracé que vous souhaitez supprimer.

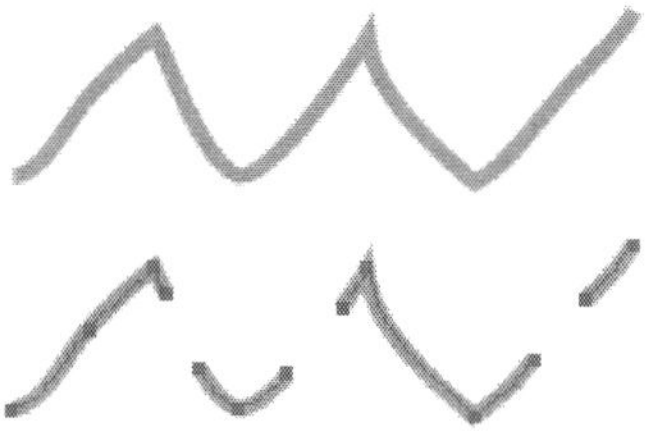

Effacer un objet

*L'outil **Gomme** va vous permettre d'effacer n'importe quelle partie d'un objet.*

- Si l'effacement concerne un ou plusieurs objets spécifiques, sélectionnez-les (ils peuvent faire partie de différents calques) ou ouvrez-les en mode isolé s'ils font partie d'un groupe ou d'un sous-calque.

  Si l'effacement concerne n'importe quel objet du plan de travail, ne réalisez aucune sélection.
- Sélectionnez l'outil **Gomme**.
- Réalisez un cliqué-glissé sur la zone à effacer et, si besoin, accompagnez-le des touches suivantes :
  - Maintenez la touche Alt (PC) ou ⌥ (Mac) enfoncée pour créer une zone rectangulaire ou les touches Alt ⇧ (PC) ou ⌥ ⇧ (Mac) pour créer une zone carrée.
  - Maintenez la touche ⇧ enfoncée pour réaliser une ligne verticale, horizontale ou diagonale.

Utilisez la touche **[** (ou ⇧ **[**) pour diminuer le diamètre de l'outil **Gomme** et la touche **]** (ou ⇧ **]**)pour augmenter son diamètre.

Paramétrer l'outil Gomme

- Double cliquez sur l'outil **Gomme**  pour afficher ses préférences.

  *Dans la partie supérieure (cercle et points noirs), vous visualisez les effets des paramètres de l'outil **Gomme** spécifiés dans la partie inférieure.*

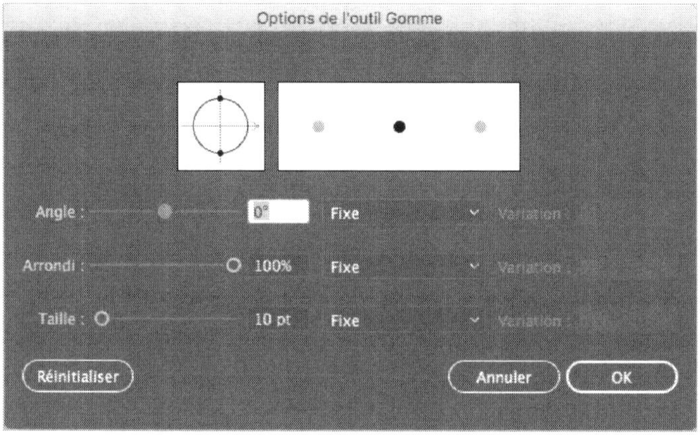

- Pour déterminer l'angle de rotation de l'outil **Gomme**, faites glisser la pointe de la flèche visible sur le cercle ou entrez une valeur dans la zone de saisie **Angle**.

  *Le résultat est visible sur les points noirs sauf si l'**Arrondi** affiche une valeur proche de 100%.*

- Modifiez éventuellement la variation de l'angle à l'aide de la liste visible à droite de la zone **Angle** :

  - **Fixe** : pour obtenir un angle, un arrondi ou un diamètre fixe.
  - **Aléatoire** : pour sélectionner l'intervalle de variation de l'angle, de l'arrondi ou du diamètre. Entrez une valeur dans la zone de saisie **Variation** ou déplacez le curseur correspondant.

    Exemple : si la valeur du diamètre est de 20 avec une variation de 5, le diamètre pourra être compris entre 15 et 25.

  - **Pression** : si vous travaillez avec une tablette graphique, cette option vous permettra de modifier l'angle, l'arrondi ou le diamètre en fonction de la pression exercée sur votre stylet de dessin. Tapez une valeur dans la zone **Variation** pour spécifier l'intervalle de variation autorisée de la caractéristique de la forme par rapport à la valeur initiale.

    Exemple : si la valeur de l'angle est de 30° avec une variation de 20°, l'angle pourra être compris entre 10 et 50°.

  - **Molette de stylet** : si vous travaillez avec une tablette graphique, le diamètre de l'outil **Gomme** sera modifié par l'action sur la molette de votre stylet graphique.

- **Inclinaison** : si vous travaillez avec une tablette graphique qui peut détecter l'inclinaison de votre stylet, cette option vous permettra de modifier l'angle, l'arrondi ou le diamètre en fonction de l'inclinaison de votre stylet.
- **Direction** : pour modifier l'angle, l'arrondi ou le diamètre en fonction de la pression et de la direction imprimées au stylet de votre tablette graphique. Cet outil n'est disponible que si votre tablette graphique peut détecter l'inclinaison verticale de votre stylet.
- **Rotation** : pour modifier l'angle, l'arrondi ou le diamètre en fonction de la rotation de la pointe du stylet de votre tablette graphique. Cet outil n'est disponible que si votre tablette graphique peut détecter la rotation de la pointe de votre stylet.

Pour déterminer l'arrondi de l'outil **Gomme**, faites glisser un des points noirs du cercle vers l'intérieur de celui-ci ou entrez une valeur dans la zone de saisie **Arrondi** : le résultat est visible sur les points noirs. Modifiez éventuellement la variation de l'arrondi en procédant comme pour la variation de l'angle (cf. ci-dessus).

Pour agrandir ou réduire le diamètre de la gomme, entrez une valeur dans la zone de saisie **Taille** ou faites glisser le curseur correspondant : le résultat est visible sur les points noirs. Modifiez éventuellement la variation du diamètre en procédant comme pour la variation de l'angle (cf. ci-dessus).

Cliquez sur le bouton **OK** pour valider vos paramètres.

Le bouton **Réinitialiser** de la boîte de dialogue **Options de l'outil Gomme** permet de retrouver les paramètres par défaut.

Utiliser l'outil Pinceau

L'outil ***Pinceau*** *permet de créer des formes calligraphiques. L'utilisation d'une tablette graphique avec cet outil permet de l'utiliser plus aisément. Il fonctionne de la même manière que l'outil* ***Crayon***.

Créer un tracé

Sélectionnez l'outil **Pinceau**.

Si besoin est, utilisez la commande **Fenêtre - Formes** (ou F5) pour afficher le panneau **Formes** ou cliquez sur l'onglet correspondant.

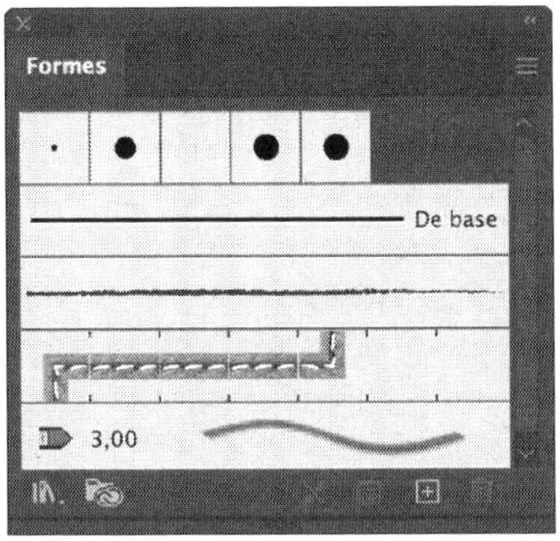

*Le menu du panneau **Formes** permet de sélectionner le type de formes à afficher.*

- Pour afficher les formes sous forme de liste, ouvrez le menu puis cliquez sur l'option **Affichage par liste** ; l'option **Affichage par vignettes** permet d'afficher de nouveau les formes sous forme de vignettes.
- Sélectionnez une forme dans le panneau.

  Vous pouvez aussi sélectionner une forme dans une bibliothèque de formes importée au préalable (cf. Formes - Importer des formes).
- Dessinez votre tracé en effectuant un cliqué-glissé.

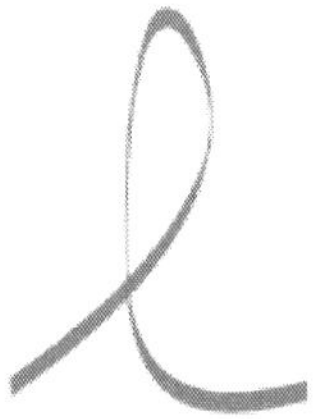

Paramétrer l'outil Pinceau

- Double cliquez sur l'outil **Pinceau** pour afficher ses préférences.
- Cliquez sur le curseur **Fidélité** et faites-le glisser pour que le trait dessiné soit proche du cliqué-glissé que vous avez effectué pour le réaliser. Les valeurs vont de 0,5 à 20 pixels : plus la valeur est faible, plus il y aura de points d'ancrage et plus le tracé suivra parfaitement votre mouvement de souris et sera donc anguleux.

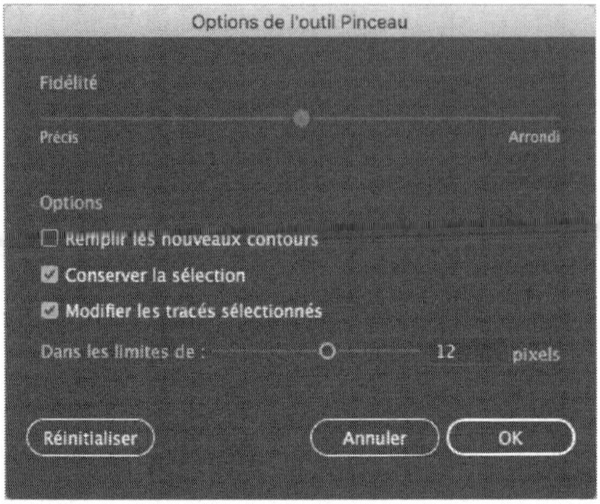

- Cochez l'option **Remplir les nouveaux contours** pour que votre tracé au pinceau ait un fond.
- Cochez l'option **Conserver la sélection** pour conserver le tracé sélectionné une fois dessiné.
- Cochez l'option **Modifier les tracés sélectionnés** et saisissez une distance pour modifier le tracé seulement lorsque vous ne dépassez pas la distance saisie dans la zone **Dans les limites de**.
- Cliquez sur le bouton **OK** pour valider vos paramètres.

Le bouton **Réinitialiser** de la boîte de dialogue **Options de l'outil Pinceau** permet de retrouver les paramètres par défaut utilisés avant modification, à savoir une tolérance égale à 4 pixels, sans lissage.

Utiliser le module Pointes de pinceau

- Déroulez le menu du panneau **Formes**. Vérifiez que l'option **Affichage Pointes de pinceau** est bien cochée. Comme ci-après, une forme de pointe de pinceau doit apparaître dans la liste des formes disponibles.
- Double cliquez sur la forme de pointe de pinceau pour l'éditer. Vous pouvez commencer par choisir un réglage prédéfini dans le menu déroulant parmi les dix modèles proposés.

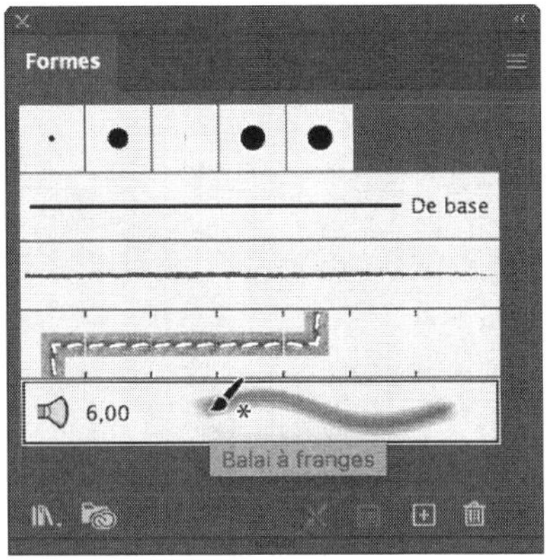

Tous les réglages sont dynamiques. Une fois les tracés posés, vous pourrez toujours les modifier :

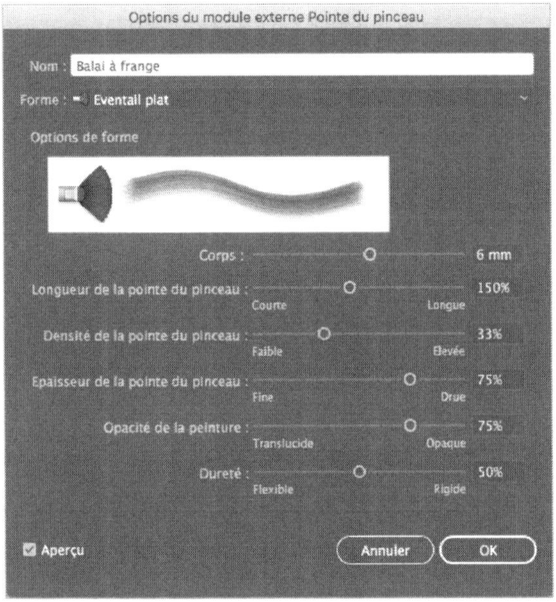

Le nom de la pointe de pinceau ne doit pas dépasser 31 caractères.

Si vous utilisez une tablette graphique récente, vous bénéficiez de l'affichage dynamique de la forme de pointe du pinceau, selon la pression et l'inclinaison du stylet.

Ci-après, le tracé de gauche a été dupliqué et un autre réglage de forme de pointe de pinceau a été appliqué à la copie. Les tracés peuvent être modifiés avec les outils étudiés précédemment.

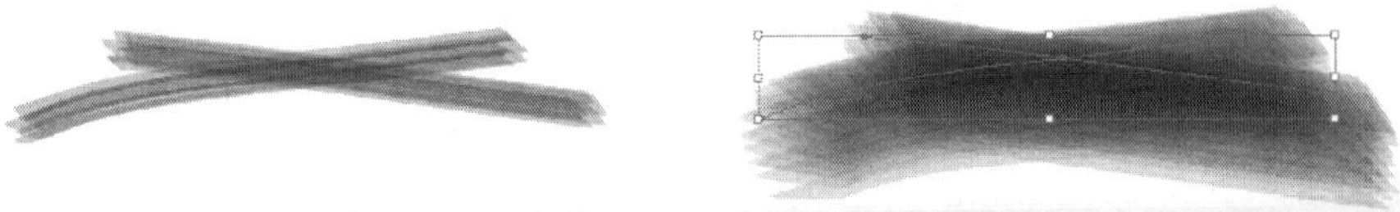

Attention : lorsque vous modifiez une forme de pointe de pinceau, cela affecte tous les tracés auxquels elle est appliquée, même s'ils ne sont pas sélectionnés. En cochant la case **Aperçu**, vous visualisez en temps réel l'impact de vos réglages.

Lors de l'enregistrement du document, une alerte peut s'afficher si vous avez utilisé plus de trente formes différentes de pointe de pinceau. Vous êtes ainsi prévenu que certaines imprimantes ne pourront pas pixelliser les tracés trop complexes. La solution consiste à pixelliser les tracés travaillés avec la pointe de pinceau. Pensez dans ce cas à travailler sur une copie pour garder l'original éditable.

Utiliser l'outil Largeur

Avec l'outil ***Largeur****, Illustrator propose une avancée majeure dans le dessin vectoriel : l'épaisseur variable des tracés. Cet outil met au rebut toutes les astuces à base de combinaisons de formes et de tracés transparents pour offrir un outil aussi rapide qu'efficace.*

Dans l'exemple ci-dessous, cette forme de feuille pourrait servir pour un logo si elle n'était pas si triste.

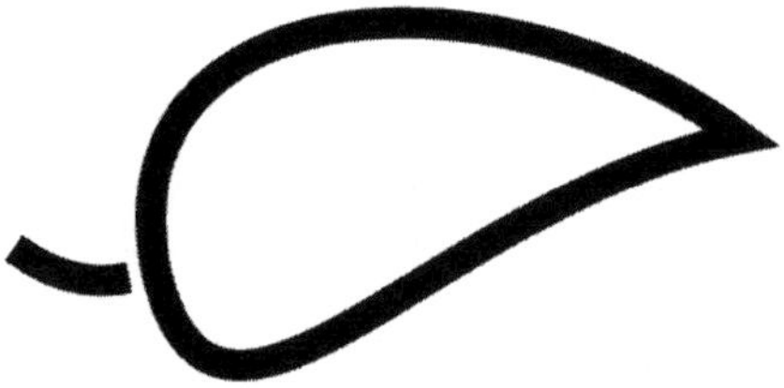

Sélectionnez l'outil **Largeur**  et zoomez sur la queue de la feuille. Vous constatez qu'en déplaçant simplement la souris sur le tracé (qui n'a pas besoin d'être sélectionné), un point apparaît avec dans un cartouche les trois valeurs qui nous intéressent :

- **Côté 1** et **2** : épaisseur de chacun des côtés du tracé vectoriel, réglables séparément.
- **Largeur** : épaisseur totale du tracé.

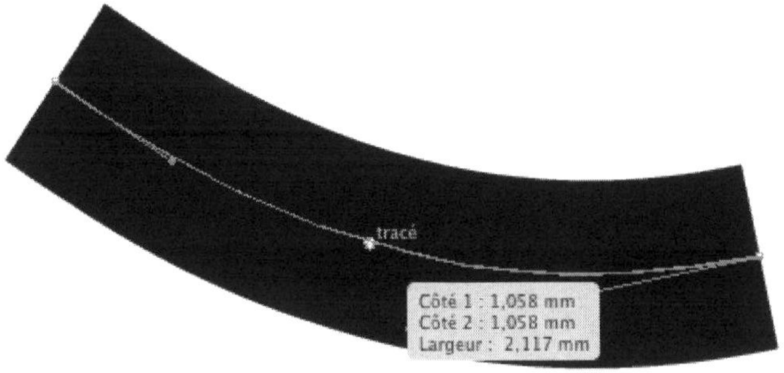

- Pour modifier l'épaisseur du tracé, cliquez dessus et faites glisser vers l'extérieur pour l'épaissir ou vers le centre pour l'affiner.

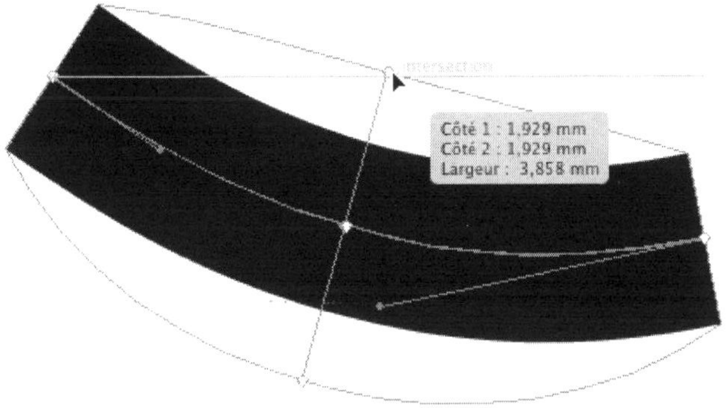

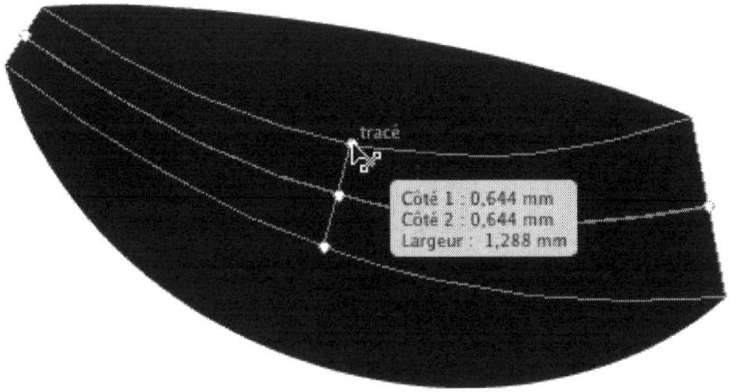

- Pour ne réduire qu'un seul côté, appuyez sur la touche Alt en faisant glisser du côté souhaité.

Le déplacement du point d'épaisseur sur le tracé se fait par un simple cliqué-glissé.

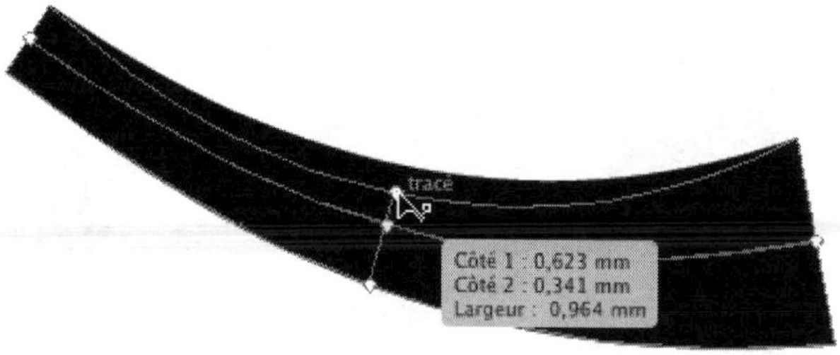

Le principe est identique pour un tracé fermé comme la feuille ci-dessous. Celle-ci, retravaillée, présente désormais des pleins et déliés qui enrichissent son aspect graphique.

- Notez que ce tracé variable apparaît dans le menu déroulant du panneau **Contrôle**. En déroulant celui-ci et en cliquant sur l'icône, vous pouvez le mémoriser pour une application à d'autres tracés.

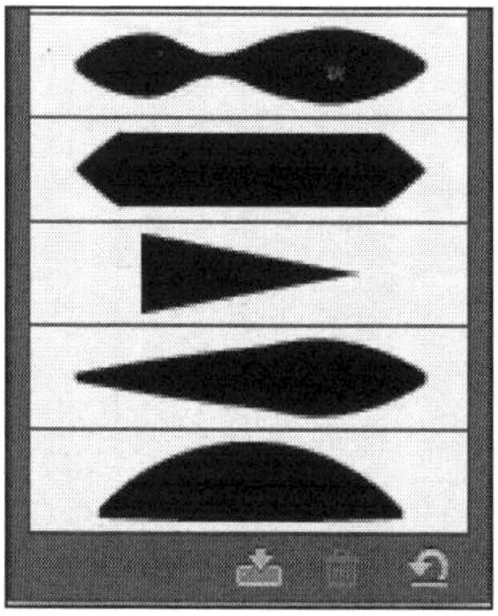

- D'autres outils additionnels sont groupés avec l'outil **Largeur**, dans l'ordre de haut en bas :

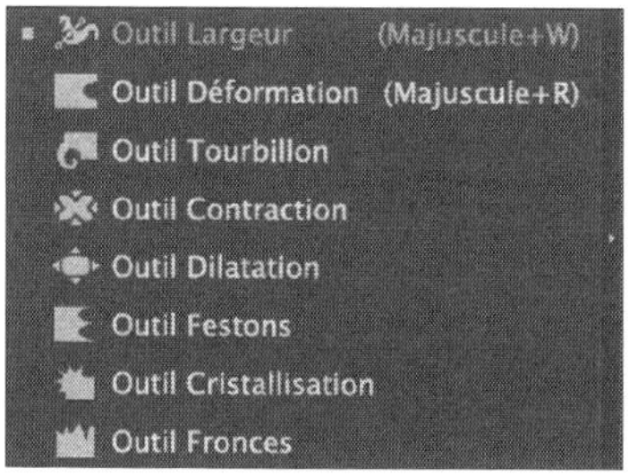

Déformation : courber un tracé
Tourbillon : enrouler un tracé
Contraction : resserrer un tracé
Dilatation : écarter un tracé
Festons : créneler un tracé
Cristallisation : créer un éclaté sur un tracé
Fronces : créneler un tracé

Nous les étudierons en détail dans le chapitre Transformation des objets.

Créer un dégradé de formes

Utiliser l'outil Dégradé de formes

*L'outil **Dégradé de formes** permet de passer d'une forme à une autre, en passant par plusieurs formes transitoires.*

- Sélectionnez l'outil **Sélection** puis sélectionnez les objets pour lesquels vous souhaitez créer un dégradé de formes.
- Sélectionnez l'outil **Dégradé de formes**.
- Cliquez sur un point d'ancrage du premier objet puis sur un point d'ancrage du deuxième objet.

Le pointeur est accompagné d'une croix (+) lorsqu'il se trouve au-dessus d'un point d'ancrage.

En sélectionnant des formes différentes, le dégradé modifie les formes sur le dégradé. En sélectionnant des points différents sur les objets, le dégradé applique une rotation sur les objets.

Vous pouvez aussi créer un dégradé de formes en sélectionnant les objets puis en utilisant la commande **Objet - Dégradé de formes - Créer** ou le raccourci-clavier Ctrl Alt **B** (PC), cmd ⌘ alt **B** (Mac).

Paramétrer le dégradé de formes

- Sélectionnez le ou les dégradés concernés.
- Double cliquez sur l'outil **Dégradé de formes** ou utilisez la commande **Objet - Dégradé de formes - Options de dégradés**.

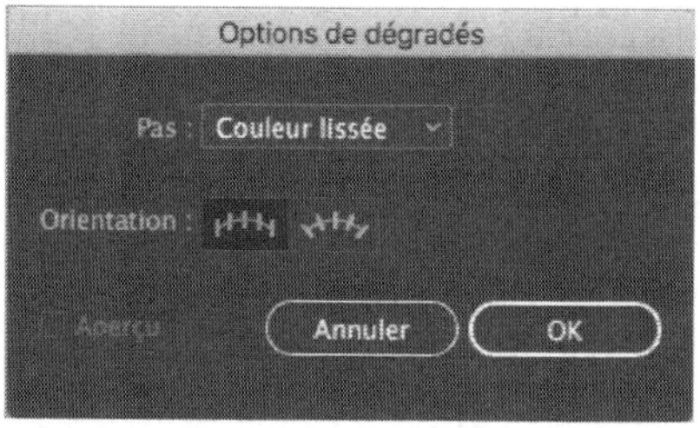

- Cochez l'option **Aperçu** pour visualiser les modifications au fur et à mesure que vous les définissez.

- Ouvrez la liste **Pas** puis sélectionnez une des options suivantes :

Couleur lissée	Pour obtenir une transformation progressive entre les couleurs des deux objets.
Etapes	Pour passer d'un objet à l'autre selon X étapes définies dans la zone de saisie contiguë.
Distance	Pour spécifier la distance entre chaque objet intermédiaire dans la zone de saisie contiguë.

- Cliquez sur le bouton **Aligner sur la page** pour donner au dégradé une orientation perpendiculaire à l'axe horizontal de la page ou sur le bouton **Aligner sur le tracé** pour une orientation perpendiculaire au tracé.
- Cliquez sur le bouton **OK**.

Inverser le sens du dégradé de formes

Si vous souhaitez que l'objet de départ du dégradé devienne l'objet d'arrivée, vous devez changer le sens de votre dégradé de formes.

- Sélectionnez le dégradé de formes concerné.

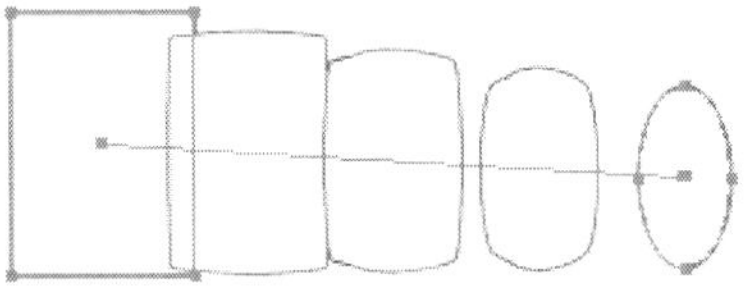

- **Objet - Dégradé de formes - Inverser le chemin**

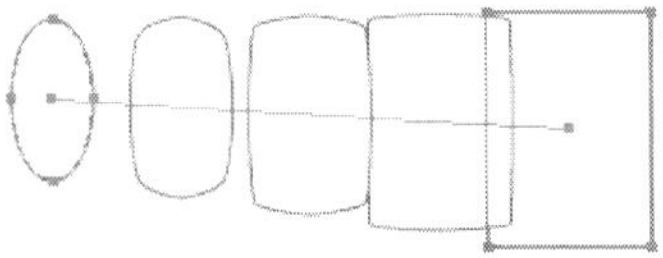

Inverser le sens de superposition du dégradé de formes

- Sélectionnez le dégradé de formes concerné.

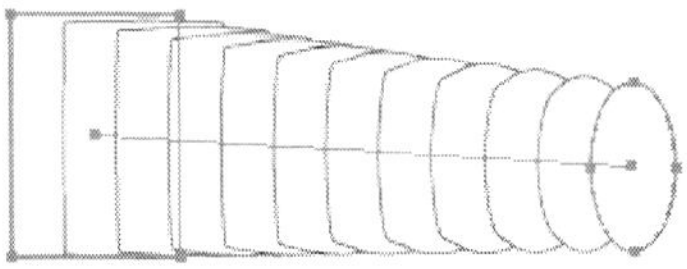

- **Objet - Dégradé de formes - Inversion avant - arrière**

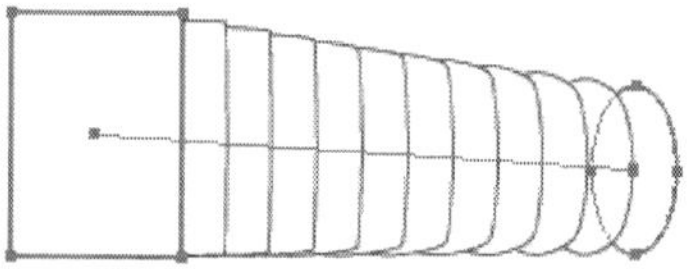

Créer un dégradé de formes suivant une courbe

Vous pouvez faire suivre une courbe au dégradé de formes.

- Créez un dégradé de formes puis créez une courbe.
- Sélectionnez l'outil **Sélection**  puis sélectionnez le dégradé de formes ainsi que la courbe.

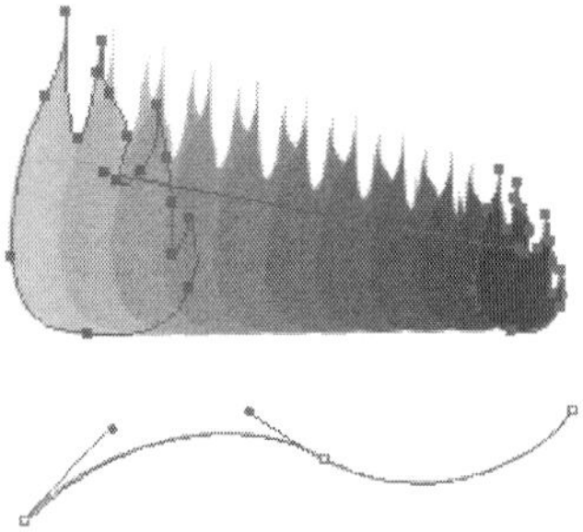

- **Objet - Dégradé de formes - Remplacer le chemin**

Pensez ensuite à faire une symétrie pour remettre vos éléments dans le bon sens.

Introduction

L'outil **Plume** est un des outils les plus utilisés dans Illustrator pour les dessins vectoriels. Il a plusieurs fonctions : tracer des droites, des polygones ouverts ou fermés ainsi que des courbes (appelées courbes de Bézier).

Un tracé de droite

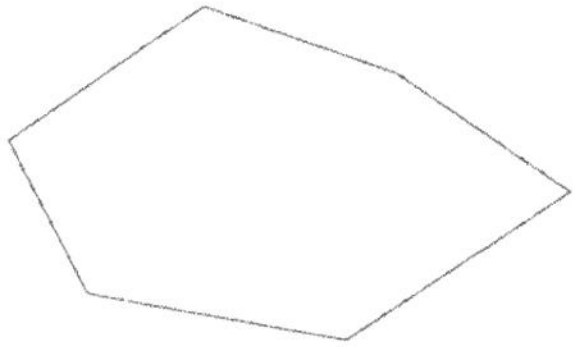

Un tracé de polygone

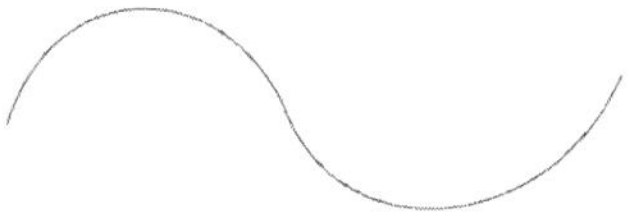

Un tracé de courbe

Tracer une droite

Créer une droite

- Sélectionnez l'outil **Plume** .
- Cliquez à l'origine de la droite pour placer le premier point d'ancrage.
- Cliquez à l'autre extrémité pour placer le second point d'ancrage.
- Pour arrêter votre tracé, sélectionnez l'outil **Sélection** ou appuyez sur la touche Ctrl (PC) ou cmd ⌘ (Mac) (le curseur se transforme en outil de sélection) puis cliquez dans une zone vide du plan de travail ou encore sélectionnez un autre outil.

Votre droite est donc constituée de deux points, nommés point d'ancrage.

En appuyant sur la touche ⇧, vous pouvez contraindre votre tracé à être horizontal, vertical ou en diagonale.

Pour paramétrer l'inclinaison des axes, faites **Edition** (sur Mac, **Illustrator**) - **Préférences** - **Général** puis saisissez l'angle souhaité dans la zone **Inclinaison des axes**. La valeur par défaut 0° permet de créer des tracés à 0°, 45° et 90°.

Déplacer une droite

- Sélectionnez l'outil **Sélection** .
- Cliquez sur la droite à déplacer pour la sélectionner puis faites-la glisser à la position souhaitée.

Modifier une droite

- Sélectionnez l'outil **Sélection directe** .
- Approchez le pointeur de la souris sur un des deux points d'ancrage.

  Un carré blanc s'affiche à côté du pointeur de la souris .
- Cliquez sur le point d'ancrage.

  Le point d'ancrage sélectionné a un fond bleu, l'autre a un fond blanc.
- Faites glisser le point d'ancrage.

Supprimer une droite

- Sélectionnez l'outil **Sélection** .
- Cliquez sur la droite à supprimer.
- Appuyez sur la touche ⟵ ou Suppr.

Tracer un polygone

Créer un polygone

- Sélectionnez l'outil **Plume** .
- Cliquez à l'origine de votre polygone pour poser le premier point d'ancrage.
- Faites des clics successifs.

  Chaque clic permet de positionner un nouveau point d'ancrage, qui détermine un nouveau segment du polygone.
- Pour fermer le tracé, cliquez sur le premier point d'ancrage.

  Un petit cercle apparaît près de la plume vous indiquant que le tracé est fermé.

Déplacer un point d'ancrage

- Sélectionnez l'outil **Sélection directe** .
- Pointez un point d'ancrage.
- Cliquez puis faites glisser le point d'ancrage vers sa nouvelle destination.

Déplacer un segment

- Sélectionnez l'outil **Sélection directe** .
- Cliquez sur le segment puis faites-le glisser vers sa nouvelle destination.

Tracer des courbes

Les courbes de Bézier

Le système de création des courbes a été créé dans les années 60 par Pierre Bézier, ingénieur chez Renault, le but étant de traduire mathématiquement une courbe dessinée à la main. Il parvint à la conclusion que toute courbe était définie à partir de quatre points.

Les courbes de Bézier sont constituées de deux points d'ancrage, deux points directeurs et deux lignes directrices.

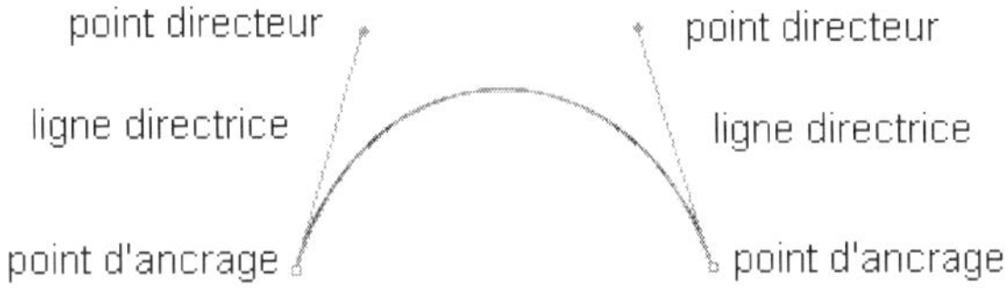

Il existe trois types de points d'ancrage : le point d'inflexion, le point de sommet et le point mixte (terme employé dans l'ouvrage pour une plus grande facilité d'usage). Chacun de ces points permet de créer une forme typique.

Créer un point d'inflexion

Ce qui caractérise ce point est que la courbe passe par le point d'ancrage mais ne change pas de direction, et que les deux lignes directrices se déplacent simultanément.

- Sélectionnez l'outil **Plume**.
- Faites un premier clic pour positionner le premier point d'ancrage puis maintenez le bouton de la souris enfoncé.
- Réalisez un cliqué-glissé dans la direction que doit prendre la courbe pour créer la première ligne directrice.
- Lâchez le bouton de la souris pour positionner le premier point directeur.

- Faites un deuxième clic un peu plus loin pour positionner le deuxième point d'ancrage puis maintenez le bouton de la souris enfoncé.

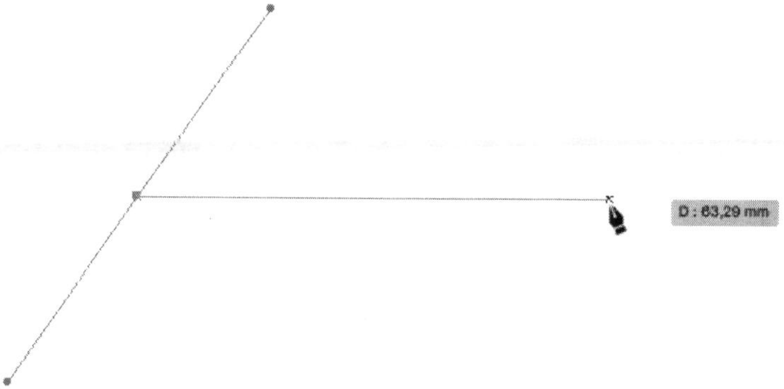

Ici, l'affichage des repères commentés facilite l'alignement.

- Réalisez un cliqué-glissé dans la direction que doit prendre la courbe pour créer la deuxième ligne directrice.
- Lâchez le bouton de la souris pour positionner le deuxième point directeur.

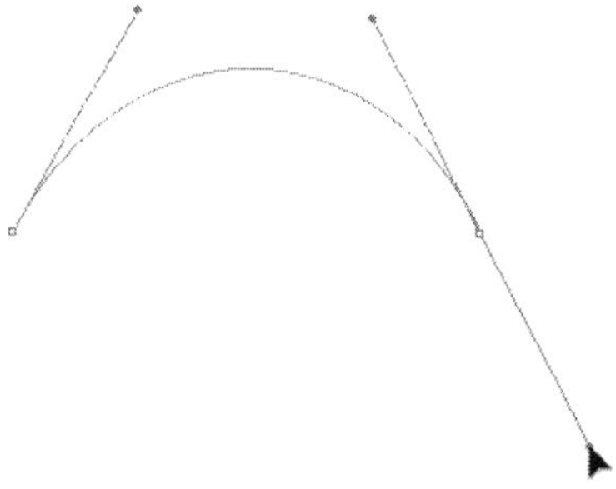

- Sélectionnez l'outil **Sélection** pour arrêter la création de la courbe.

Créer un point de sommet

La caractéristique d'un point de sommet est que la courbe passe par le point d'ancrage et change de direction ; les deux lignes directrices sont indépendantes.

- Sélectionnez l'outil **Plume** .
- Cliquez à l'endroit où vous souhaitez que débute votre courbe et faites glisser le pointeur dans la direction que doit prendre la courbe pour dessiner la ligne directrice.

- Un peu plus loin, cliquez à l'endroit où vous voulez placer votre second point d'ancrage et faites glisser le pointeur dans la direction que doit prendre la courbe pour dessiner la ligne directrice.
- Maintenez la touche Alt (PC) ou alt (Mac) enfoncée.
- Cliquez sur le dernier point directeur, et faites-le glisser jusqu'à l'endroit où vous voulez le poser.
- Lâchez la touche Alt (PC) ou alt (Mac).
- Un peu plus loin, cliquez à l'endroit où vous voulez placer votre troisième point d'ancrage et faites glisser le pointeur dans la direction que doit prendre la courbe pour dessiner la ligne directrice.
- Sélectionnez l'outil **Sélection** pour arrêter le tracé.

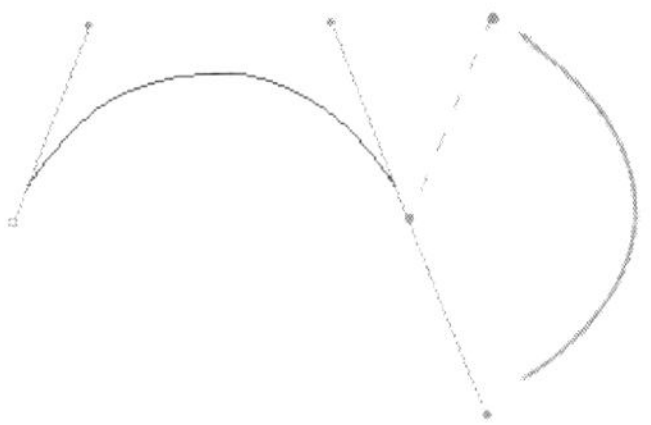

Créer un point mixte

Un point mixte est le mélange d'un point d'inflexion et d'un point de polygone : d'un côté nous avons une courbe et de l'autre une ligne droite.

- Pour concevoir un point mixte en partant d'un point d'inflexion, sélectionnez l'outil **Plume** .

Cliquez à l'endroit où vous voulez que débute votre tracé, faites glisser le pointeur dans la direction de la courbe pour dessiner la ligne directrice, puis lâchez le bouton de la souris pour poser le point directeur.

Un peu plus loin, cliquez à l'endroit où vous voulez placer votre second point d'ancrage et faites glisser le pointeur dans la direction de la courbe pour dessiner la ligne directrice puis lâchez le bouton de la souris pour poser le point directeur.

Tout en maintenant la touche Alt (PC) ou alt (Mac) enfoncée, cliquez sur le dernier point directeur et faites-le glisser pour l'amener sur le point d'ancrage (le pointeur devient blanc).

Lâchez la touche Alt (PC) ou alt (Mac).

Un peu plus loin, cliquez à l'endroit où vous voulez placer votre troisième point d'ancrage.

Sélectionnez l'outil **Sélection** pour arrêter le tracé.

Pour concevoir un point mixte en partant d'un point de polygone, sélectionnez l'outil **Plume** .

Cliquez à l'endroit où vous voulez que débute votre tracé.

Un peu plus loin, cliquez pour placer votre second point d'ancrage.

Recliquez sur ce second point d'ancrage et faites glisser le pointeur dans la direction de la courbe pour dessiner la ligne directrice puis lâchez le bouton de la souris pour poser le point directeur.

Un peu plus loin, cliquez à l'endroit où vous voulez placer votre dernier point d'ancrage, faites glisser le pointeur dans la direction de la courbe pour dessiner la ligne directrice puis lâchez le bouton de la souris pour poser le point directeur.

Sélectionnez l'outil **Sélection** pour arrêter le tracé.

Gérer les tracés

Quelques règles d'usage

Il faut mettre le moins possible de points d'ancrage pour avoir un tracé le plus simple possible.

Pour modifier un tracé, il ne faut jamais toucher la courbe directement mais travailler sur les points d'ancrage, les points directeurs et les lignes directrices.

Plus le point directeur est éloigné du point d'ancrage, plus la courbe est tangente à la ligne directrice.

Plus le point directeur est proche du point d'ancrage, moins la courbe est tangente à la ligne directrice.

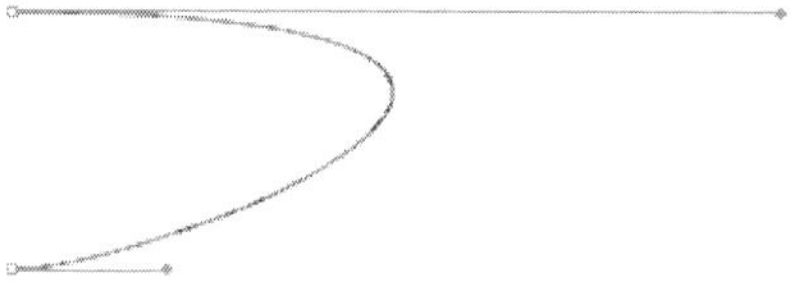

Globalement, pour obtenir une ligne douce, les lignes directrices doivent être environ égales au tiers de la courbe.

Au contraire, pour obtenir une courbe plus "concave", il faut dessiner des grandes lignes directrices.

Pour dessiner un S, deux points d'ancrage suffisent : il faut placer deux points directeurs de part et d'autre de la courbe.

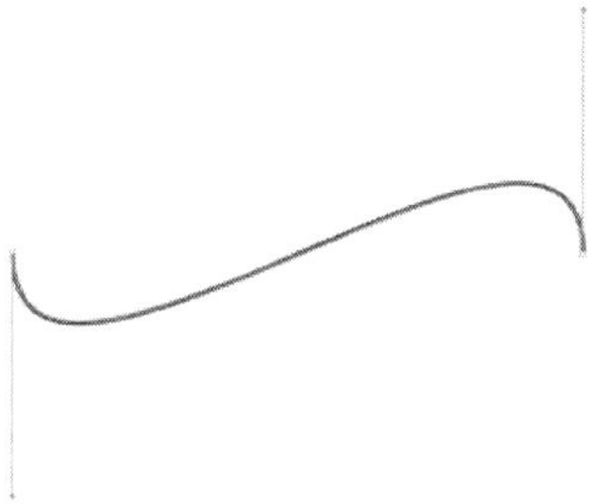

Ajouter un ou plusieurs points d'ancrage

- Sélectionnez l'outil **Ajout de point d'ancrage**  (dans la même série que l'outil **Plume**  de la barre d'outils **Avancé**) ou appuyez sur la touche **+**.
- Cliquez sur le tracé à l'endroit où vous souhaitez ajouter le nouveau point.

La commande **Objet - Tracé - Ajout de point d'ancrage** ajoute automatiquement des points d'ancrage équidistants sur l'objet sélectionné. Cette commande peut être utilisée plusieurs fois sur un même objet.

Supprimer un point d'ancrage

- Sélectionnez le tracé concerné.
- Sélectionnez l'outil **Suppression de point d'ancrage** (dans la même série que l'outil **Plume** de la barre d'outils **Avancé**) ou appuyez sur la touche -.
- Cliquez sur le point d'ancrage que vous voulez supprimer.

Après avoir sélectionné un tracé, vous pouvez utiliser l'outil **Plume** pour ajouter un point d'ancrage en cliquant sur un segment du tracé et supprimer un point d'ancrage en cliquant dessus.

Modifier un point d'ancrage

- Sélectionnez l'outil **Sélection directe** puis faites un clic sur le tracé concerné pour le sélectionner.
- Cliquez sur le point d'ancrage que vous souhaitez modifier puis faites-le glisser vers sa nouvelle position.

Modifier un point directeur

- Sélectionnez l'outil **Sélection directe** puis faites un clic sur le tracé concerné pour le sélectionner.
- Cliquez sur le point d'ancrage que vous souhaitez modifier.
  Les lignes directrices et les points directeurs apparaissent.
- Cliquez sur le point directeur voulu et faites-le glisser.

Changer un point de polygone en point d'inflexion

- Sélectionnez l'outil **Sélection directe** puis faites un clic sur le tracé concerné pour le sélectionner.
- Cliquez sur le point d'ancrage que vous souhaitez modifier.
- Sélectionnez l'outil **Point d'ancrage** (dans la même série que l'outil **Plume**) ou utilisez le raccourci-clavier ⇧ **C**.
- Cliquez sur le point d'ancrage et faites-le glisser dans le sens du tracé.

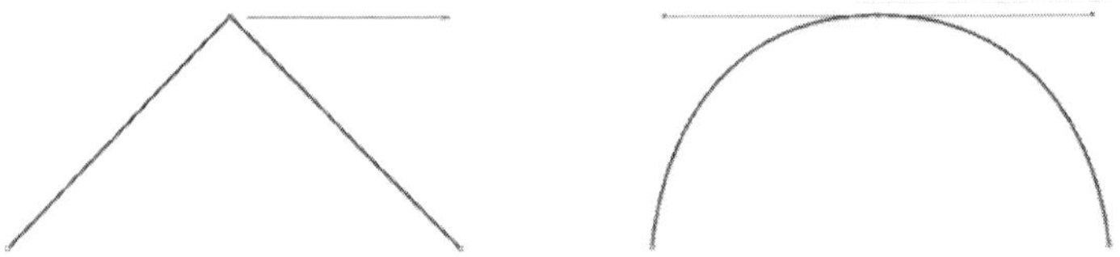

Changer un point d'inflexion en point de sommet

- Sélectionnez l'outil **Sélection directe** puis faites un clic sur le tracé concerné pour le sélectionner.
- Cliquez sur le point d'ancrage que vous souhaitez modifier.
- Sélectionnez l'outil **Point d'ancrage** .
- Déplacez le point d'ancrage par un cliqué-glissé vers l'intérieur ou l'extérieur de la courbe selon le tracé que vous voulez obtenir.

Changer un point mixte en point d'inflexion

- Sélectionnez l'outil **Sélection directe** puis faites un clic sur le tracé concerné pour le sélectionner.
- Cliquez sur le point d'ancrage que vous souhaitez modifier.
- Sélectionnez l'outil **Point d'ancrage** .
- Cliquez sur le point d'ancrage et faites-le glisser dans le sens du tracé.

Changer un point de sommet en point d'inflexion

- Sélectionnez l'outil **Sélection directe** puis faites un clic sur le tracé concerné pour le sélectionner.
- Cliquez sur le point d'ancrage que vous souhaitez modifier.
- Sélectionnez l'outil **Point d'ancrage** .
- Cliquez sur le point d'ancrage et faites-le glisser dans le sens du tracé.

Changer un point d'inflexion en point mixte

- Sélectionnez l'outil **Sélection directe**  puis faites un clic sur le tracé concerné pour le sélectionner.
- Cliquez sur le point d'ancrage que vous souhaitez modifier.
- Sélectionnez l'outil **Point d'ancrage** .
- Déplacez le point directeur par un cliqué-glissé, jusqu'au point d'ancrage.

Changer un point d'inflexion en point de polygone

- Sélectionnez l'outil **Sélection directe**  puis faites un clic sur le tracé concerné pour le sélectionner.
- Cliquez sur le point d'ancrage que vous souhaitez modifier.
- Sélectionnez l'outil **Point d'ancrage** .
- Faites un clic sur le point d'ancrage.

Modifier un segment de tracé

- À l'approche d'un segment de tracé, le curseur de l'outil **Point d'ancrage** change d'aspect et devient . En cliquant et tirant sur le segment on peut ainsi le modifier directement.

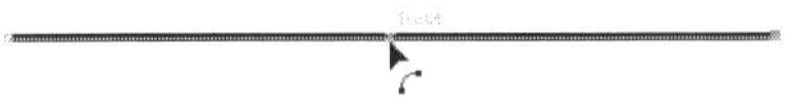

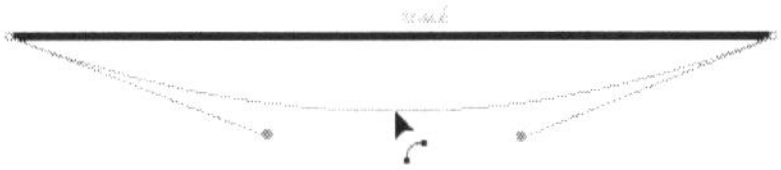

Aligner les points d'ancrage

- Sélectionnez l'outil **Sélection directe** puis faites un clic sur le tracé concerné pour le sélectionner.
- Faites un clic sur le premier point d'ancrage à sélectionner.
- Appuyez sur la touche ⇧ et maintenez-la enfoncée.
- Faites un clic sur les autres points d'ancrage que vous souhaitez sélectionner (cela peut être sur un autre tracé).
- Relâchez la touche ⇧.

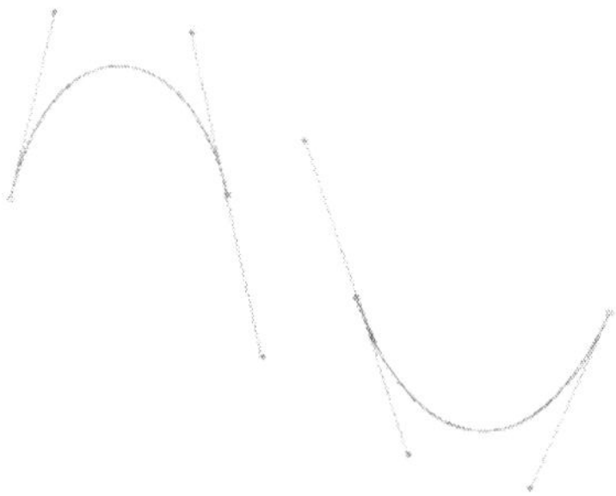

- **Objet - Tracé - Alignement** ou Ctrl Alt **J** (PC) ou cmd ⌘ alt **J** (Mac)

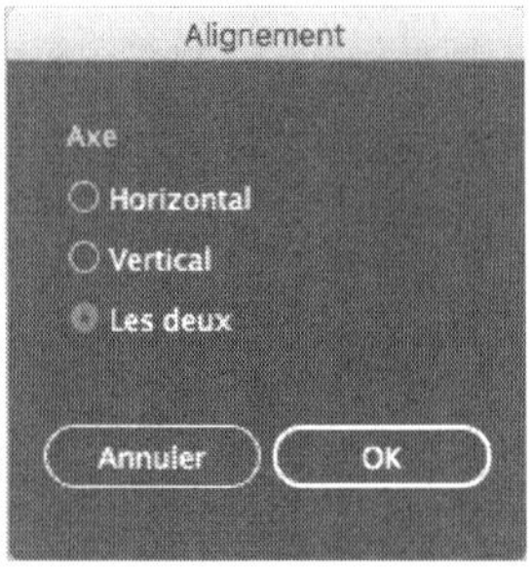

- Activez l'option correspondant à l'alignement souhaité :
  - **Horizontal** pour que vos deux points s'alignent sur un axe horizontal.

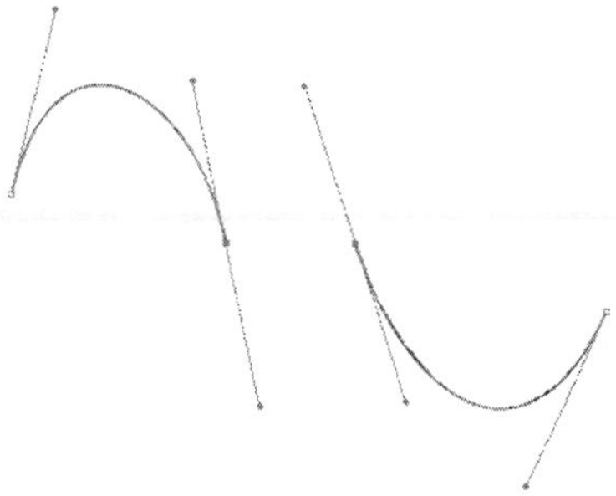

  - **Vertical** pour que vos deux points s'alignent sur un axe vertical.

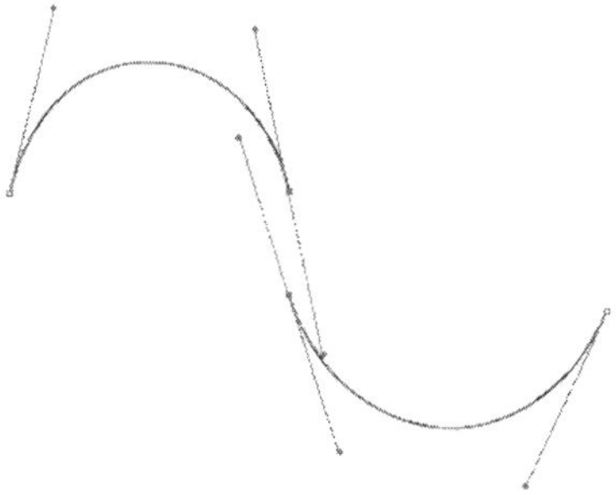

  - **Les deux** pour que vos deux points s'alignent horizontalement et verticalement.

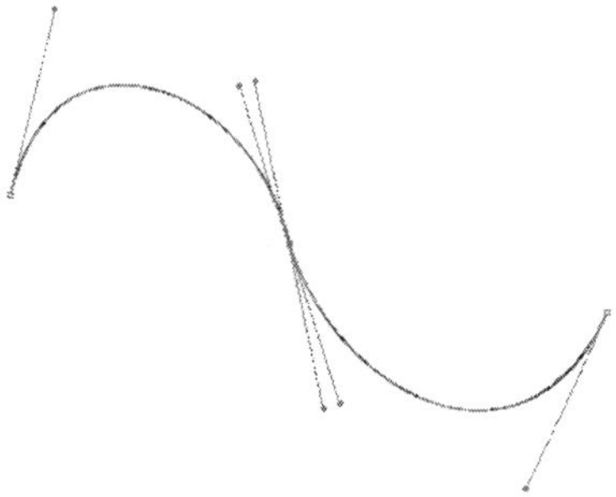

- Cliquez sur **OK**.

Joindre des points d'ancrage

Il s'agit ici de joindre deux extrémités de tracés ouverts.

- Sélectionnez l'outil **Sélection directe** puis faites un clic sur le tracé concerné pour le sélectionner.
- Cliquez sur le premier point d'ancrage à sélectionner sur le premier tracé.
- Appuyez sur la touche ⇧ et maintenez-la enfoncée.
- Cliquez sur le deuxième point d'ancrage à sélectionner sur le second tracé.
- Relâchez la touche ⇧.
- **Objet - Tracé - Joindre** ou Ctrl **J** (PC) ou cmd ⌘ **J** (Mac)

Fusionner des points d'ancrage

- Sélectionnez l'outil **Sélection directe** puis faites un clic sur le tracé concerné pour le sélectionner.
- Cliquez sur le premier point d'ancrage à sélectionner sur le premier tracé.
- Appuyez sur la touche ⇧ et maintenez-la enfoncée.
- Cliquez sur le deuxième point d'ancrage à sélectionner sur le second tracé.
- Relâchez la touche ⇧.

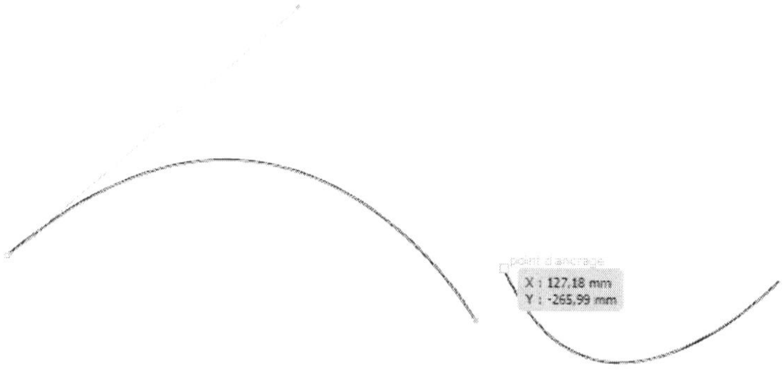

- **Objet** - **Tracé** - **Alignement** ou Ctrl Alt **J** (PC) ou cmd ⌘ alt **J** (Mac)

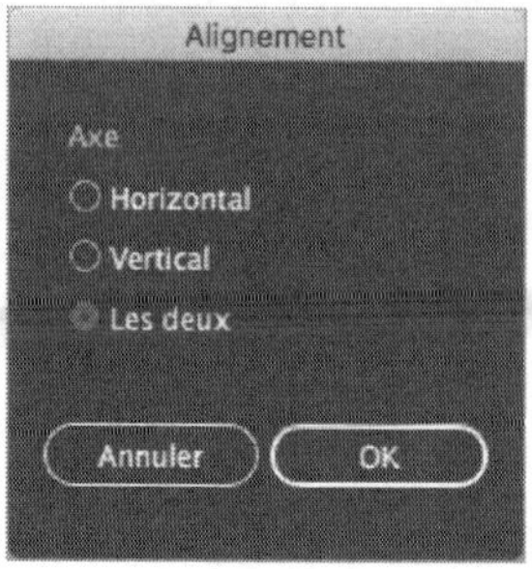

- Activez, si besoin, l'option **Les deux** puis cliquez sur le bouton **OK**.
  Vos deux points s'alignent horizontalement et verticalement.

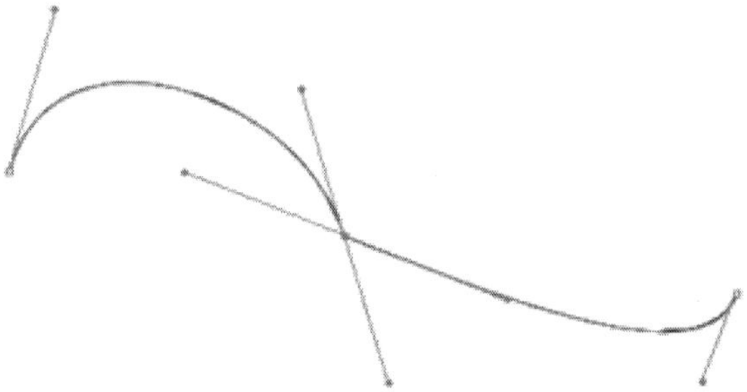

- Vos deux points d'ancrage étant toujours sélectionnés, utilisez la commande : **Objet** - **Tracé** - **Joindre** ou Ctrl **J** (PC) ou cmd ⌘ **J** (Mac)

Utiliser l'outil Courbure

*Même si les outils de dessin vectoriels sont assez rigides, Adobe expérimente des solutions pour rendre leur utilisation plus intuitive comme c'est le cas avec cet outil **Courbure.***

- Sélectionnez l'outil **Courbure** .
- Approchez-le d'un point d'ancrage, cliquez et tirez pour tracer une courbe.

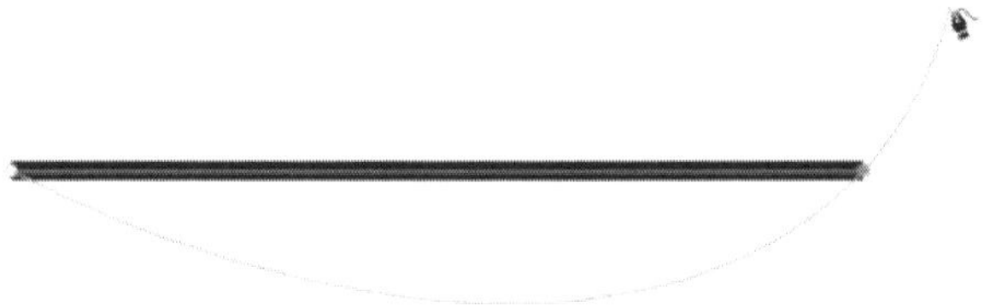

- Cliquez sur un segment et tirez pour modifier sa courbure.

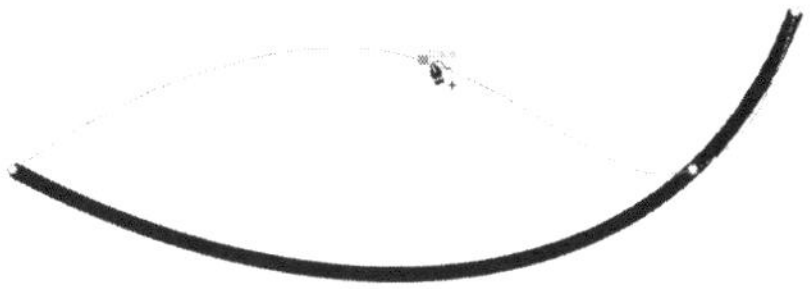

- Double cliquez sur un point d'inflexion pour le transformer en sommet.

Pour afficher ou non le déplacement de l'outil **Plume** ou **Courbure**, Ouvrez les **Préférences - Sélection et affichage des points d'ancrage** et cochez/décochez les cases à cet effet :

Transformer/déformer après avoir terminé le tracé

- Sélectionnez l'outil **Sélection directe**.
- Cliquez sur le point d'ancrage ou le segment que vous souhaitez déplacer (le point d'ancrage devient bleu lorsqu'il est sélectionné) puis faites-le glisser.
- Pour déplacer plusieurs points en même temps, sélectionnez-les successivement en cliquant dessus avec l'outil de sélection directe tout en maintenant la touche ⇧ enfoncée.

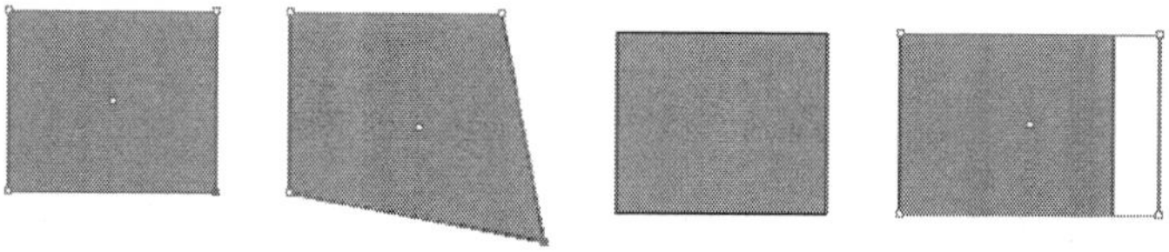

Présenter un tracé sous forme de flèche

- Pour placer des flèches en début ou en fin de tracé, affichez le panneau **Contour : Fenêtre - Contour**.
- Choisissez les visuels voulus pour les pointes dans les deux menus déroulants.

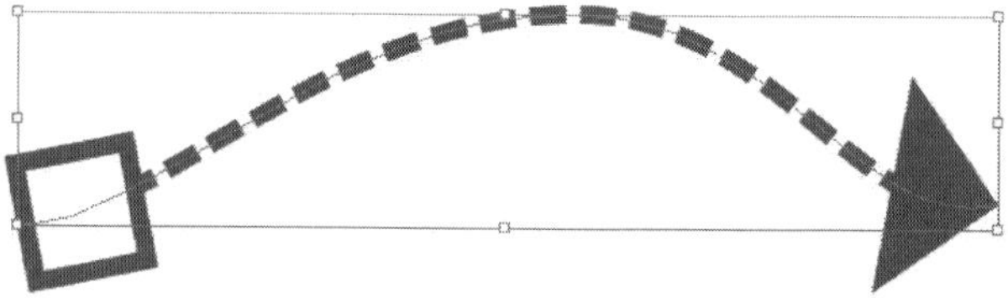

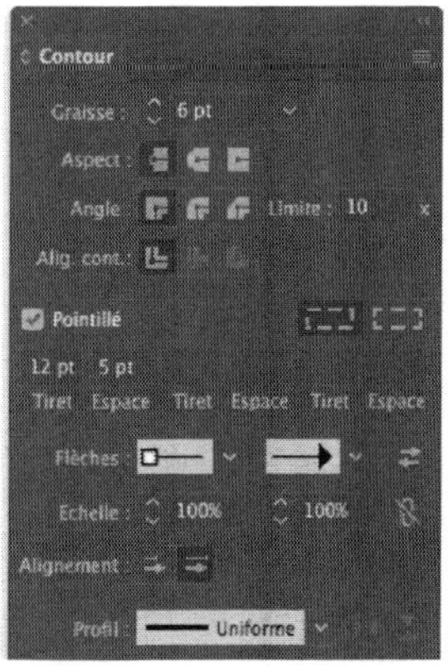

- Vous pouvez intervertir les visuels de début et de fin en cliquant sur l'icône.
- Avec l'échelle, réglez la taille des pointes de flèche. En cliquant sur l'icône, les deux pointes auront une taille identique.

- Les pointes de flèches peuvent être placées à l'intérieur ou à l'extérieur des points d'ancrage des limites du tracé avec les boutons et .

Utiliser l'outil Modelage

La fonction de modelage de segments de tracés est intégrée aux outils Point d'ancrage et Sélection directe et également accessible avec l'outil Plume.

- Sélectionnez l'outil **Point d'ancrage** et approchez-le d'un segment. Il se transforme en outil de modelage. Cliquez et tirez pour modeler le segment.

- Si vous utilisez l'outil **Plume**, appuyez sur la touche Alt (PC) ou ⌥ (Mac) en approchant d'un segment et vous obtiendrez le même résultat.

Transformer un trait en forme

Imaginons que vous souhaitiez créer une forme représentant un ruban, avec un contour et un fond. Vous pourriez la créer à partir de l'outil ***Plume****, mais sans être certain d'une symétrie parfaite. La fonction* ***Vectoriser le contour*** *va vous permettre, à partir d'un tracé de courbe, de créer un objet avec un fond et un contour ; vous pourrez ensuite modifier le fond et le contour indépendamment l'un de l'autre.*

- Créez un tracé à l'aide de l'outil **Plume** (prévoyez une épaisseur assez importante).

- Sélectionnez l'outil **Sélection** puis cliquez sur votre tracé.

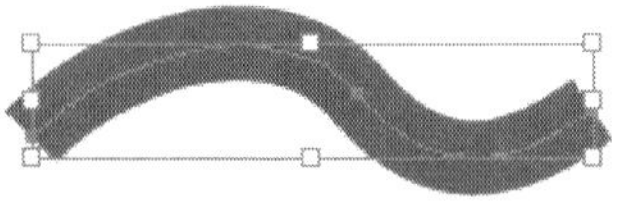

- **Objet - Tracé - Vectoriser le contour**

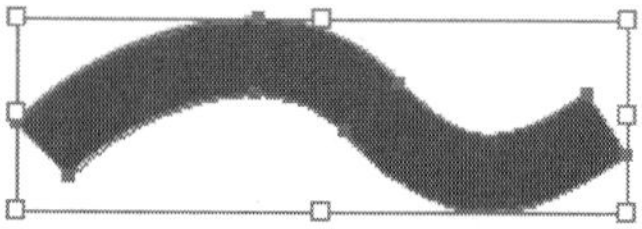

Le tracé se transforme en une forme, pour laquelle vous pourrez modifier les attributs de contour et le fond.

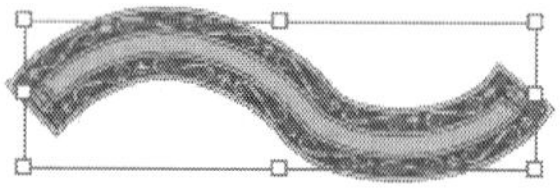

Simplifier un tracé

Lorsque vous créez un tracé, vous pouvez être amené à créer trop de points d'ancrage. Vous pourrez donc ensuite simplifier ce tracé, c'est-à-dire supprimer les points d'ancrage superflus sans modifier la forme du tracé.

- Sélectionnez l'outil **Sélection**  puis sélectionnez l'objet que vous souhaitez simplifier en cliquant dessus.
- **Objet - Tracé - Simplifier**

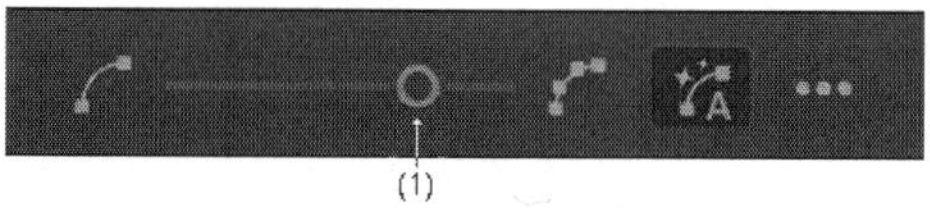

- Sur la barre simplifiée qui s'affiche, réglez les points suivants :
  - Définissez quelle précision vous souhaitez avoir lors de la simplification de votre tracé en faisant glisser le curseur **Simplifier la courbe** (1).
  - Cliquez sur l'icône  pour effectuer une simplification automatique.
- Cliquez sur l'icône  pour ouvrir la boîte de dialogue contenant les options détaillées :
  - Faites glisser le curseur **Seuil de l'angle des points d'angle** ou tapez une valeur en pourcentage dans la zone de saisie correspondante afin de protéger les angles et de les laisser pointus malgré la simplification de la courbe.
  - Cochez l'option **Convertir en lignes droites** si vous souhaitez créer des droites entre vos points d'ancrage.
  - Cochez l'option **Afficher le tracé d'origine** pour afficher le tracé original derrière le tracé simplifié lors de la création de ce dernier.

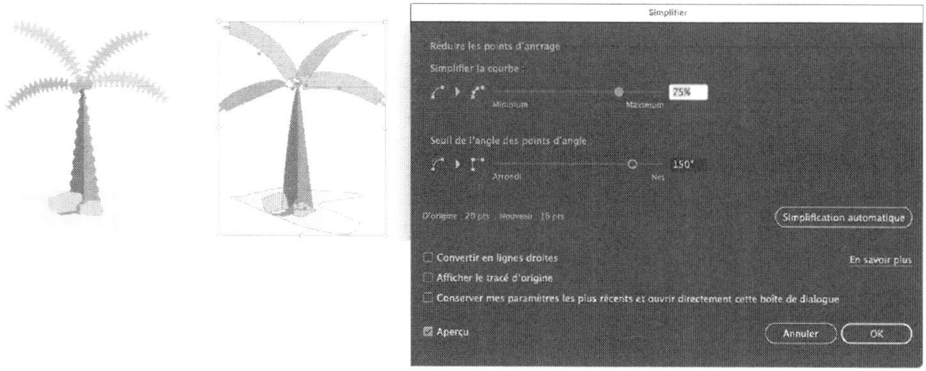

Cliquez sur le bouton **OK**.

Ajouter des points d'ancrage à un tracé

Sélectionnez l'outil **Sélection** puis cliquez sur l'objet concerné.

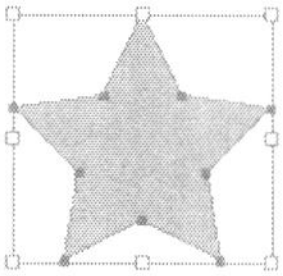

Objet - Tracé - Ajout de point d'ancrage

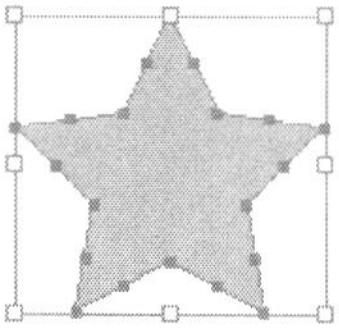

Les points d'ancrage s'ajoutent automatiquement sur tout le contour de l'objet.

Pixelliser un tracé

Cette fonction va vous permettre de transformer un tracé vectoriel en image bitmap que vous pourrez exporter vers Adobe Photoshop afin, par exemple, de lui apposer des filtres.

Sélectionnez l'outil **Sélection** puis cliquez sur l'objet à transformer.

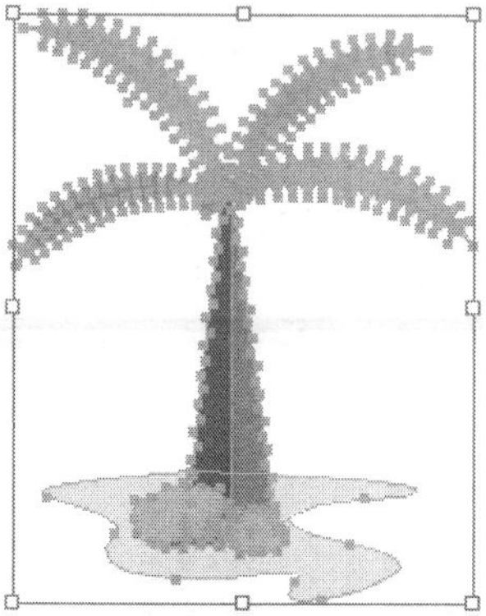

- **Objet - Pixelliser**

  La boîte de dialogue ***Pixellisation*** *s'affiche.*

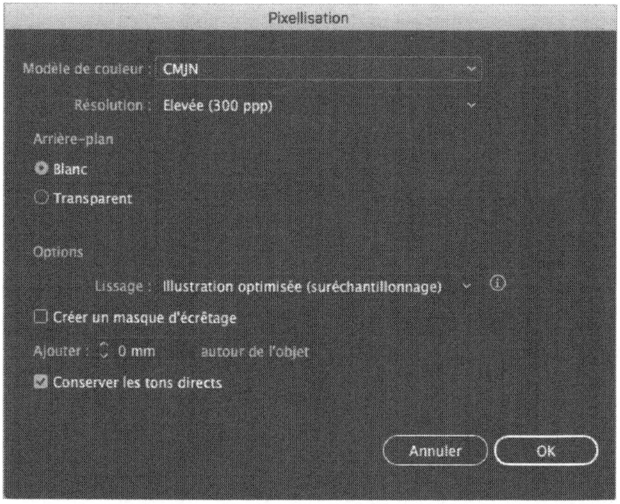

- Spécifiez le **Modèle de couleur** dans la liste correspondante.
- Choisissez la **Résolution** de votre image selon la destination finale de votre image (écran ou impression).
- Activez l'option **Blanc** ou **Transparent** pour définir la couleur d'arrière-plan.

- Ouvrez la liste **Lissage** puis sélectionnez une des options de lissage :

Sans	Ne réduit pas l'aspect crénelé des bords de l'image ou du texte.
Illustration optimisée (suréchantillonage)	Lisse les bords des dessins.
Texte optimisé (nuancé)	Lisse le bord du texte.

- Cochez l'option **Créer un masque d'écrêtage** pour créer un masque de l'image afin de rendre l'arrière-plan transparent.
- Saisissez une valeur dans la zone **Ajouter** x mm **autour de l'objet** pour créer une bordure autour de l'image pixellisée, de la couleur du document.
- Pour **Conserver les tons directs** après la pixellisation de l'objet, gardez cochée l'option correspondante.
- Cliquez sur le bouton **OK** pour valider.

Une barre s'affiche, vous permettant de suivre la progression de la pixellisation.

Vous obtenez une image bitmap qui est pixellisée quand vous l'agrandissez.

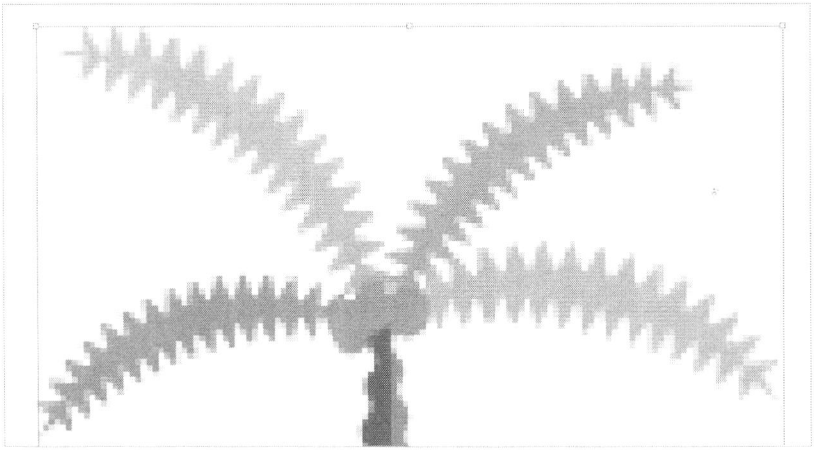

Par la commande **Effet - Pixellisation**, vous pouvez créer un effet d'image pixellisée selon les mêmes paramètres, sachant que l'objet ne sera pas du tout abîmé.

Utiliser le panneau Pathfinder pour modifier les formes

Par l'utilisation du panneau ***Pathfinder****, vous allez pouvoir fusionner des formes, les séparer, etc. ou mélanger leurs couleurs.*

Découvrir le panneau Pathfinder

- **Fenêtre - Pathfinder** ou Ctrl ⇧ F9 (PC) ou cmd ⌘ ⇧ F9 (Mac)
- Ouvrez le menu ☰ du panneau puis cliquez sur **Options Pathfinder**.

La boîte de dialogue ***Options Pathfinder*** *s'affiche.*

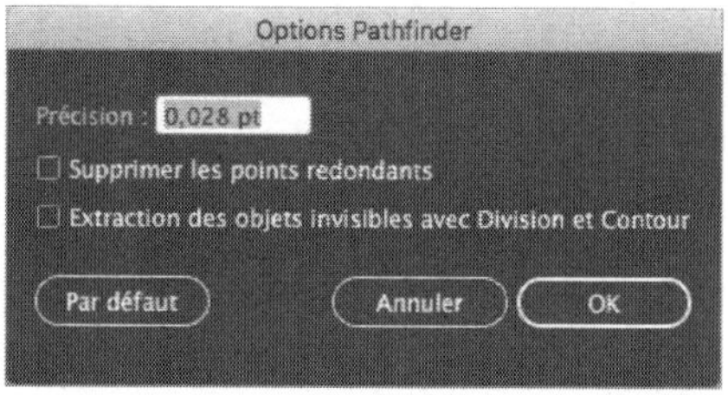

- Tapez une valeur de **Précision** entre 0,001 et 100 points, afin que, lors de l'utilisation d'une commande Pathfinder, le tracé reste plus ou moins précis.
- Cochez l'option **Supprimer les points redondants** si vous souhaitez que les points qui se chevauchent après l'utilisation d'une commande Pathfinder soient supprimés.
- Cochez l'option **Extraction des objets invisibles avec Division et Contour** si vous souhaitez supprimer les objets sans fond et contour lors de l'utilisation des boutons **Division** et **Contour**.

Le bouton ***Défaut*** *permet de retrouver les options par défaut.*

- Cliquez sur le bouton **OK**.

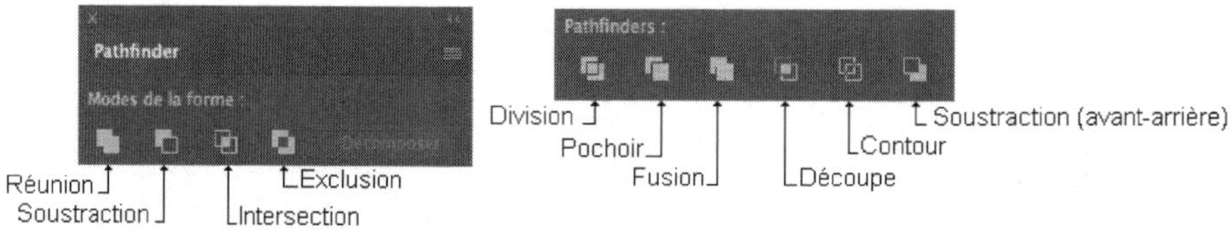

Appliquer un effet Pathfinder

- Superposez les objets créés et sélectionnez-les.
- Cliquez sur un des boutons du panneau **Pathfinder** :

  - **Réunion** : cette fonction permet de réunir toutes les formes en conservant les attributs de l'objet positionné au premier plan.

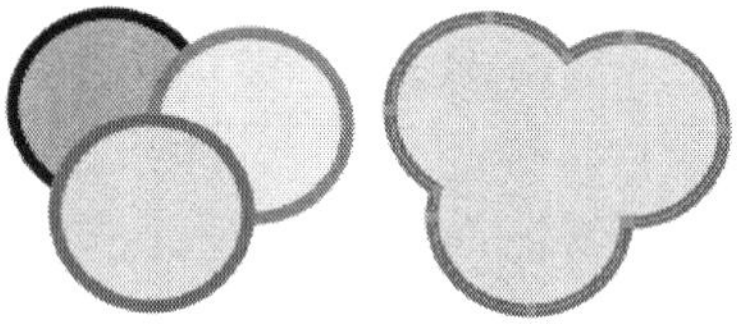

  - **Soustraction** : ne conserve que l'objet derrière la zone de recouvrement.

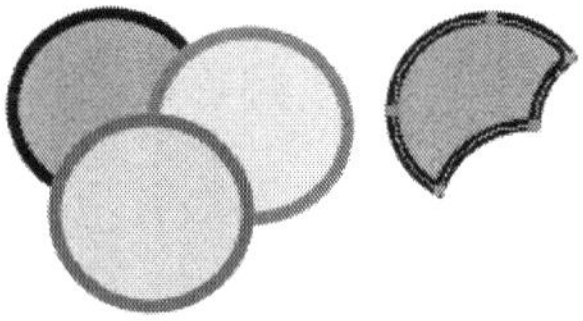

  - **Intersection** : ne conserve que la zone de superposition de toutes les formes, en lui appliquant les attributs de la forme la plus au-dessus.

  - **Exclusion** : permet de créer des objets indépendants à partir de la superposition en leur appliquant les attributs de la forme la plus au-dessus.

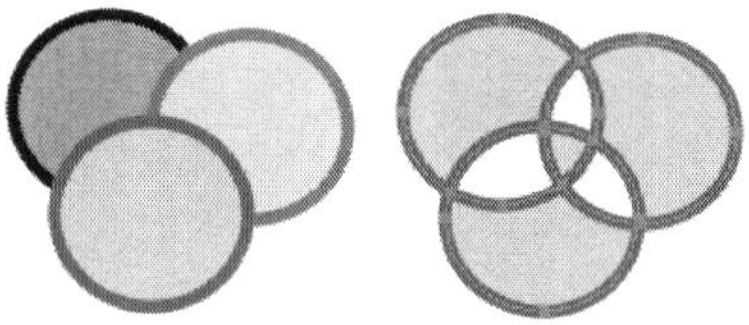

- **Division** : permet de créer des objets indépendants à partir de la superposition de droites ou courbes sur un objet :

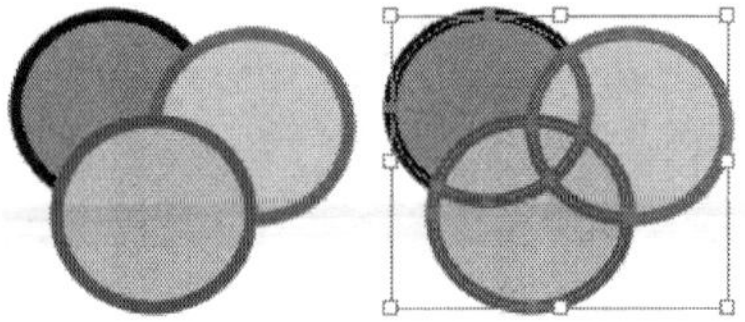

*Si vous cliquez sur l'outil **Sélection directe** et que vous effectuez un cliqué-glissé des différents objets, les zones sont bien séparées.*

- **Pochoir** : permet de créer des segments indépendants à partir de la superposition de plusieurs objets.

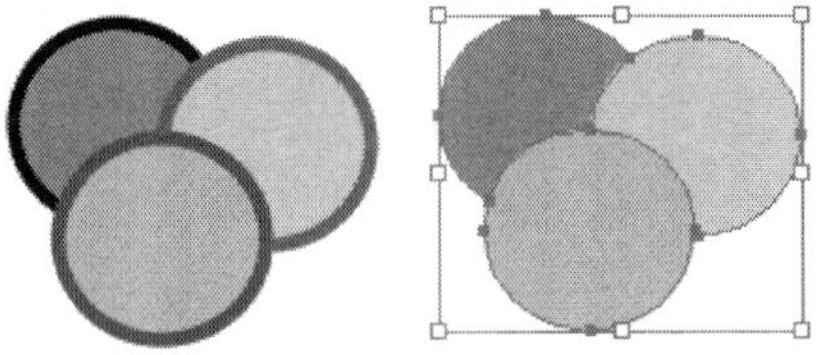

Seuls les attributs de fond restent présents.

- **Fusion** : permet de créer des segments indépendants à partir de la superposition de plusieurs objets. Si deux objets ont les mêmes attributs, ils sont fusionnés.

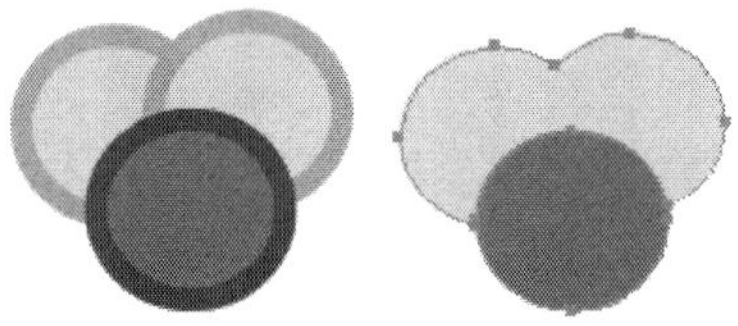

- **Découpe** : crée des objets correspondant à la zone de superposition de l'objet du premier plan, tout en gardant leur attribut de fond.

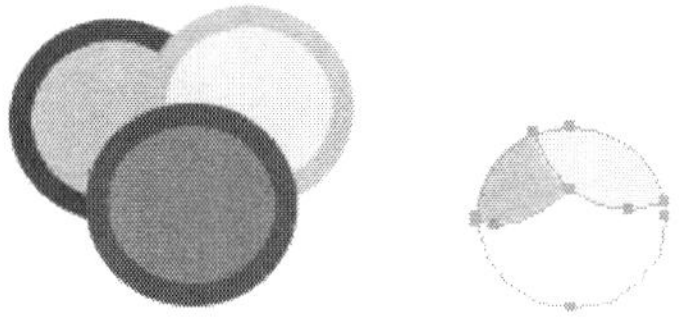

- **Contour** : ne garde que les contours indépendants des objets.

- **Soustraction (avant-arrière)** : ne conserve que l'objet devant la zone de recouvrement.

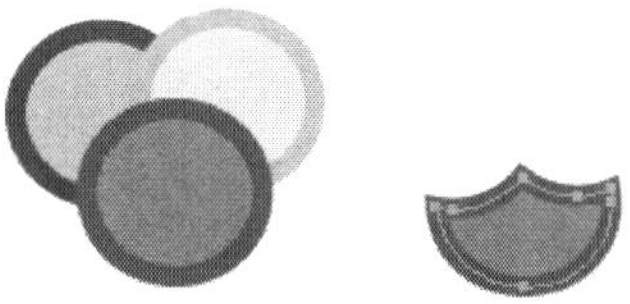

- **Effet - Pathfinder - Mélange maximal** : ne conserve des zones de superposition que les composantes les plus élevées des couleurs. Vous devez associer vos objets avant de leur appliquer l'effet.

- **Effet - Pathfinder - Mélange pondéré** : rend transparente la zone de superposition des objets, selon le **Facteur** spécifié dans la boîte de dialogue **Options Pahtfinder** qui s'ouvre alors. Vous devez associer vos objets avant de leur appliquer l'effet.

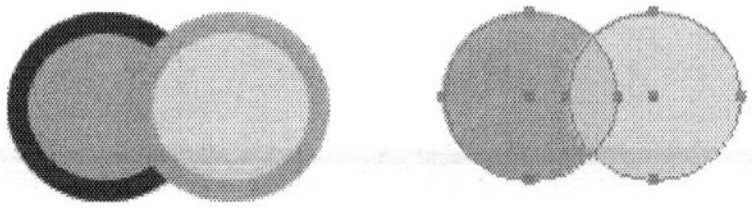

Saisir un texte

- Sélectionnez l'outil **Texte** ou l'outil **Texte vertical** .

  De retour dans l'espace de travail, le pointeur de la souris prend cette forme . Le trait horizontal en bas du pointeur marque l'emplacement de la ligne de base.

- Cliquez à l'endroit où vous souhaitez que débute votre texte.

  Le point d'insertion (la barre verticale clignotante) s'affiche.

- Saisissez votre texte au clavier en utilisant, au besoin, les touches suivantes :

  - [Entrée] Pour déplacer le point d'insertion au début de la ligne suivante en créant un nouveau paragraphe.
  - [Tab] Pour accéder au taquet de tabulation suivant.
  - [Retour arrière] Pour revenir au niveau du taquet de tabulation précédent.

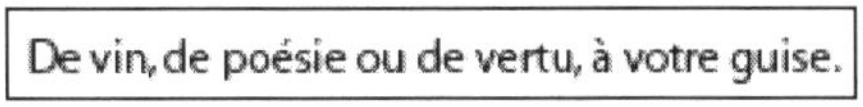

Texte saisi avec l'outil ***Texte***

Texte saisi avec l'outil ***Texte Vertical***

- Terminez la saisie en sélectionnant un outil quelconque.

La commande **Texte - Affichier les caractères masqués** (Ctrl Alt I (PC) ou cmd ⌘ alt I (Mac)) vous permet de visualiser les caractères masqués tels que les espaces, les retours forcés à la ligne, les sauts de ligne, les tabulations...

Illustrator remplace par des bandes grisées le texte dont le corps est inférieur ou égal au **Seuil de faux texte** défini dans les options du panneau **Navigation** (ouvrez le menu puis cliquez sur **Options de panneau**).

Modifier un texte

- Sélectionnez l'outil **Texte**.
- Cliquez dans le texte à l'endroit où doit apparaître le point d'insertion.
- Pour déplacer le point d'insertion, utilisez les touches suivantes :

→/←	Caractère suivant/précédent.
↓/↑	Ligne suivante/précédente.
Ctrl → (PC) ou cmd ⌘ → (Mac)/ Ctrl ← (PC) ou cmd ⌘ ← (Mac)	Mot suivant/précédent.
Ctrl ↓ (PC) ou cmd ⌘ ↓ (Mac)/ Ctrl ↑ (PC) ou cmd ⌘ ↑ (Mac)	Paragraphe suivant/précédent.
Fin/↖	Fin de ligne/début de ligne.

- Pour sélectionner des caractères, utilisez l'une de ces techniques :

Un mot	Double clic dessus
Un paragraphe	Triple clic dessus
Tout le bloc	**Sélection - Tout** (ou Ctrl **A** (PC), cmd ⌘ **A** (Mac))
Plusieurs caractères	Faites un cliqué-glissé ou un ⇧ clic (cliquez avant le premier caractère à sélectionner, appuyez sur ⇧ puis cliquez après le dernier caractère).

- Pour ajouter du texte, positionnez le point d'insertion à l'endroit adéquat puis tapez le texte.
- Pour supprimer du texte, sélectionnez-le puis faites Suppr ou ⟵.

Pour sélectionner le texte, vous pouvez aussi appuyer sur les touches de déplacement tout en maintenant la touche ⇧ enfoncée.

Formater un texte saisi

*La barre de contrôle et le panneau des propriétés présentent les réglages de base du texte et donnent accès de façon contextuelle aux réglages des panneaux **Caractère** et **Paragraphe**.*

- À partir du panneau des propriétés, cliquez sur les trois points pour afficher les réglages poussés des panneaux **Caractère** et **Paragraphe**.

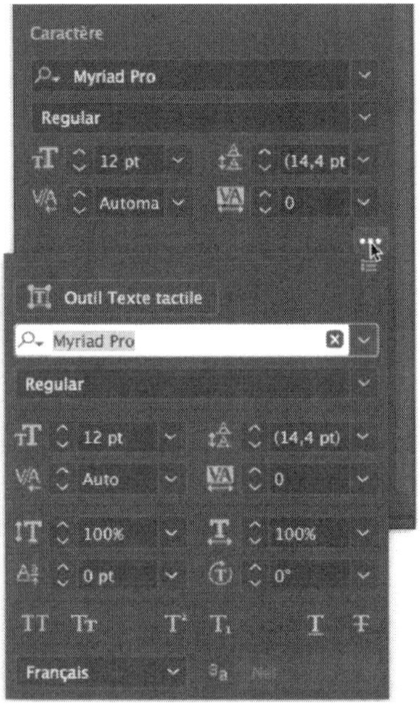

- Pour ouvrir ces panneaux à partir du panneau **Contrôle**, cliquez sur les liens **Caractère** et **Paragraphe**. Les panneaux seront alors affichés contextuellement. Vous pouvez également les ouvrir à partir du menu **Fenêtre - Texte - Caractère/Paragraphe** ou des raccourcis Ctrl **T** (PC) ou cmd ⌘ **T** (Mac) pour le panneau **Caractère** et Ctrl Alt **T** (PC) ou cmd ⌘ Alt **T** (Mac) pour le panneau **Paragraphe**. Dans ce cas, les panneaux seront affichés depuis le dock.

Sélectionnez le texte à éditer.

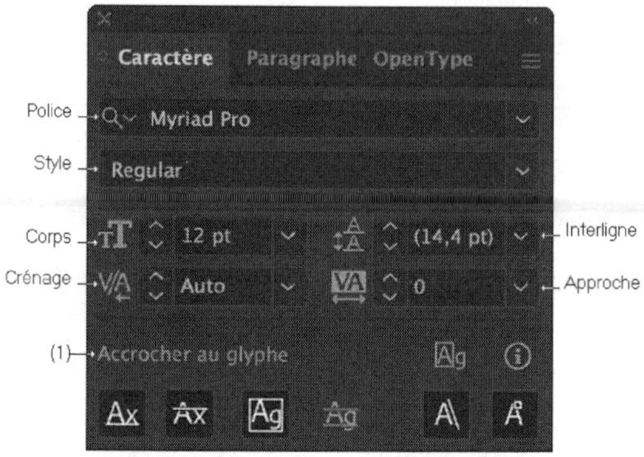

(1) Réglages d'accrochage aux glyphes détaillées plus loin dans ce chapitre.

Pour changer la police, sélectionnez la police de votre choix dans la liste déroulante **Définir la famille de polices**.

Que vous accédiez à la sélection des polices par le panneau Contrôle ou par le panneau Caractère, vous bénéficierez de ces mêmes fonctionnalités. Notez que si vous avez déjà utilisé des polices dans votre document, vous pouvez utiliser la commande **Texte - Polices récentes** *puis cliquer sur la police de votre choix.*

La liste des polices propose un aperçu et indique le type de police **TT** *pour TrueType,* **O** *pour OpenType,* **A** *pour PostScript et l'icône*  *pour les polices Adobe incluses dans l'abonnement Creative Cloud.*

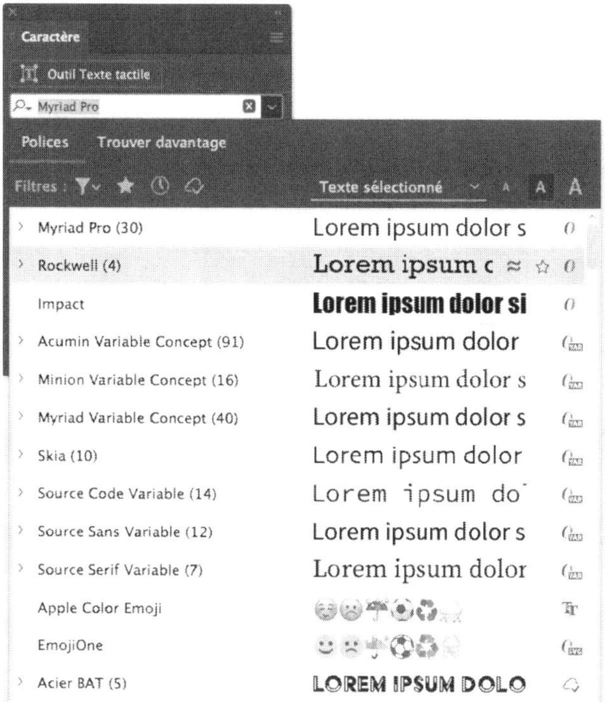

- Filtrez l'affichage des polices avec le menu déroulant pour n'afficher qu'un certain type de polices, selon les objectifs de votre travail.

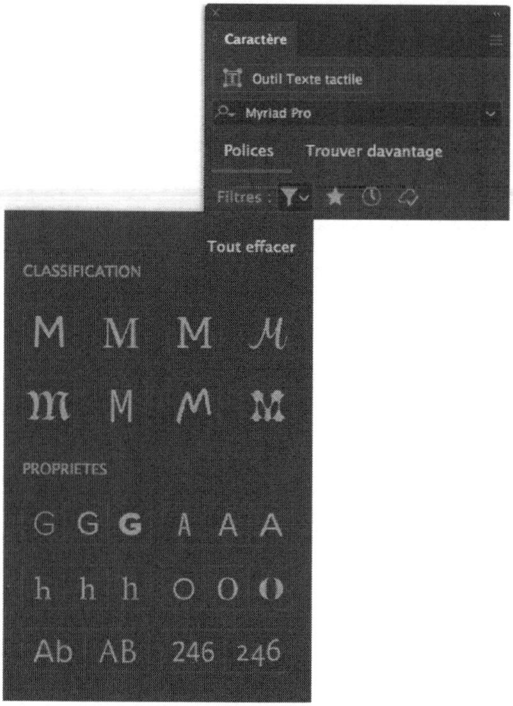

- Vous pouvez également filtrer en n'affichant que les polices favorites, récentes ou activées.

- Définissez vos polices favorites en cliquant sur l'étoile située en regard de chaque intitulé de police.

- Cliquez sur l'onglet **Trouver davantage** pour accéder aux polices Adobe incluses dans l'abonnement Creative Cloud.

  Naviguez ensuite parmi les polices Adobe. Choisissez l'échantillon de l'aperçu : le texte sélectionné ou une des phrases types.

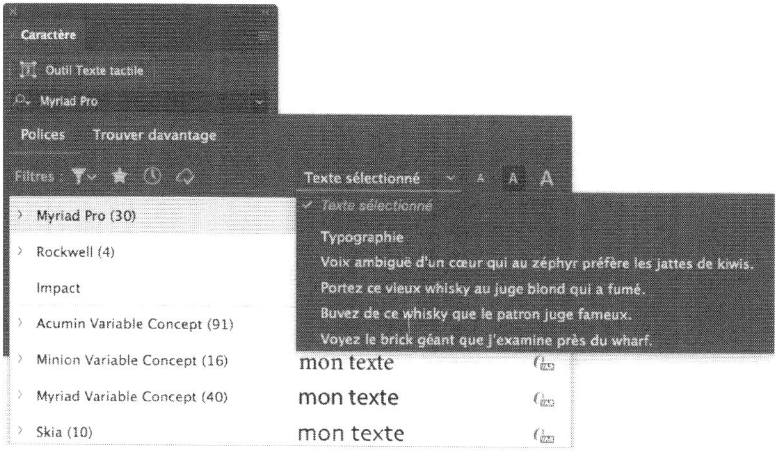

Activez la police qui vous convient en cliquant sur l'icône en bout de ligne. Cliquez enfin sur **OK** dans la boîte de dialogue pour confirmer l'activation.

Même si la police n'est pas activée, Illustrator prévisualise en temps réel son application au texte sélectionné sur le document. Pour ne pas afficher le texte en vidéo inverse lors de cette exploration, activez la combinaison de touches [cmd ⌘] (Mac) ou [Ctrl] **H** (PC) .

- Pour changer la taille de caractères, sélectionnez la taille voulue dans la liste déroulante **Définir le corps de la police** ou saisissez la taille puis appuyez sur la touche [↵].

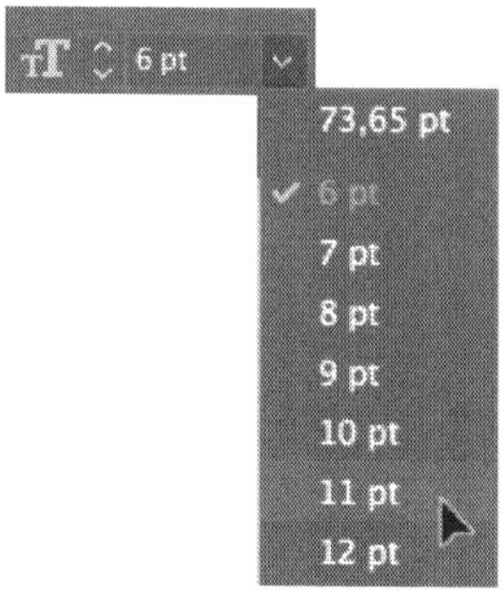

- Pour **Définir le crénage entre deux caractères**, positionnez le point d'insertion entre les deux caractères puis sélectionnez la valeur attendue dans la liste correspondante ou saisissez-la puis appuyez sur la touche [↵].

Le crénage contrôle l'espacement des caractères deux à deux de part et d'autre du point d'insertion.

- Pour modifier l'approche, sélectionnez le bloc de texte ou les caractères concernés puis sélectionnez la valeur attendue dans la liste **Définir l'approche des caractères sélectionnés** ou saisissez-la puis appuyez sur la touche ⏎.

L'approche espace uniformément plusieurs caractères d'un texte sélectionné.

Les valeurs positives écartent les caractères tandis que les valeurs négatives les rapprochent. L'approche se mesure en millièmes de cadratin (em/1000).

- Si besoin est, affichez des options supplémentaires en cliquant sur l'option **Afficher les options** du menu du panneau **Caractère**.

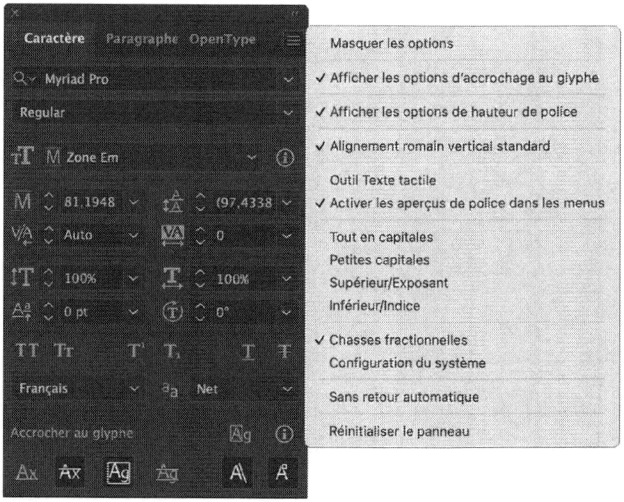

*Si vous avez affiché le panneau **Caractère** en cliquant sur le lien **Caractère** du panneau **Contrôle**, vous visualisez les options supplémentaires.*

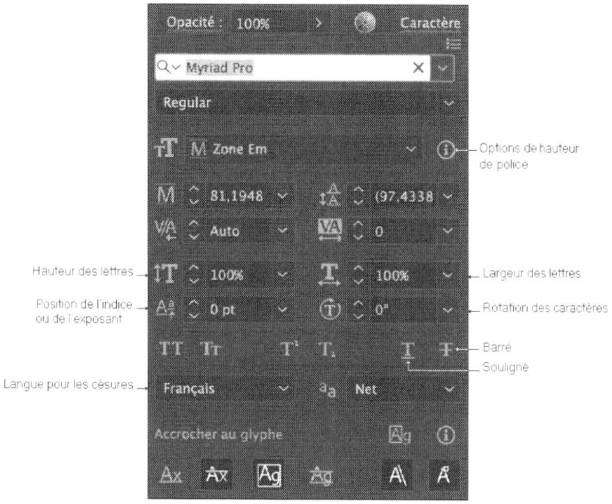

- Pour changer la largeur des lettres, sélectionnez le pourcentage voulu dans la liste déroulante **Echelle horizontale** ou saisissez la taille en pourcentage puis appuyez sur la touche ⏎.

- Pour changer la hauteur des lettres, sélectionnez le pourcentage voulu dans la liste déroulante **Echelle verticale** ou saisissez la taille en pourcentage puis appuyez sur la touche ⏎.

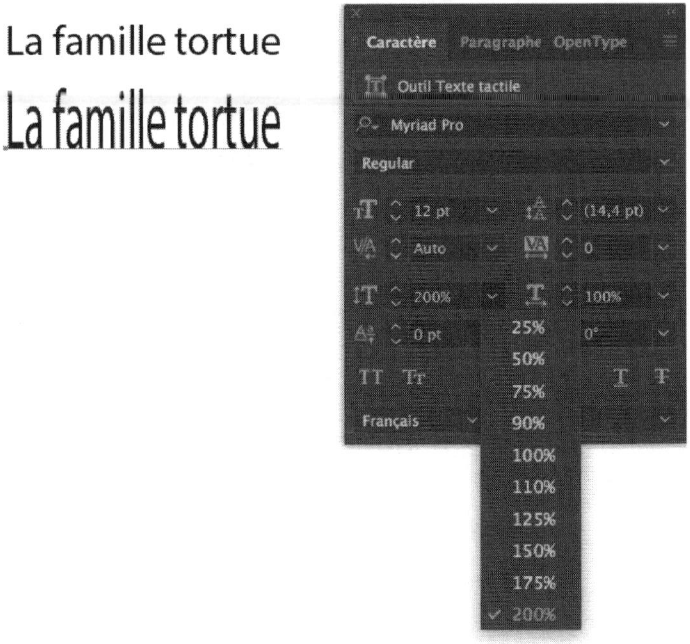

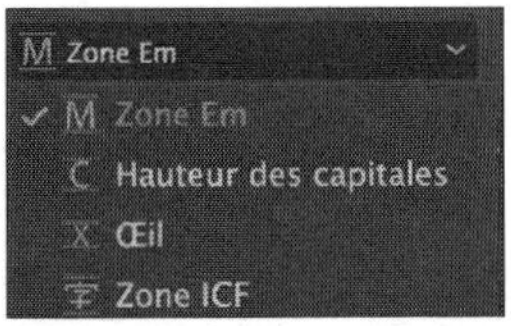

La hauteur des caractères peut être fixée précisément selon ces options :

- **Zone Em** : définit la hauteur du cadre de texte.
- **Hauteur des capitales** : la taille de la police est celle des lettres majuscules.
- **Œil** : la taille de police est celle des lettres des caractères en minuscule (sans les jambages et ascendantes).
- **Zone ICF** : la taille de police est basée sur le champ ICF pour les polices de caractères chinois, japonais et coréen).

- Pour mettre une lettre en indice, sélectionnez-la puis, dans la liste déroulante **Définir le décalage vertical**, sélectionnez une valeur négative ou saisissez une taille négative et validez en appuyant sur la touche ↵.

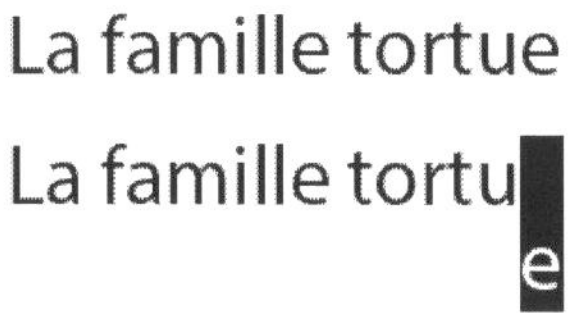

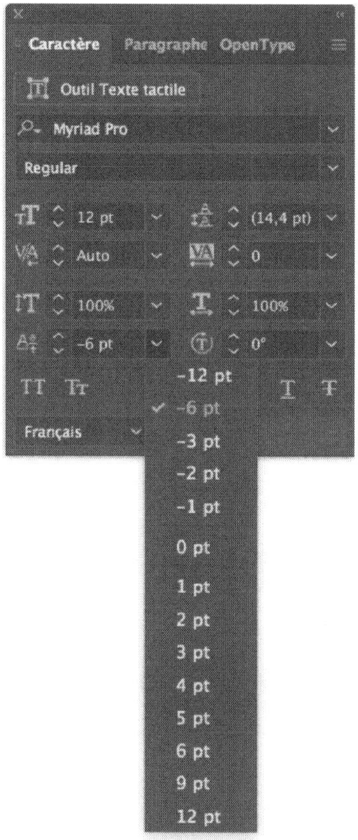

- Pour mettre une lettre en exposant, sélectionnez-la puis, dans la liste déroulante **Définir le décalage vertical**, sélectionnez une valeur positive ou saisissez une taille positive puis validez en appuyant sur la touche ↵.

- Pour appliquer une rotation à des caractères, sélectionnez-les puis, dans la liste déroulante **Rotation des caractères**, saisissez une valeur et validez en appuyant sur la touche ; une valeur positive effectue une rotation dans le sens inverse des aiguilles d'une montre tandis qu'une valeur négative effectue une rotation dans le sens des aiguilles d'une montre.

- Les styles de caractères usuels sont accessibles par une barre d'icônes en bas du panneau. Dans l'ordre, de gauche à droite : grandes capitales, petites capitales, exposant, Indice, souligné et barré.

Votre texte reprend les attributs **Fond** et **Contour** par défaut , soit un fond noir sans contour. Pour changer la couleur de fond de votre texte, affichez, si besoin, le panneau **Couleur** par **Fenêtre - Couleur** (F6).

Si besoin, cliquez sur le témoin **Fond** visible à gauche du panneau **Couleur**.
Choisissez votre couleur en cliquant dans le **Spectre** des couleurs du panneau **Couleur**.

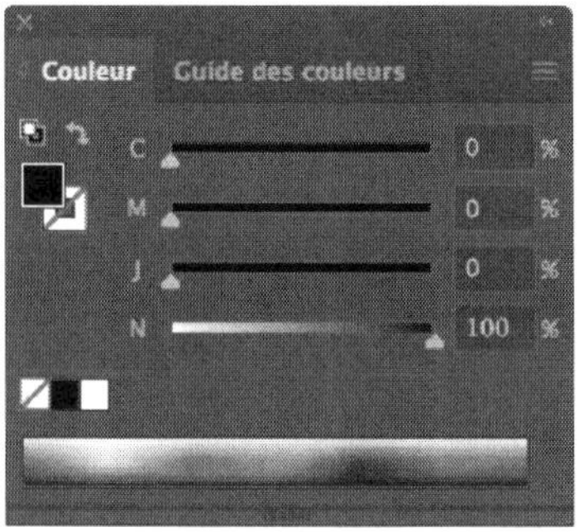

Pour appliquer un contour et pas de fond, cliquez sur la double flèche **Permuter le fond et le contour** ou faites ⇧ **X**.

Illustration des différentes possibilités d'application des couleurs.

Pour modifier l'orientation d'un objet texte, sélectionnez l'objet texte concerné puis faites : **Texte - Orientation du texte - Horizontale ou Verticale**.

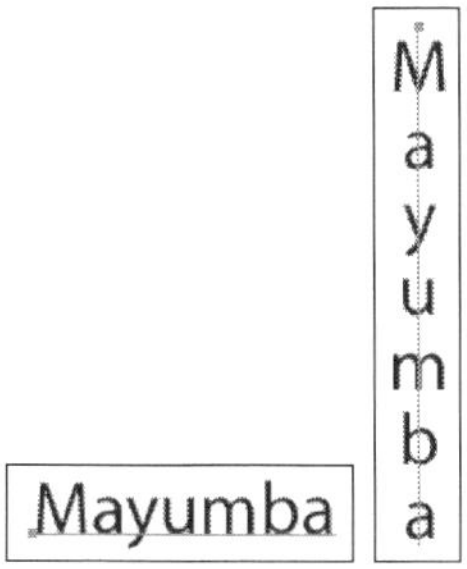

Le panneau **Infos** affiche la police, la taille et la valeur de crénage ou d'approche du texte sélectionné (l'outil T doit être activé).

Utiliser l'outil Texte tactile

*L'outil Texte tactile permet de modifier l'aspect des caractères individuellement. Il est accessible par le bouton **Outil Texte tactile** du panneau **Caractère** ou à partir de l'outil **Texte - Retouche de texte** de la barre d'outils.*

*Si le bouton n'est pas apparent, ouvrez le menu contextuel du panneau et cochez **Afficher l'outil Retouche de texte.***

- Cliquez sur le bouton **Outil Texte tactile**.

- Cliquez sur le caractère à transformer.

- Déformez le caractère en tirant sur les poignées de son enveloppe et/ou faites-le pivoter avec le point d'ancrage situé au-dessus.

- Le texte modifié reste éditable. Sélectionnez le caractère transformé et saisissez à la place une autre lettre qui aura les mêmes caractéristiques.

Modifier la casse des caractères

La casse correspond aux combinaisons de majuscules et de minuscules.

- Cliquez sur le bloc texte concerné ou sélectionnez les caractères concernés.
- **Texte - Modifier la casse**
- Cliquez sur l'option correspondant au type de modification à effectuer :

CAPITALES	Toutes les lettres passent en majuscules.
minuscules	Toutes les lettres passent en minuscules.
Première lettre des mots en majuscules	La première lettre de chaque mot passe en majuscule.
Casse de la phrase	La première lettre de la phrase passe en majuscule.

CAPITALES	LE VENT, LA VAGUE, L'ÉTOILE, L'OISEAU, L'HORLOGE
minuscules	le vent, la vague, l'étoile, l'oiseau, l'horloge
Première lettre des mots en majuscules	Le Vent, La Vague, L'étoile, L'oiseau, L'horloge
Casse de la phrase	Le vent, la vague, l'étoile, l'oiseau, l'horloge

Vectoriser des polices

Vous pouvez vectoriser vos polices pour modifier par exemple leur espacement ou leur forme.

- Sélectionnez l'objet texte concerné.
- **Texte - Vectoriser** ou Ctrl ⇧ **O** (PC) ou cmd ⌘ ⇧ **O** (Mac)

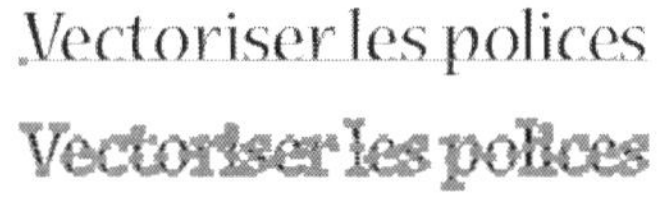

Chaque caractère devient alors un objet vectoriel. Les points bleus représentent les différents points d'ancrage. Ils sont modifiables avec les outils associés à l'outil ***Plume*** *ou l'outil de* ***Sélection directe*** .

Saisir un texte long

Vous pouvez saisir votre texte dans une zone rectangulaire et créer ainsi des blocs de texte qui pourront être alignés à gauche, alignés à droite, justifiés...

Créer un bloc de texte

- Sélectionnez l'outil **Texte** ou l'outil **Texte vertical** dans le panneau outils.
- Effectuez un cliqué-glissé dans le document pour tracer l'encadré dans lequel vous souhaitez saisir le texte.

- Saisissez votre texte au clavier en utilisant, au besoin, les touches suivantes :

  [Entrée] Pour déplacer le point d'insertion au début de la ligne suivante en créant un nouveau paragraphe.

  [Maj] [Entrée] Pour déplacer le point d'insertion au début de la ligne suivante sans créer un nouveau paragraphe.

  [Tab] Pour accéder au taquet de tabulation suivant.

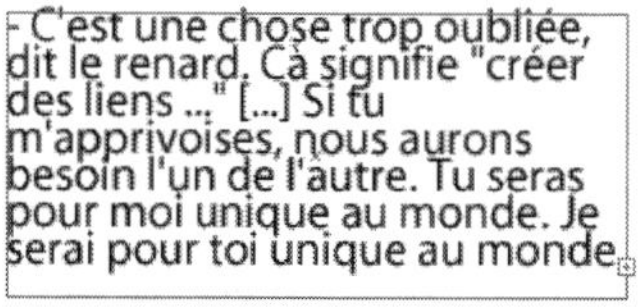

Si votre texte est plus long que la zone de texte, un signe plus apparaît dans la partie inférieure de la bordure droite de l'encadré de texte.

Pour agrandir votre zone de saisie, sélectionnez l'outil **Sélection** .
Cliquez, si besoin est, sur la zone de texte puis faites glisser une des poignées de la zone de texte.

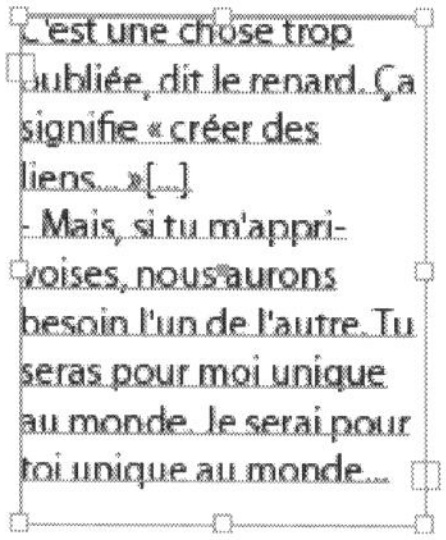

La ligne bleue sur laquelle repose le texte symbolise la ligne de base.

Nouveauté

Vous pouvez aligner le texte verticalement dans un bloc de texte en haut, en bas, au centre ou le justifier avec le menu déroulant situé dans le panneau **Contrôle**.

Formater un paragraphe

*Un paragraphe est un groupement de lignes consécutives sans retour à la ligne. Vous pouvez définir quel type d'alignement vous souhaitez grâce au panneau **Paragraphe**.*

Si le formatage doit s'appliquer à tout l'objet texte, cliquez sur l'outil **Sélection** puis sur le bloc de texte concerné.
Si le formatage doit s'appliquer à un paragraphe, sélectionnez l'outil **Texte** puis cliquez sur le paragraphe concerné.
Si le formatage doit s'appliquer à plusieurs paragraphes, sélectionnez l'outil **Texte** puis sélectionnez les paragraphes concernés.

- **Fenêtre - Texte - Paragraphe** ou Ctrl Alt **T** (PC) ou cmd ⌘ alt **T** (Mac)

  *Vous pouvez aussi cliquer sur le lien **Paragraphe** visible dans le panneau **Contrôle**.*

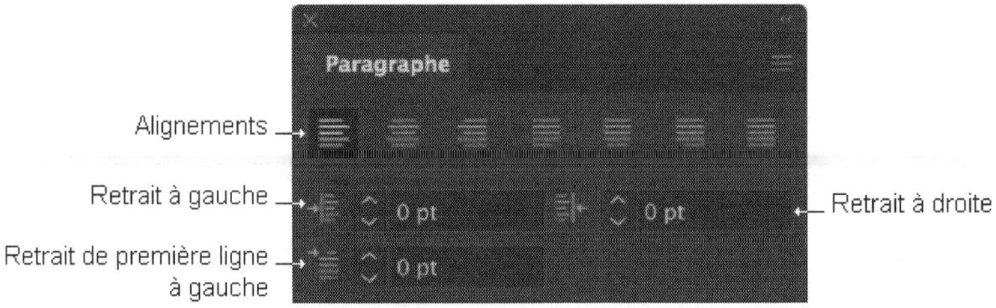

- Si besoin est, ouvrez le menu du panneau **Paragraphe** puis cliquez sur l'option **Afficher les options** pour visualiser les options supplémentaires de ce panneau.

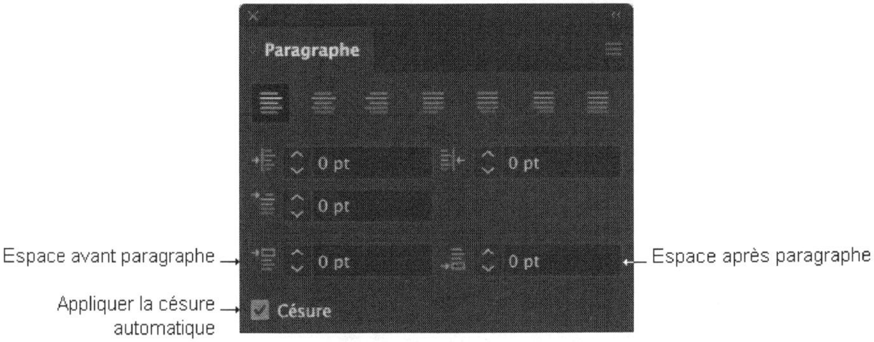

- Pour modifier l'alignement, cliquez sur un des boutons suivants :

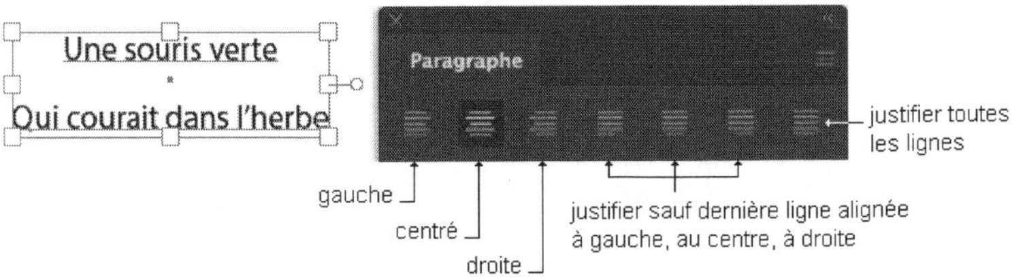

- Pour provoquer des retraits de paragraphe, spécifiez une valeur de retrait dans les zones **Retrait à gauche**, **Retrait à droite** ou **Retrait de 1re ligne à gauche**.

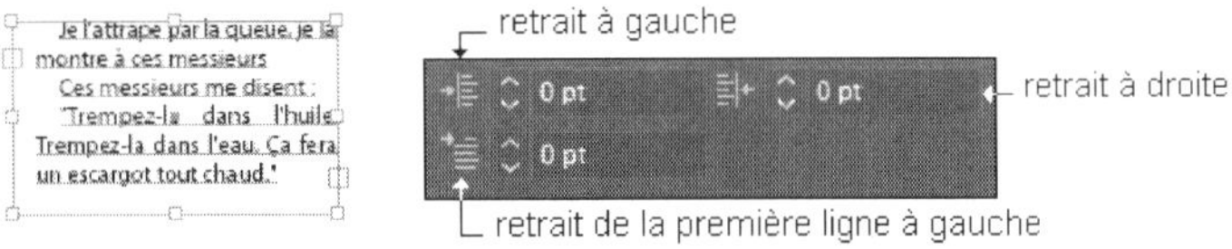

- Pour modifier l'espace avant ou après les paragraphes, sélectionnez une valeur dans la zone **Espace avant** ou **après le paragraphe** ou saisissez-la puis appuyez sur la touche ⏎.

Paramétrer la justification

Lorsque vous justifiez un texte, vous devez préciser des paramètres pour que, par exemple, il n'y ait pas trop d'espace entre des mots sur une ligne.

- Sélectionnez le texte justifié concerné.
- **Fenêtre - Texte - Paragraphe** ou Ctrl Alt **T** (PC) ou cmd ⌘ alt **T** (Mac)

  *Vous pouvez aussi cliquer sur le lien **Paragraphe** visible dans le panneau **Contrôle**.*

- Si besoin est, ouvrez le menu ☰ du panneau **Paragraphe** puis cliquez sur l'option **Justification**.

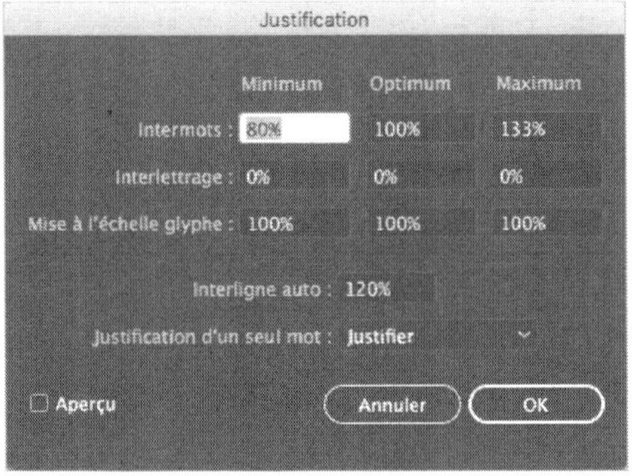

- Si vous souhaitez visualiser dans le document l'effet des paramètres choisis avant de valider la boîte de dialogue, cochez l'option **Aperçu**.

- Pour modifier l'espacement des mots que vous générez en appuyant sur la touche Espace dans une ligne de texte, entrez une valeur dans les zones **Minimum**, **Optimum** et/ou **Maximum** associées à l'option **Intermots** (les options **Minimum** et **Maximum** ne concernent que le texte justifié).
- Pour modifier l'espacement des caractères dans une ligne de texte, entrez une valeur dans les zones **Minimum**, **Optimum** et/ou **Maximum** associées à l'option **Interlettrage** (les options **Minimum** et **Maximum** ne concernent que le texte justifié).
- Pour modifier l'échelle des glyphes, c'est-à-dire la taille d'un caractère dans une ligne de texte, entrez une valeur dans les zones **Minimum**, **Optimum** et/ou **Maximum** associées à l'option **Mise à l'échelle glyphe**.
- Saisissez, dans la zone **Interligne auto**, le pourcentage de l'interlignage automatique :

Je suis belle, ô mortels! comme un rêve de pierre,
Et mon sein, où chacun s'est meurtri tour à tour,
Est fait pour inspirer au poëte un amour
Éternel et muet ainsi que la matière.

Interligne auto : 100 %

Je trône dans l'azur comme un sphinx incompris;
J'unis un cœur de neige à la blancheur des cygnes;
Je hais le mouvement qui déplace les lignes,
Et jamais je ne pleure et jamais je ne ris.

Interligne auto : 120 %

Les poëtes, devant mes grandes attitudes,
Que j'ai l'air d'emprunter aux plus fiers monuments,
Consumeront leurs jours en d'austères études;

Interligne auto : 140 %

- Sélectionnez, dans le menu **Justification d'un seul mot**, la manière dont vous souhaitez le justifier : **Justifier**, **Aligner à gauche**, **Centrer**, **Aligner à droite**.
- Cliquez sur le bouton **OK**.

Réaliser des césures

Activer la césure automatique

- Sélectionnez le bloc de texte concerné ; si seuls quelques paragraphes d'un bloc sont concernés, sélectionnez-les.
- **Fenêtre - Texte - Paragraphe** ou Ctrl Alt **T** (PC) ou cmd ⌘ alt **T** (Mac)

  *Vous pouvez aussi cliquer sur le lien **Paragraphe** visible dans le panneau **Contrôle**.*
- Si besoin est, ouvrez le menu ☰ puis cliquez sur **Afficher les options**.
- Cochez l'option **Césure**.

  Si besoin, Illustrator réalise quelques césures.

Modifier les options de césure automatique

- Sélectionnez le bloc de texte concerné.
- **Fenêtre - Texte - Paragraphe** ou Ctrl Alt **T** (PC) ou cmd ⌘ alt **T** (Mac)

  *Vous pouvez aussi cliquer sur le lien **Paragraphe** visible dans le panneau **Contrôle**.*
- Ouvrez le menu du panneau ☰ puis cliquez sur l'option **Césure**.

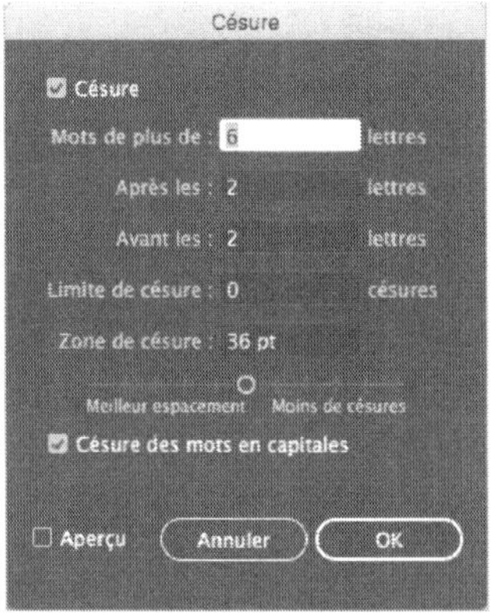

- Saisissez, dans la zone **Mots de plus de : x lettres**, la taille maximale que doit faire un mot pour ne pas être coupé en fin de bloc.
- Dans la zone **Après les : x lettres**, entrez le nombre minimal de lettres pouvant apparaître avant le tiret de césure.
- Dans la zone **Avant les : x lettres**, entrez le nombre minimal de lettres pouvant apparaître après le tiret de césure.
- Définissez, dans la zone **Limite de césure**, le nombre maximal de césures consécutives.

- Saisissez, dans la **Zone de césure**, la distance limite (en points) entre la coupe et la fin de bloc pour que la césure se fasse (cette option ne fonctionne que lors d'utilisation de compositeur ligne par ligne, comme celui proposé par Adobe, par exemple).
- Faites glisser le curseur vers la gauche si vous souhaitez un **Meilleur espacement** de vos lettres pour qu'il y ait **Moins de césures** ou vers la droite si vous voulez l'inverse.
- Cochez l'option **Césure des mots en capitales** si vous acceptez les césures sur ces mots.
- Cliquez sur le bouton **OK**.

Définir les césures autorisées

- **Edition** (**Illustrator** sur Mac) - **Préférences - Césure**

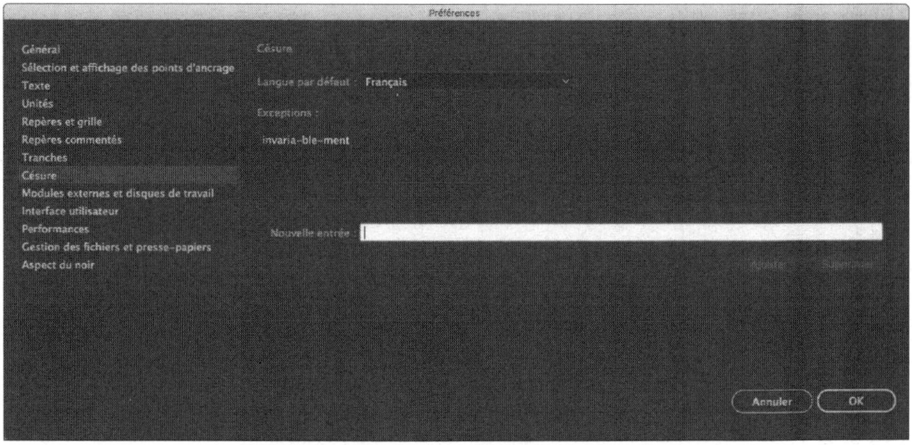

- Selon la langue dans laquelle vous écrivez, les syllabes ne sont pas les mêmes : Illustrator vous permet donc de choisir une **Langue par défaut** à laquelle il fera référence pour effectuer les césures au bon endroit.
- Pour ajouter un mot à la liste, saisissez-le dans la zone **Nouvelle entrée** en insérant un tiret où vous autorisez la césure puis cliquez sur le bouton **Ajouter** devenu disponible.

  Pour empêcher toute coupure sur un mot, tapez-le sans tiret.
- Pour retirer un mot, sélectionnez-le dans la liste **Exceptions** puis cliquez sur le bouton **Supprimer**.
- Cliquez sur le bouton **OK**.

Gérer les tabulations

Poser un taquet de tabulation

- Sélectionnez l'objet texte ou les paragraphes concernés ; si seul un paragraphe est concerné par les tabulations, cliquez dans ce paragraphe.

  Votre bloc de texte doit avoir un alignement de paragraphe à gauche ou justifié (panneau ***Paragraphe****).*

- Pour afficher le panneau **Tabulations** :

  Fenêtre - Texte - Tabulations ou Ctrl ⇧ **T** (PC) ou cmd ⌘ ⇧ **T** (Mac)

  Le panneau ***Tabulations*** *contient une règle qui va vous permettre de définir la position des taquets de tabulations.*

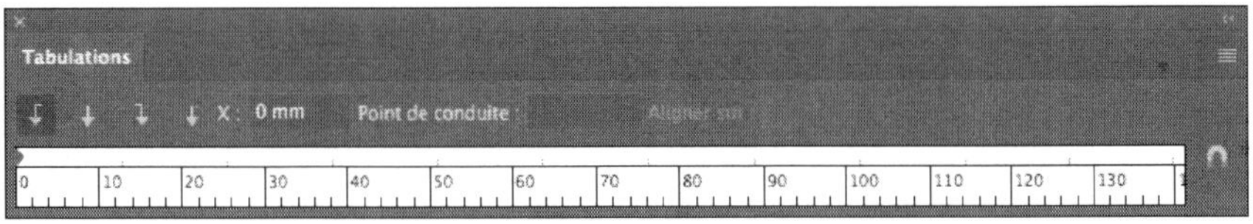

Les petits traits grisés, visibles au-dessus des graduations, représentent les taquets posés par défaut par Illustrator.

- Si besoin est, cliquez sur l'icône situé à droite du panneau **Tabulations** pour **Positionner le panneau au-dessus du texte**.
- Choisissez le type de tabulation désiré en cliquant sur un des boutons suivants :

  ↓ **Tabulation alignée à gauche** : texte aligné sur le premier caractère.

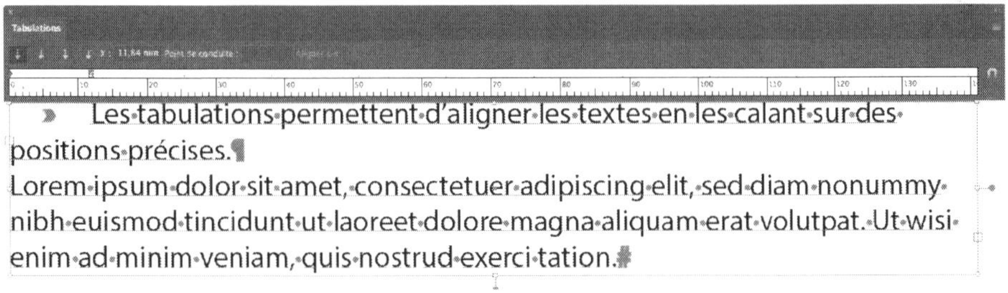

Tabulation centrée : texte centré de part et d'autre du taquet.

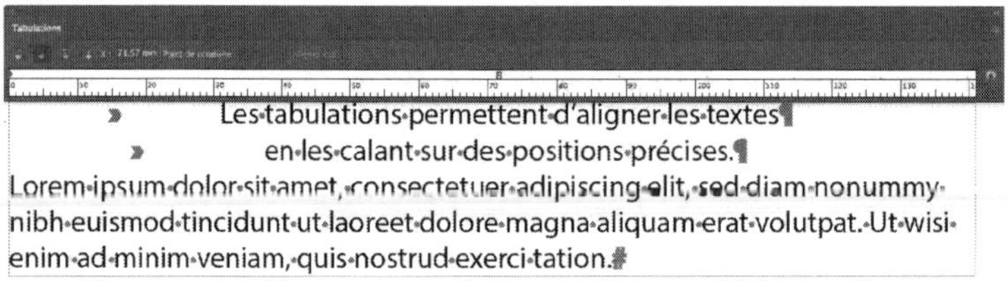

Tabulation alignée à droite : texte aligné sur le dernier caractère.

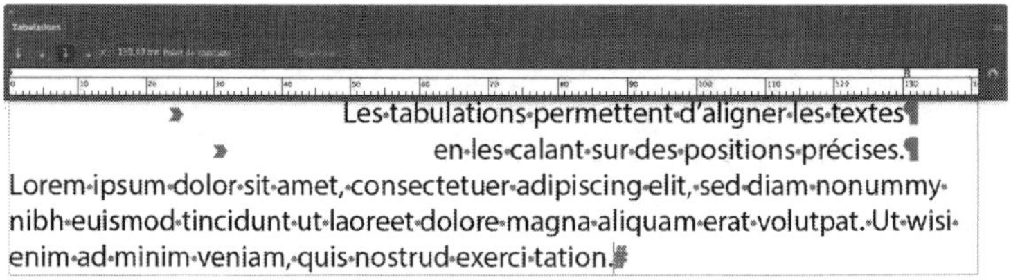

Tabulation décimale : texte (ou valeur) aligné sur un caractère spécifique (ici, sur la virgule décimale).

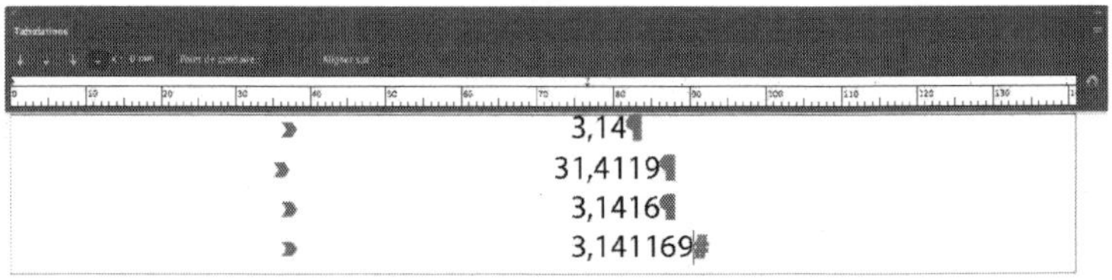

- Ouvrez le menu puis sélectionnez l'option **Magnétisme de l'unité** pour que les tabulations soient attirées vers les graduations de la règle lorsque vous les créez ou les déplacez. Ainsi, vous ne pourrez pas poser une tabulation à 6,11 mm mais à 6 ou à 7 mm.
- Définissez éventuellement, dans la zone **Point de conduite**, les éléments qui rempliront la zone vide laissée par les tabulations (par exemple des points).

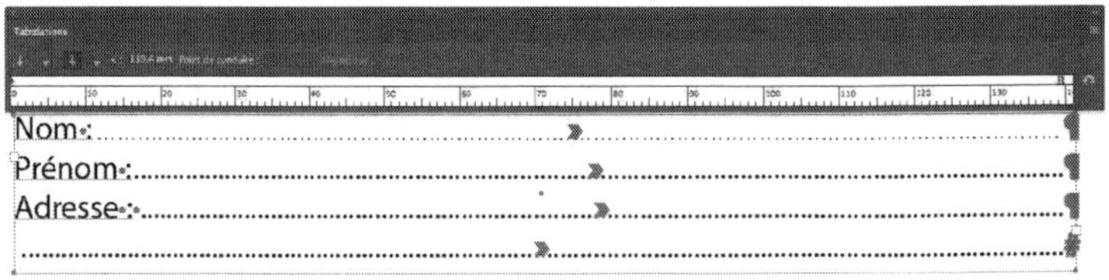

Pour obtenir des points de conduite plus fins, sélectionnez-les et appliquez une autre police de caractère ou un style différent comme sur l'exemple ci-dessus ou nous avons changé l'aspect de la première ligne de conduite avec un style « light ».

- Si vous avez choisi un taquet à alignement décimal ↓, saisissez, dans la zone **Aligner sur**, le caractère sur lequel vous souhaitez effectuer l'alignement ; par défaut l'alignement se fait sur le point.

  Si vous ne visualisez pas la zone ***Aligner sur****, augmentez la largeur du panneau* ***Tabulations*** *par un cliqué-glissé du coin inférieur droit de la fenêtre correspondante.*

- Cliquez sur la graduation à l'endroit où vous souhaitez poser votre tabulation ou saisissez une valeur dans la zone **X** (ou **Y** pour un texte vertical) puis appuyez sur la touche ↵.
- Appuyez sur la touche ⇥ à l'endroit où vous souhaitez insérer la tabulation dans votre bloc de texte.

Vous pouvez répéter une tabulation afin de créer plusieurs tabulations en fonction de la distance entre le taquet sélectionné et le taquet précédent, ou le retrait gauche s'il n'y a pas de taquet positionné avant. Pour cela, sélectionnez le taquet concerné dans le panneau **Tabulations**, ouvrez le menu du panneau ☰ puis cliquez sur l'option **Répéter la tabulation**.

Gérer les taquets existants

- Sélectionnez l'objet texte ou les paragraphes concernés puis affichez le panneau **Tabulations (Fenêtre - Texte - Tabulations)**.
- Pour déplacer un taquet de tabulation, faites glisser la marque du taquet jusqu'à sa nouvelle position.
- Pour supprimer un taquet de tabulation, faites glisser la marque du taquet à supprimer en dehors de la règle.
- Pour supprimer tous vos taquets de tabulation et ainsi rétablir les taquets de tabulation par défaut, ouvrez le menu ☰ puis cliquez sur l'option **Effacer toutes les tabulations** (PC) ou **Supprimer toutes les tabulations** (Mac).
- Pour modifier l'alignement d'un taquet de tabulation, cliquez sur le taquet concerné dans la règle puis cliquez sur le bouton d'alignement souhaité.

Placer un texte le long d'un tracé ouvert

Vous pouvez écrire votre texte le long d'une courbe que vous aurez préalablement dessinée. La courbe et le texte seront alors indissociables.

Saisir le texte

- Dessinez une courbe à l'aide de l'outil **Plume** .
- Sélectionnez l'outil **Texte curviligne** ou l'outil **Texte curviligne vertical** .
- Cliquez sur la courbe à l'endroit où vous souhaitez commencer la saisie du texte.
- Saisissez votre texte.

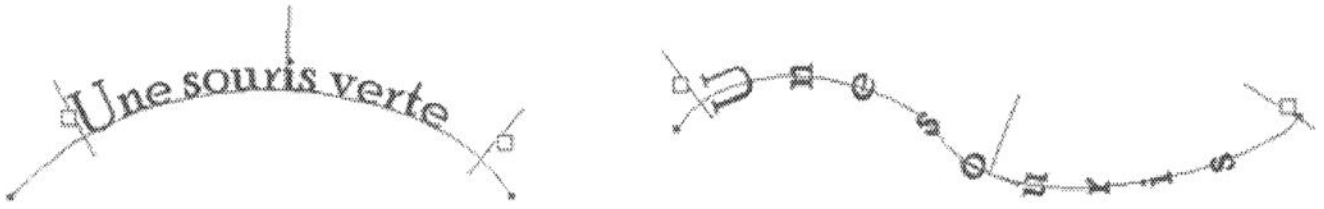

Le sens du texte est lié au point de départ et de fin du tracé. Pour mieux comprendre, regardez l'illustration d'exemple ; les points "A" sont les points de départ des tracés et les points "B" les points d'arrivée :

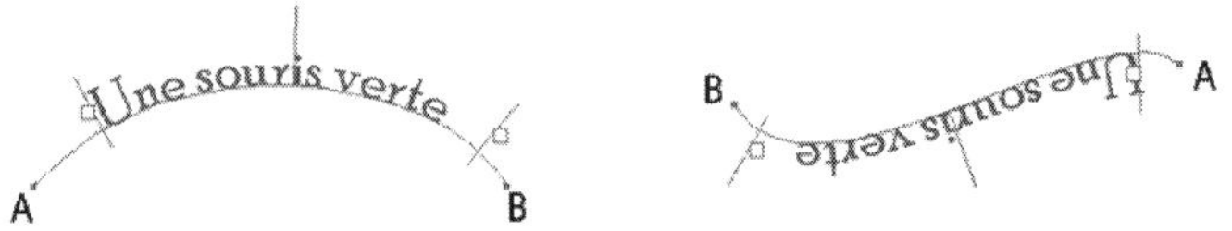

Déplacer le texte sur le tracé

- Activez l'outil **Sélection directe** puis cliquez sur le texte du tracé pour le sélectionner.
- Pointez le curseur visible au début du texte, cliquez puis faites-le glisser le long du tracé.

Inverser le sens du texte

- Activez l'outil **Sélection directe** puis cliquez sur le texte du tracé pour le sélectionner.
- Pointez le curseur visible au centre du texte, cliquez puis faites-le passer de l'autre côté du tracé.

- Pour positionner le texte sous la ligne tout en gardant la direction, sélectionnez votre objet à l'aide de l'outil **Sélection** puis appliquez une valeur négative élevée de décalage vertical en sélectionnant une valeur dans la liste déroulante **Définir le décalage vertical** du panneau **Caractère** (**Fenêtre - Texte - Caractère**).

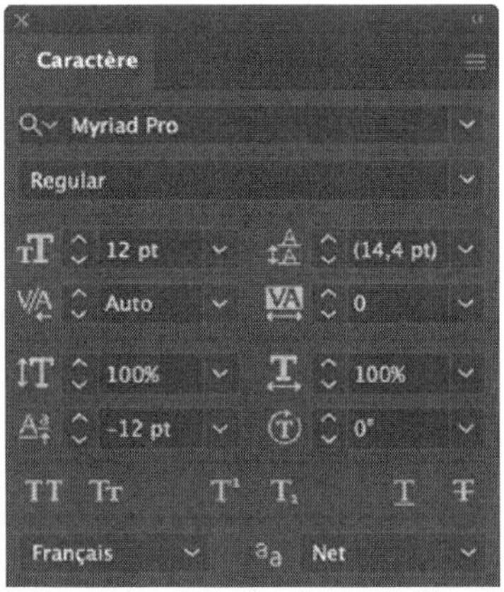

Appliquer des effets sur le texte curviligne

Illustrator vous permet de modifier l'orientation de vos lettres sur le tracé.

- Sélectionnez le texte curviligne avec l'outil **Sélection**.

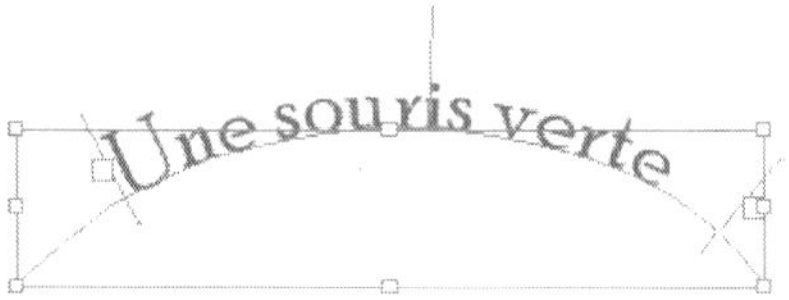

- **Texte - Texte curviligne**
- Sélectionnez une de ces options :

Arc-en-ciel C'est l'option par défaut : le milieu de la base de chaque lettre du texte curviligne touche le tracé ou reste parallèle au tracé.

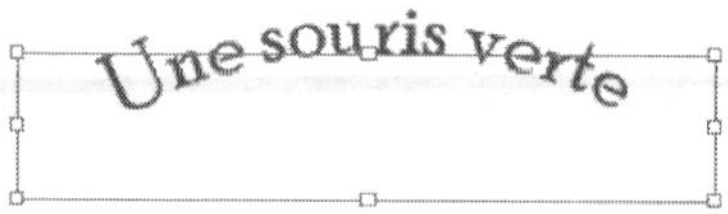

Inclinaison Le bas des lettres reste tangent au tracé tandis que l'ensemble des lettres reste vertical.

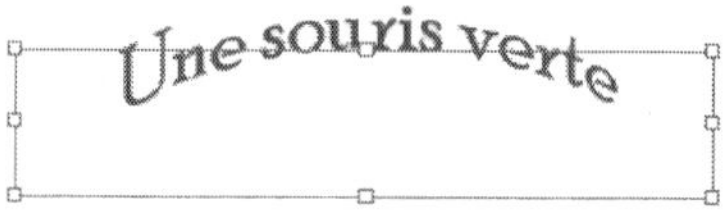

Ruban 3D Le bas des lettres reste horizontal, tandis que le reste des lettres suit le mouvement du tracé qui les guide.

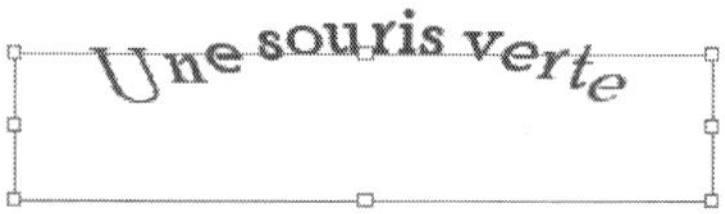

Marche d'escalier Le bord gauche du bas des lettres reste fixé au tracé et les lettres restent bien verticales.

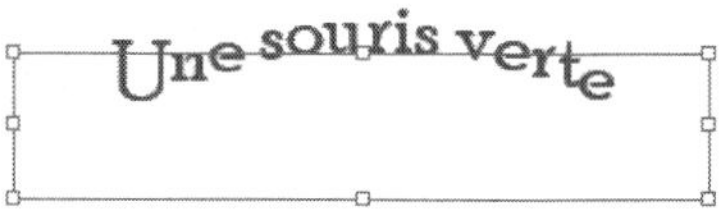

Gravité Le centre du bas de chaque lettre reste sur le tracé, tandis que le reste de chaque lettre est parallèle au tracé.

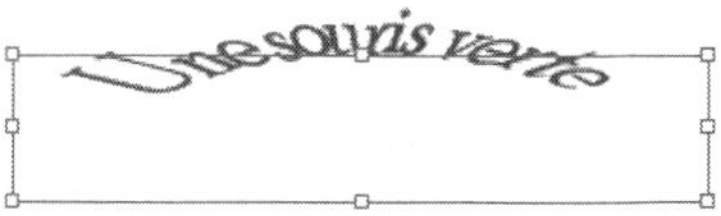

Définir les options d'un texte curviligne

- Sélectionnez le texte curviligne avec l'outil **Sélection** .
- **Texte - Texte curviligne - Options de texte curviligne**

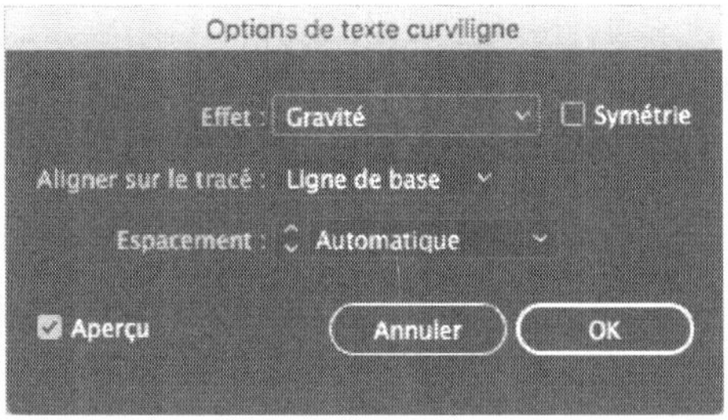

- Veillez à ce que l'option **Aperçu** soit cochée pour visualiser directement les modifications apportées au texte.
- Sélectionnez le type d'**Effet** dans le menu correspondant.
- Sélectionnez dans la liste **Aligner sur le tracé** ce qui sera aligné au tracé : **Ascendante** (PC) ou **Jambage supérieur** (Mac) (haut des lettres comme b, d, f), **Descendante** (PC) ou **Jambage inférieur** (Mac) (bas des lettres comme g, j, p), le **Centre** ou la **Ligne de base** (bas commun à toutes les lettres).
- Lorsque la courbe est fortement concave, il arrive que les lettres situées en haut de la courbe soient un peu trop espacées. Définissez alors un **Espacement** positif pour rapprocher les lettres ; un espacement négatif espacera les lettres.

Ici, nous avons appliqué un espacement de 8 points sur la deuxième figure.

- Cochez l'option **Symétrie** pour placer le texte symétriquement de l'autre côté du tracé :

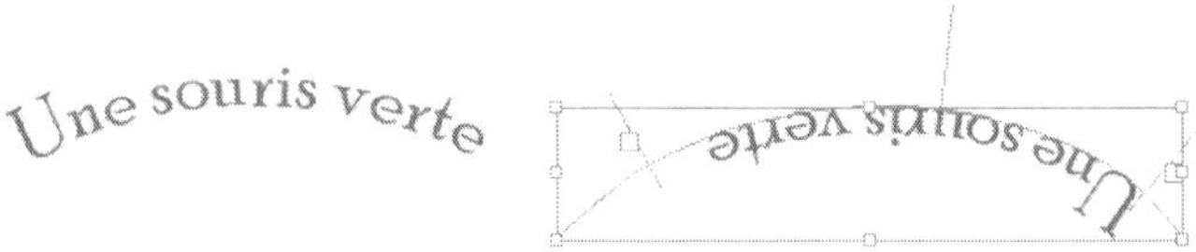

- Cliquez sur le bouton **OK**.

Placer du texte dans une forme

Vous pouvez écrire du texte dans une forme, par exemple dans une ellipse.

Saisir le texte

- Tracez votre forme.
- Sélectionnez l'outil **Texte captif** ou l'outil **Texte captif vertical** .
- Cliquez sur le tracé puis saisissez votre texte.

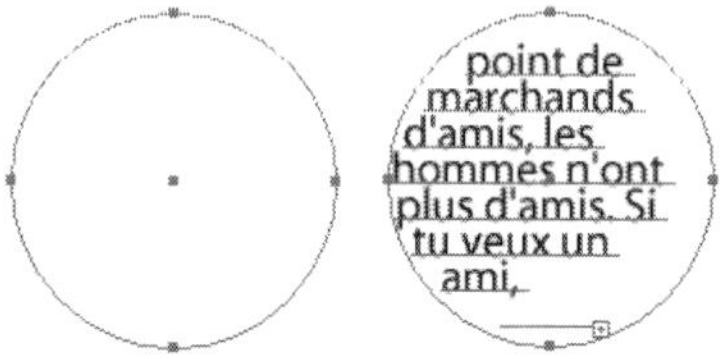

- Pour agrandir votre zone de saisie, sélectionnez l'outil **Sélection** puis cliquez sur l'objet.

  Cliquez sur une des poignées et faites-la glisser.

Convertir du texte captif en texte de point

- Sélectionnez la forme contenant du texte avec l'outil de sélection.
- Double cliquez sur le point à droite pour transformer le texte captif en texte de point.

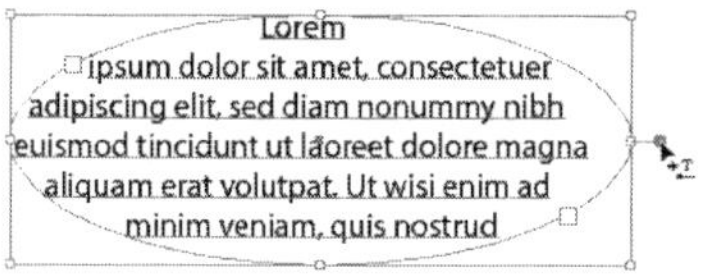

- En double cliquant sur un texte de point il redeviendra captif par défaut dans une forme rectangulaire.

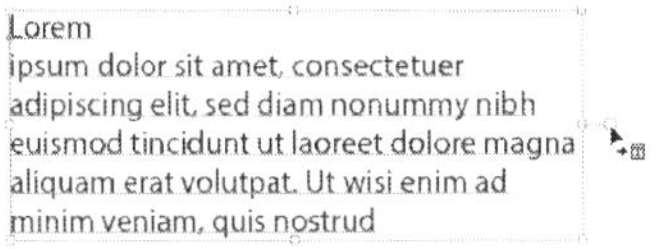

Modifier l'orientation du texte

- Pour transformer uniquement l'orientation de la forme contenant le texte, sélectionnez la forme à l'aide de l'outil **Sélection** .
  Positionnez le curseur, selon le cas, au-dessus, au-dessous, à droite ou à gauche de l'une des poignées de l'objet (le curseur apparaît sous la forme) puis effectuez un cliqué-glissé pour faire tourner votre forme.

- Pour transformer l'orientation de la forme et du texte, sélectionnez la forme à l'aide de l'outil **Sélection** .
  Cliquez sur l'outil **Rotation** puis effectuez un cliqué-glissé dans le sens de la rotation.

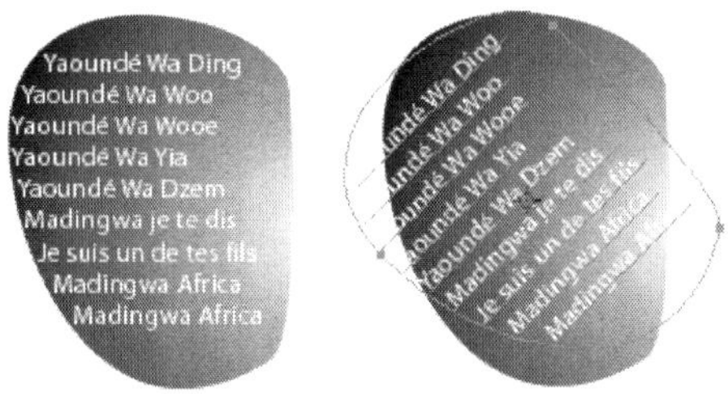

Pour plus de détails sur cet outil, reportez-vous au titre Appliquer une rotation à un objet du chapitre Transformation des objets.

Ajuster un mot dans toute la largeur de l'objet

- Si vous voulez qu'un mot occupe toute la largeur de la forme, sélectionnez-le à l'aide de l'outil .
- **Texte - Ajuster en largeur**

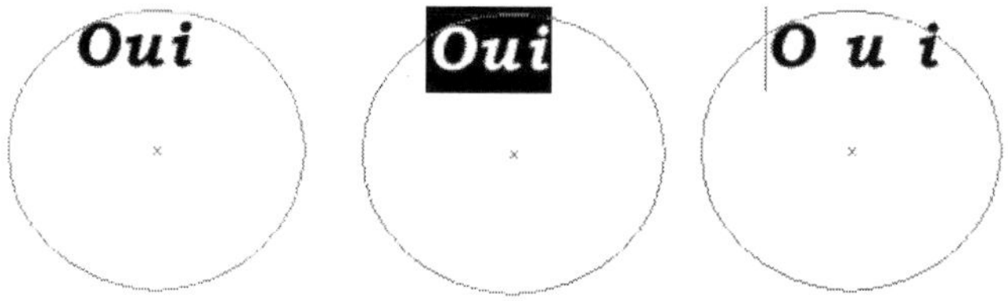

Habiller un objet graphique

Créer l'habillage

Le texte sera réparti alors autour de l'objet qu'il "habille".

- Créez un bloc de texte.
- Créez une forme et placez-la au-dessus du texte.
- Sélectionnez le bloc de texte et la forme avec l'outil **Sélection** .
- **Objet - Habillage de texte - Créer**
- Une fenêtre d'information s'ouvre : cliquez sur le bouton **OK**.

Paramétrer l'habillage de texte

- Sélectionnez le bloc de texte et la forme avec l'outil **Sélection** .
- **Objet - Habillage de texte - Options d'habillage de texte**

  *La fenêtre **Options d'habillage de texte** apparaît.*
- Cochez l'option **Aperçu** pour visualiser vos modifications.
- Saisissez, dans la zone **Décalage**, l'espacement entre l'objet et le texte.

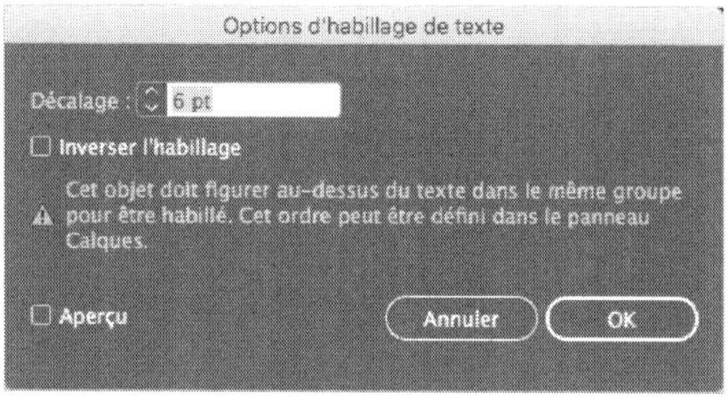

- Cochez l'option **Inverser l'habillage** pour placer le texte dans la zone de superposition du bloc texte et de l'objet servant à habiller.

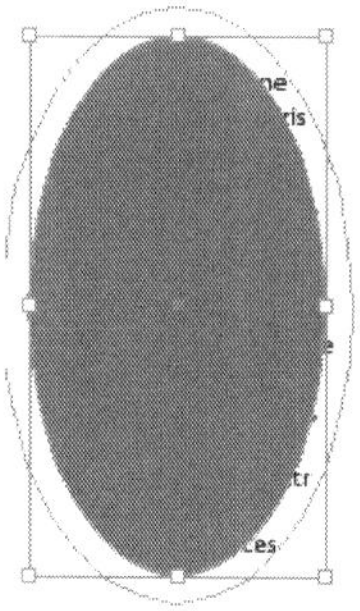

- Cliquez sur le bouton **OK**.

Pour annuler cette manipulation, utilisez la commande **Objet - Habillage de texte - Annuler**.

Modifier l'habillage

Vous pouvez déplacer, transformer la forme utilisée pour l'habillage.

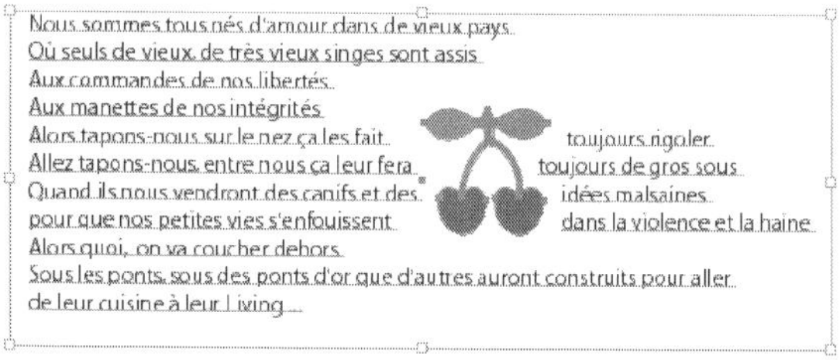

- Pour déplacer la forme, utilisez l'outil **Sélection directe** ou **Sélection directe progressive** (dans le cas où plusieurs formes constituent votre objet) pour la sélectionner puis effectuez un cliqué-glissé pour la déplacer.
- Pour transformer la forme (taille, rotation, déformation...), sélectionnez-la à l'aide de l'outil **Sélection directe** ou **Sélection directe progressive** puis, selon la transformation à réaliser, utilisez l'outil **Sélection** ou l'outil de transformation adéquat (par exemple, l'outil permet de réaliser une rotation) pour effectuer vos modifications.

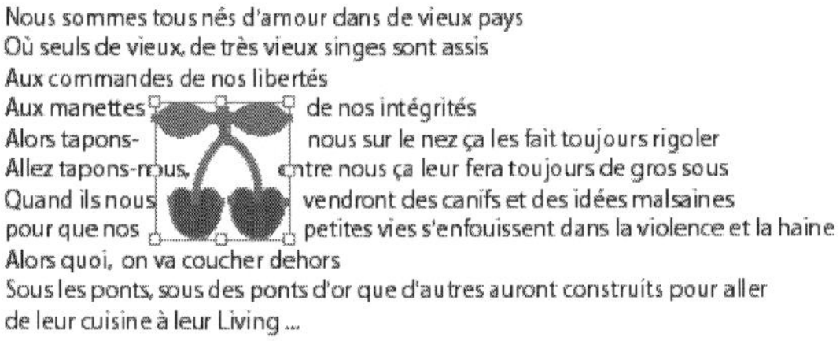

Exemple : sélection des cerises avec l'outil ***Sélection directe progressive*** *puis avec l'outil* ***Sélection*** *et déplacement des cerises par un cliqué-glissé.*

Vérifier l'orthographe

- **Edition - Orthographe** ou Ctrl **I** (PC) ou cmd ⌘ **I** (Mac)

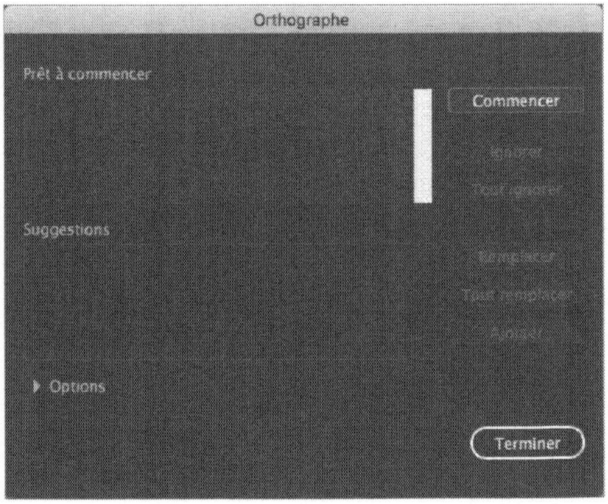

- Cliquez sur la flèche située devant **Options** pour afficher et éventuellement modifier les options de correction permettant de rechercher et d'ignorer des mots :

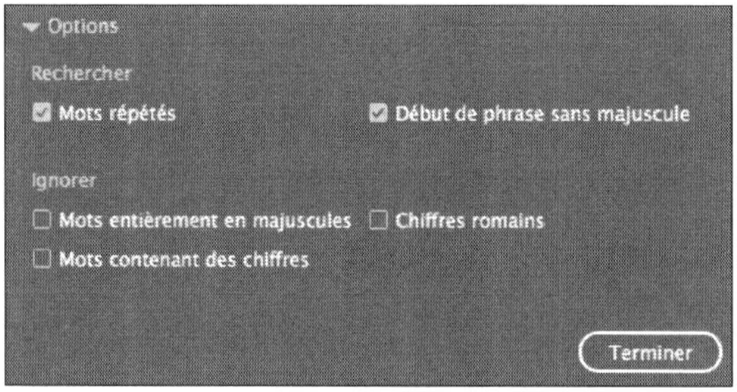

Cochez l'option **Mots répétés** pour qu'Illustrator recherche tous les mots identiques afin d'éviter, si possible, les répétitions maladroites dans une phrase.

Cochez l'option **Début de phrase sans majuscule** pour qu'Illustrator recherche les mots sans majuscule au début des phrases.

Cochez l'option **Mots entièrement en majuscules** pour qu'Illustrator ignore les mots tout en majuscules.

Cochez l'option **Mots contenant des chiffres** pour qu'Illustrator ignore les mots comprenant des chiffres.

Cochez l'option **Chiffres romains** pour qu'Illustrator ignore les chiffres romains dans le texte.

- Cliquez sur la flèche située devant **Options** si vous souhaitez masquer les options.
- Cliquez sur le bouton **Commencer** pour démarrer la vérification orthographique.

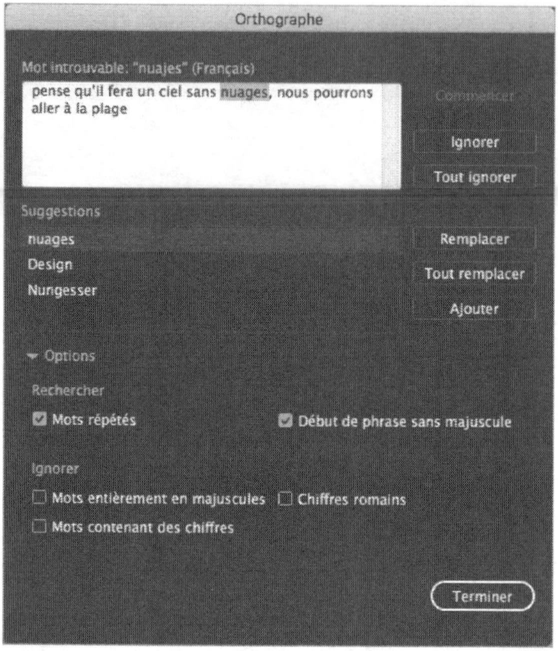

Illustrator surligne en bleu le mot qui lui pose problème et vous propose des mots pour le remplacer dans la zone ***Suggestions****.*

- Si le mot surligné est incorrect :
  - Sélectionnez la suggestion correcte dans la liste des **Suggestions** ou saisissez la bonne orthographe du mot à la place du mot incorrect surligné dans la zone de texte.

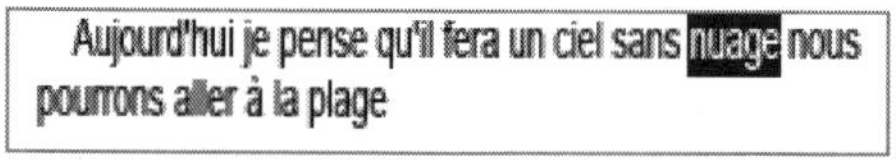

  - Cliquez sur le bouton **Remplacer** ou sur le bouton **Tout remplacer** pour remplacer le mot ou toutes les occurrences du mot par la bonne orthographe.
- Si le mot sélectionné est correct, cliquez sur l'un des boutons suivants :

Ignorer	Pour poursuivre la vérification sans corriger le mot.
Tout ignorer	Pour poursuivre la vérification et ne plus s'arrêter sur les occurrences suivantes de ce mot.
Ajouter	Pour ajouter le mot dans le dictionnaire utilisateur.

- À la fin de la vérification, cliquez sur le bouton **Terminer**.

Rechercher/remplacer du texte

Si votre texte est long et que vous vous rendez compte que vous avez fait la même erreur à plusieurs endroits, vous pouvez faire une correction automatique.

- **Edition - Rechercher et remplacer**
- Dans la zone **Rechercher**, saisissez le texte que vous souhaitez rechercher.
- Si nécessaire, saisissez le texte de remplacement dans la zone **Remplacer par**.

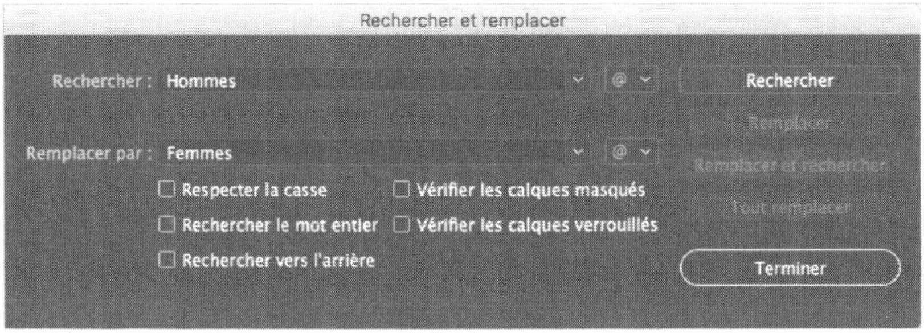

*Vous pouvez insérer des caractères spéciaux dans les zones **Rechercher** et **Remplacer par**. Pour cela, il vous suffit de cliquer sur le bouton*  *associé à la zone concernée puis de cliquer sur l'option correspondant au caractère à insérer.*

- En fonction de vos besoins, cochez ou non les options suivantes :

Respecter la casse	Pour faire la différence entre majuscules et minuscules.
Rechercher le mot entier	Pour que la recherche s'effectue sur le mot entier. Par exemple, dans le texte "je suis très matinale ce matin", si vous recherchez "matin", Illustrator trouvera le mot "matin" mais pas le texte "matin" inclus dans le mot "matinale".
Rechercher vers l'arrière	Par défaut, la recherche s'effectue à partir de l'endroit où se situe la sélection vers le bas du document. Cette option permet d'effectuer la recherche sur le texte situé avant le point d'insertion.
Vérifier les calques masqués	Pour rechercher le texte dans les calques masqués.
Vérifier les calques verrouillés	Pour rechercher le texte dans les calques verrouillés.

- Cliquez sur le bouton **Rechercher** pour lancer la recherche.

Le texte trouvé est surligné.

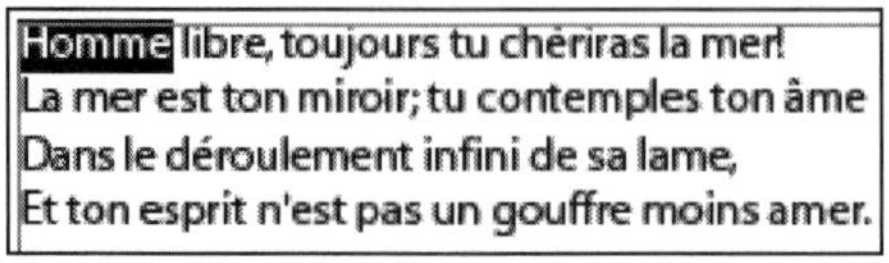

- Cliquez alors sur le bouton :

Suivant	Pour rechercher l'occurrence suivante sans remplacer celle en cours.
Remplacer	Pour remplacer l'occurrence en cours sans rechercher la suivante.
Remplacer et rechercher	Pour remplacer l'occurrence en cours puis rechercher la suivante.
Tout remplacer	Pour remplacer toutes les occurrences.

- Si vous avez choisi de **Tout remplacer**, cliquez sur le bouton **OK** du message affichant le nombre de remplacements effectués.
- Cliquez sur le bouton **Terminer** pour fermer la boîte de dialogue.

Présentation des formes

Les formes sont des tracés s'appliquant aux contours des objets ouverts ou fermés que vous créez. Elles s'appliquent également aux dessins effectués avec le pinceau. Elles sont classées selon quatre catégories : ***Calligraphique, diffuse, artistique*** *et* ***de motif****.*

- Ouvrez le panneau **Formes** par **Fenêtre - Formes** ou F5.
- Ouvrez le menu du panneau **Formes**.
- Cliquez sur l'option **Affichage par liste**.

Attention, si vous créez un nouveau fichier, qu'il soit en RVB ou en CMJN, seules les formes de **calligraphiques**, **artistiques**, de **motif** et de **pinceau** sont actives. Pour voir des formes diffuses, vous devez soit les créer, soit ouvrir un panneau se trouvant dans la bibliothèque des formes (cf. Importer des formes dans ce chapitre).

Forme calligraphique

Ce sont des symboles de tracé représentés dans le panneau **Formes** par le symbole .

Ce type de forme permet de créer des pleins et des déliés :

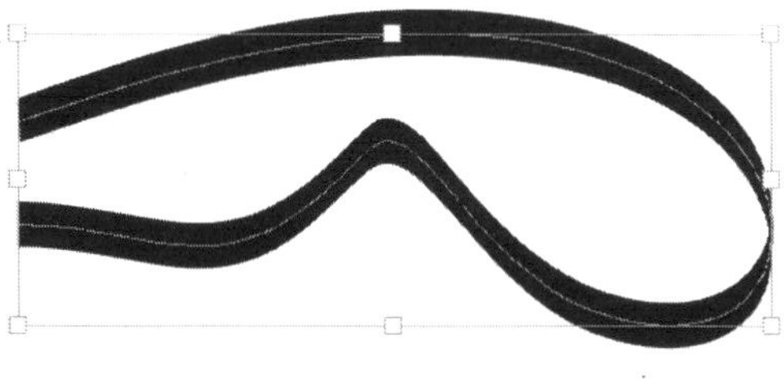

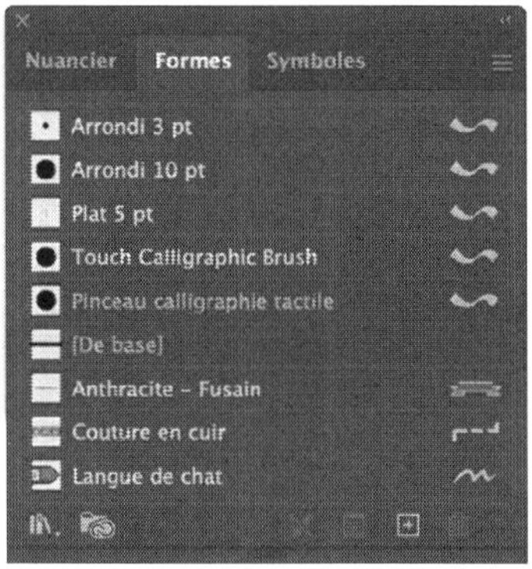

Forme diffuse

Ce sont des symboles de points de la bibliothèque de formes **Décoratif_Diffusion**, représentés dans le panneau **Formes** par le symbole .

Cette catégorie permet de placer des objets de part et d'autre du tracé de manière régulière ou plus ou moins aléatoire :

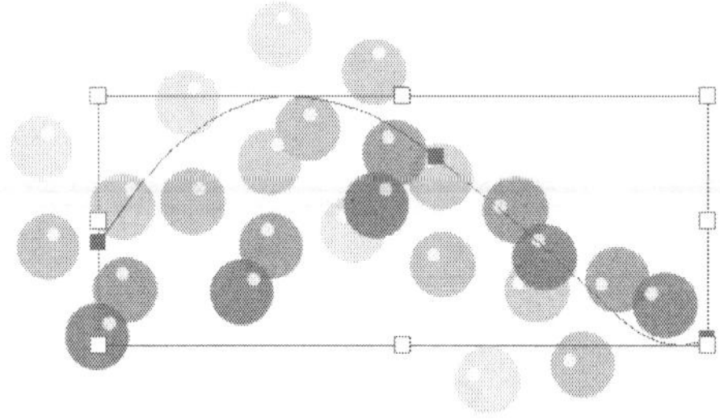

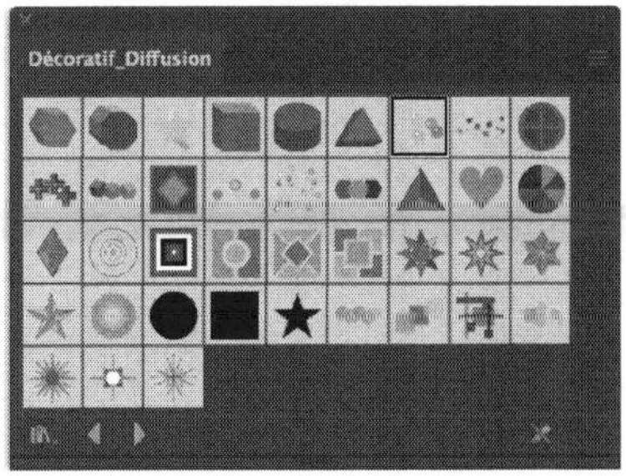

Forme artistique

Ce sont des symboles de graphismes représentés dans le panneau **Formes** par le symbole .

Vous pouvez faire suivre le tracé à votre objet graphique :

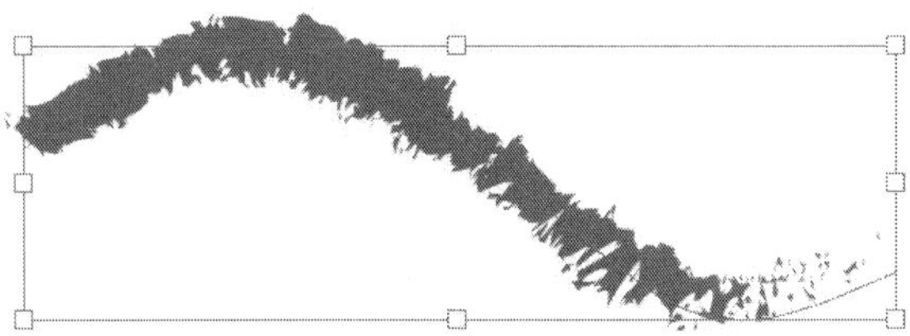

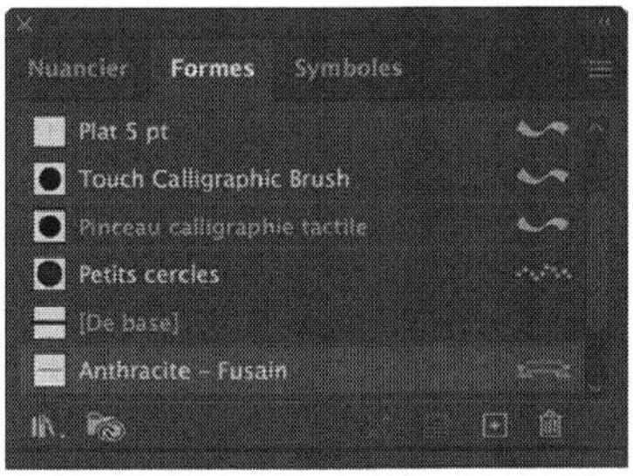

Forme de motif

Ce sont des symboles de motifs répétitifs représentés dans le panneau **Formes** par le symbole .

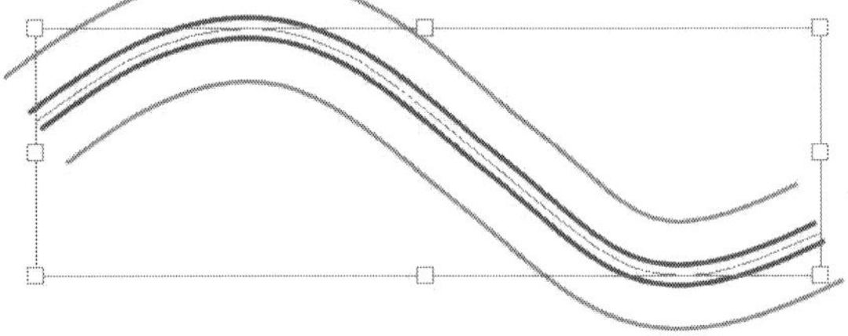

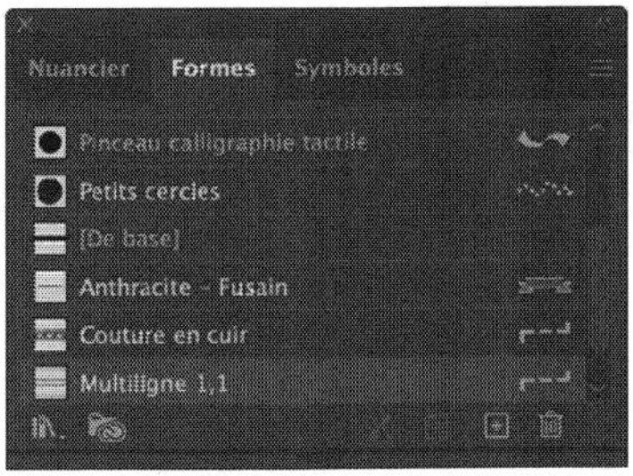

Contrairement aux formes précédentes, les couleurs utilisées pour cette forme sont totalement indépendantes des couleurs choisies pour le tracé.

Utiliser des formes

Vous pouvez agrémenter vos contours de tracés par ces formes afin de créer des graphismes originaux.

Appliquer une forme

- **Fenêtre - Formes** ou F5
- Sélectionnez l'outil **Sélection**  puis cliquez sur l'objet auquel vous souhaitez appliquer une forme.
- Cliquez sur une forme dans le panneau **Formes** ou dans une bibliothèque de formes importée au préalable (cf. Importer des formes).

  Si vous avez appliqué une forme contenue dans une bibliothèque de formes, cette forme s'ajoute au panneau ***Formes****.*

Effacer une forme

Si après avoir appliqué une forme vous vous rendez compte que vous n'obtenez pas l'effet escompté, vous pouvez enlever le contour de forme.

- Activez l'outil **Sélection**  ou **Sélection directe**  puis cliquez sur l'objet concerné pour le sélectionner.
- Cliquez sur le bouton **Supprimer le contour**  du panneau **Formes**.

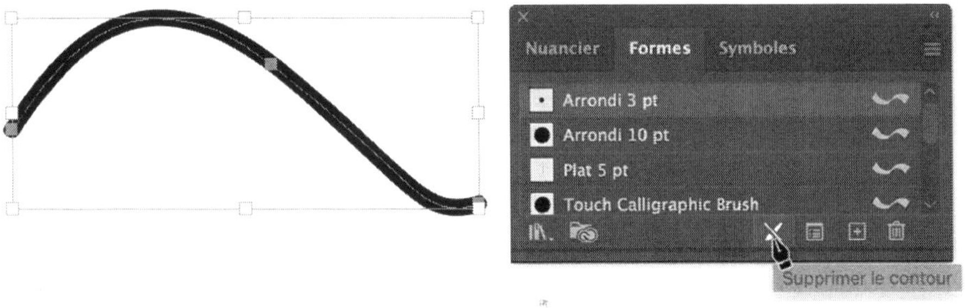

Paramétrer une forme

Vous pouvez modifier une forme déjà créée.

- Veillez à ce qu'aucun objet ne soit sélectionné ; à l'inverse, la forme que vous souhaitez modifier sera appliquée à l'objet sélectionné.
- Double cliquez, dans le panneau **Formes**, sur la forme que vous souhaitez modifier ou cliquez dans le panneau **Formes**, sur la forme à modifier, ouvrez le menu ☰ puis cliquez sur **Options de forme**.

Une boîte de dialogue affiche les paramètres spécifiques à la forme sélectionnée.

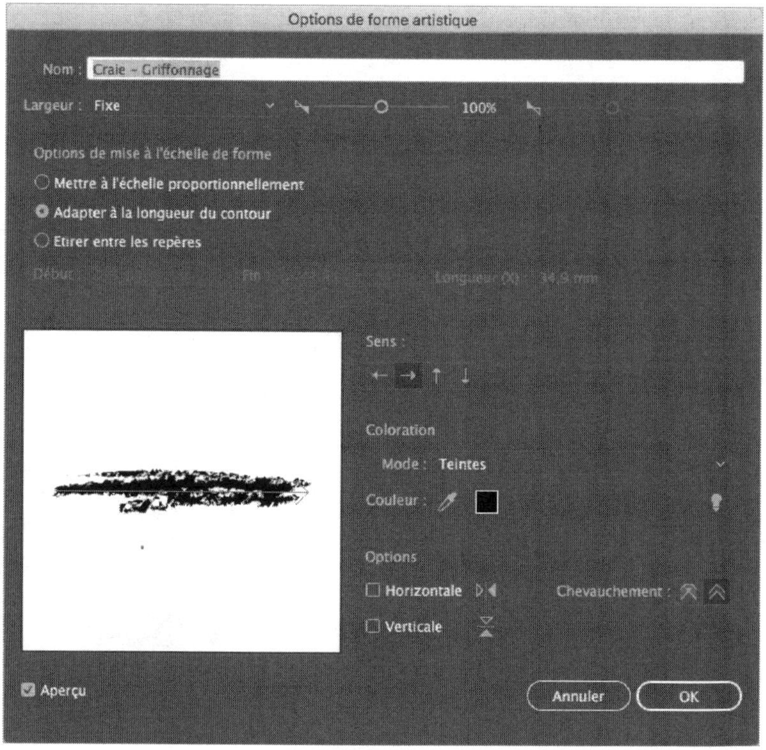

- Modifiez vos paramètres.
- Cliquez sur le bouton **OK**.

Lorsque vous modifiez les paramètres d'une forme utilisée dans le document, un message d'alerte s'affiche à l'écran. Le contenu de ce message varie en fonction du type de forme modifiée :

Si vous avez modifié une forme appliquée à des tracés, vous visualisez ce message :

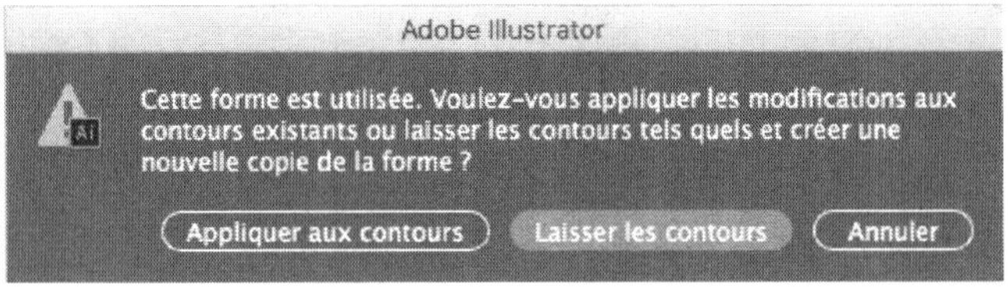

Choisissez d'**Appliquer aux contours** existants les nouveaux paramètres de la forme ou de **Laisser les contours** tels quels, en cliquant sur le bouton correspondant.

Pour paramétrer la forme d'un objet uniquement, sélectionnez cet objet puis cliquez sur le bouton **Options de l'objet sélectionné** visible dans la partie inférieure du panneau **Formes**.

Importer des formes

Illustrator contient des bibliothèques de formes plus artistiques que celles proposées par défaut.

Fenêtre - Bibliothèques de formes

*Vous pouvez aussi cliquer sur le menu du panneau **Formes** puis pointer l'option **Ouvrir la bibliothèque de formes**.*

Cliquez sur le thème de la bibliothèque de formes désiré ou cliquez sur l'option **Autre bibliothèque** pour sélectionner le fichier correspondant à la bibliothèque de formes à importer.

Le panneau correspondant s'affiche à l'écran.

- Cliquez sur un motif pour l'appliquer au tracé sélectionné.

Le motif s'ajoute au panneau ***Formes****.*

Créer une bibliothèque de formes

Une entreprise peut avoir un besoin récurrent de plusieurs formes (logos, flèches spéciales, spirales...). Il peut donc être intéressant d'enregistrer dans un même panneau ces formes pour pouvoir les retrouver à chaque fois que vous ouvrez Illustrator.

- Ouvrez un nouveau document.
- Supprimez toutes les formes présentes dans votre panneau **Formes**.
- Créez différentes formes et ajoutez-les dans le panneau **Formes**.

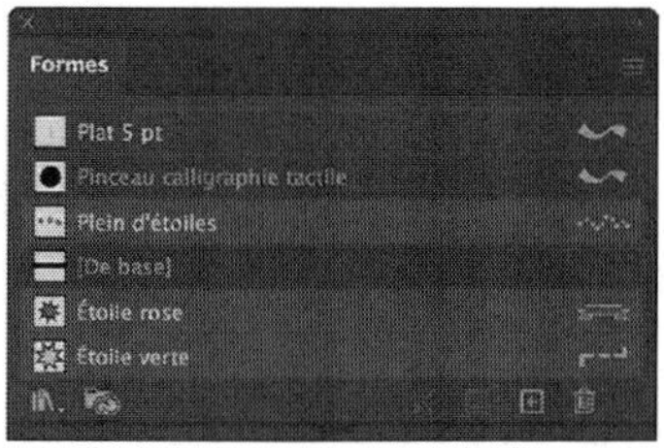

- Ouvrez le menu du panneau **Formes** puis cliquez sur l'option **Enregistrer la bibliothèque de formes**.

Le dossier ***Formes*** *du dossier C:\Utilisateurs\nom_utilisateur\AppData\Roaming\Adobe\Adobe Illustrator 17 Settings\fr_FR est sélectionné (sur PC).*

- Gardez le dossier **Formes** sélectionné pour que le nom de la bibliothèque de formes puisse apparaître dans le menu **Fenêtre - Bibliothèques de formes - Utilisateur**.
- Spécifiez le **Nom du fichier** de votre nouveau panneau de formes suivi de l'extension .ai dans la zone correspondante.
- Cliquez sur le bouton **Enregistrer**.

La bibliothèque que vous venez de créer est stockée avec les autres bibliothèques d'Adobe et vous pourrez la visualiser dans le menu ***Fenêtre - Bibliothèques de formes - Utilisateur****.*

- Pour importer cette nouvelle bibliothèque de formes, cliquez sur son nom visible dans le menu **Fenêtre - Bibliothèques de formes - Utilisateur**.

Le nom du panneau reprend le nom donné au fichier lors de l'enregistrement.

Sélectionner un ou plusieurs objets

Sélectionner un objet

- Activez l'outil **Sélection** .
- Cliquez sur l'objet à sélectionner.
- Pour sélectionner l'objet situé au-dessus de celui qui est sélectionné, utilisez la commande **Sélection - Objet précédent** ou le raccourci Alt ⇧ Ctrl - (PC) ou alt cmd ⌘ < (Mac).

  Attention, le dernier objet créé se trouve toujours au-dessus de ceux créés précédemment.
- Pour sélectionner l'objet situé au-dessous de celui qui est sélectionné, utilisez la commande **Sélection - Objet suivant** ou le raccourci Alt Ctrl **9** (PC) ou alt cmd ⌘ **9** (Mac).

  Attention, le premier objet créé se trouve toujours en dessous de ceux créés après.

Sélectionner plusieurs objets

- Activez l'outil **Sélection** .
- Sélectionnez le premier objet, maintenez la touche ⇧ enfoncée puis cliquez sur les autres objets à sélectionner.

  ou

  Effectuez un cliqué-glissé pour englober les objets à sélectionner, en prenant soin de ne pas entourer une partie d'un objet que vous ne souhaitez pas sélectionner.

  ou

  Sélectionnez l'outil **Lasso** puis réalisez un cliqué-glissé sur ou autour des objets ; tous les objets situés partiellement ou entièrement à l'intérieur du tracé sont sélectionnés.

Pour annuler la sélection d'un objet, appuyez sur la touche ⇧ puis cliquez sur l'objet à désélectionner. Pour annuler la sélection de tous les objets, faites **Sélection - Désélectionner** (Ctrl ⇧ **A** (PC), cmd ⌘ ⇧ **A** (Mac)).

La commande **Sélection - Inverser** sélectionne les objets non sélectionnés et annule la sélection de tous les objets sélectionnés.

Sélectionner les objets ayant des attributs identiques

Première méthode : sélection identique

- Sélectionnez un objet doté des attributs à sélectionner.
- **Sélection - Identique**
- Cliquez sur une des options proposées en fonction de la sélection à effectuer : **Mode de fusion**, **Contour et fond**, **Couleur de fond**, **Opacité**...

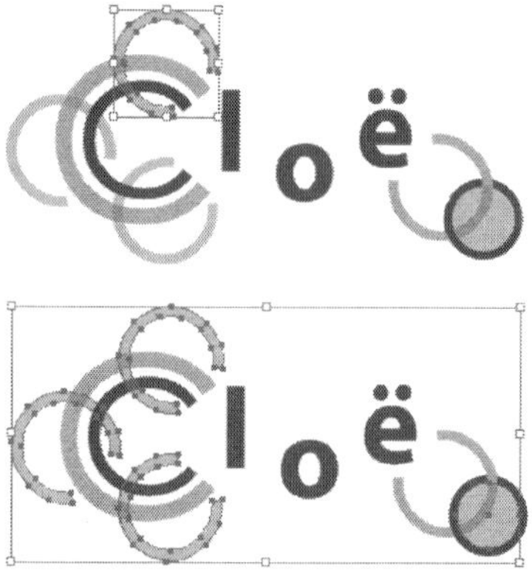

*Ici, l'option **Couleur de fond** a été sélectionnée ; aussi, tous les objets ayant une couleur de fond identique à celle de l'objet sélectionné au début de la manipulation ont été sélectionnés.*

Deuxième méthode : baguette magique

- Sélectionnez l'outil **Baguette Magique** .
- Cliquez sur un des objets dotés des attributs à sélectionner.

  Les objets ayant les mêmes attributs se sélectionnent automatiquement.
- Pour agrandir la sélection existante, maintenez la touche ⇧ enfoncée puis cliquez sur un des objets dotés des nouveaux attributs à sélectionner.
- Pour réduire la sélection existante, maintenez la touche Alt (PC) ou alt (Mac) enfoncée puis cliquez sur un des objets dotés des attributs à enlever de la sélection.

Paramétrer l'outil Baguette magique

- Double cliquez sur l'outil **Baguette magique** ou **Fenêtre - Baguette magique**.
- Affichez les options de contour et de transparence : ouvrez le menu et cliquez sur l'option **Afficher les options de contour** puis cliquez de nouveau sur et sur l'option **Afficher les options de transparence**.

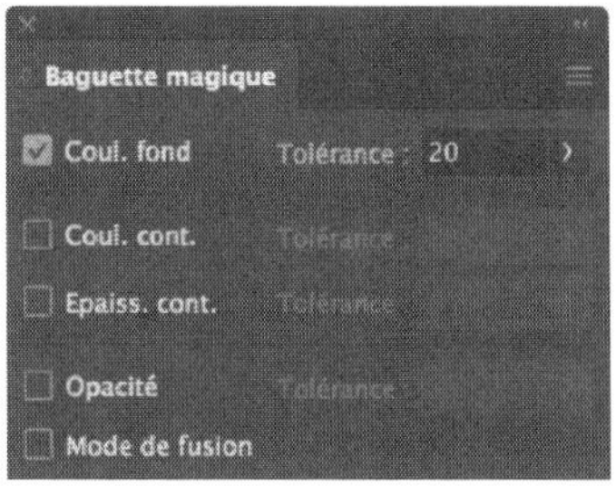

- Cochez les options correspondant aux attributs devant être pris en compte lors d'une sélection avec la baguette magique.

  Par défaut, seul l'attribut ***Coul. fond*** *est pris en compte.*
- Pour chaque option cochée, tapez la valeur de **Tolérance** à votre sélection dans la zone de saisie correspondante ou cliquez sur le bouton correspondant puis faites glisser le curseur pour régler la valeur de tolérance.

Dans l'exemple ci-dessus, le clic avec la baguette magique s'est fait sur l'étoile visible en haut à gauche. L'option ***Coul. fond*** *est cochée et une* ***Tolérance*** *de 48 lui est associée. De ce fait, les étoiles en bas à droite et à gauche ont été sélectionnées aussi, puisque leur couleur de fond est similaire.*

- Fermez le panneau **Baguette magique** en cliquant sur le bouton ☒.

Troisième méthode : Modification globale

Illustrator est doté d'une fonction pour sélectionner et modifier des éléments qui présentent des caractéristiques similaires, ce qui est utile lors du travail sur des documents complexes.

- Sélectionnez un élément de référence et à partir du panneau **Propriétés**, cliquez sur **Démarrer la modification globale**.

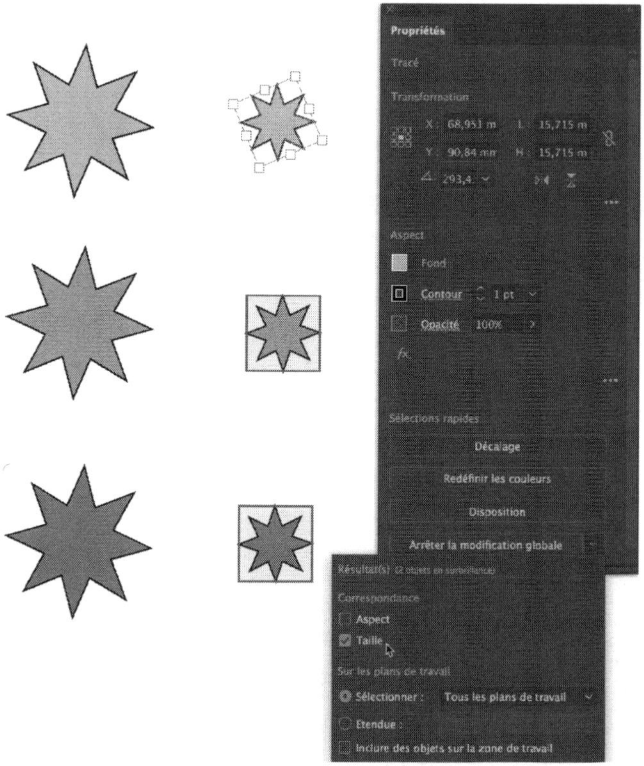

Pour cet exemple, Illustrator a sélectionné les éléments qui présentent une taille identique.

- Ouvrez la liste associée à l'option **Arrêter la modification globale** pour modifier les éléments selon les critères suivants :
  - **Aspect** : fond contours et opacité identiques,
  - **Taille** : dimensions identiques,
  - **Sélectionner** : pour sélectionner des plans de travail spécifiques,
  - **Étendue** : pour définir les plans de travail cibles de la recherche,
  - **Inclure les objets sur la zone de travail** : pour étendre la sélection aux objets qui sont hors des plans de travail.
- Effectuez ensuite les changements jusqu'à obtention de l'aspect souhaité, puis désactivez la modification globale en cliquant sur le bouton **Arrêter la modification globale**.

Si le panneau **Propriétés** est le plus pratique, vous pouvez également accéder à la modification globale via le menu **Sélection - Démarrer la modification globale** ou le panneau **Contrôle**.

Sélectionner tous les objets

- **Sélection - Tout** ou Ctrl **A** (PC) ou cmd ⌘ **A** (Mac)

Si vous devez déplacer un dessin complexe, vous pouvez masquer le contour de la sélection pour "alléger" votre visuel. Pour cela, faites **Affichage - Masquer le contour de sélection** ou utilisez le raccourci-clavier Ctrl **H** (PC) ou cmd ⌘ **H** (Mac).

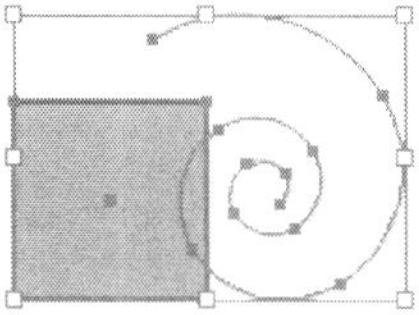
Contour de sélection affiché

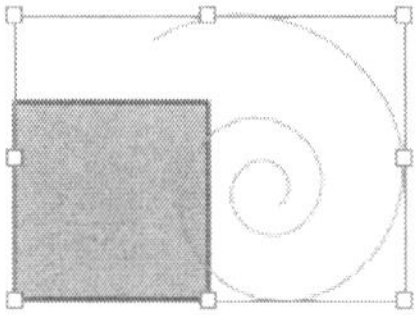
Contour de sélection masqué

Mémoriser une sélection

Vous pouvez faire plusieurs sélections complexes et les enregistrer pour pouvoir les utiliser ultérieurement dans l'évolution de votre composition.

- Sélectionnez les objets à enregistrer dans la sélection.
- **Sélection - Mémoriser la sélection**
- Saisissez le **Nom** de la sélection dans la zone correspondante.

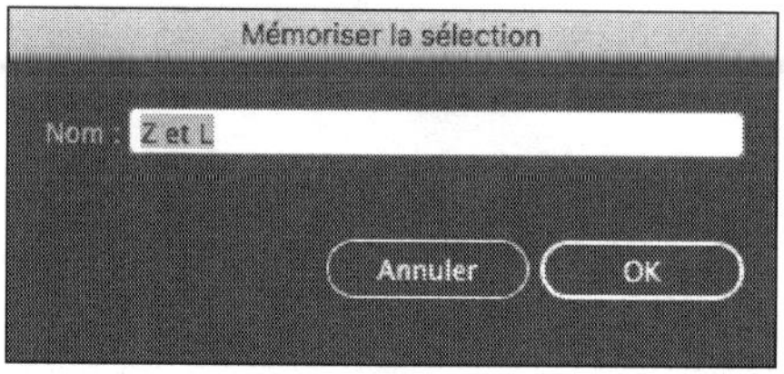

*Sur Mac, l'intitulé de cette boîte de dialogue est **Nouvelle Sélection**.*

- Cliquez sur le bouton **OK**.

Récupérer une sélection mémorisée

- Cliquez sur le menu **Sélection** puis sur le nom de la sélection que vous souhaitez récupérer visible en bas du menu.

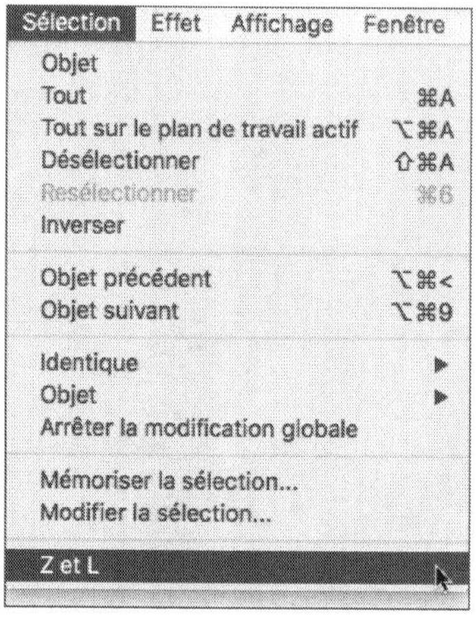

Modifier le nom d'une sélection mémorisée

- **Sélection - Modifier la sélection**
- Cliquez sur le nom de la sélection à modifier.
- Modifiez son **Nom** dans la zone correspondante.
- Cliquez sur le bouton **OK**.

Supprimer une sélection mémorisée

- **Sélection - Modifier la sélection**
- Cliquez sur le nom de la sélection à supprimer.
- Cliquez sur le bouton **Supprimer**.
- Cliquez sur le bouton **OK**.

Afficher les informations concernant les objets

Vous pouvez à tout moment récupérer des informations sur vos objets comme leurs dimensions, leur positionnement dans le document, leurs couleurs...

Les opérations basiques sur les objets peuvent être réalisées à partir du panneau ***Contrôle*** *et du panneau* ***Propriétés*** *dont l'affichage est contextuel à l'objet et à l'outil sélectionné. Néanmoins toutes les opérations ne sont pas présentes et il est bon de connaître les panneaux spécifiques que nous allons détailler ci-après.*

- Sélectionnez l'objet sur lequel vous souhaitez obtenir des informations.
- **Fenêtre - Infos** ou Ctrl F8
- Si besoin, ouvrez le menu du panneau **Infos** puis cliquez sur **Afficher les options**.

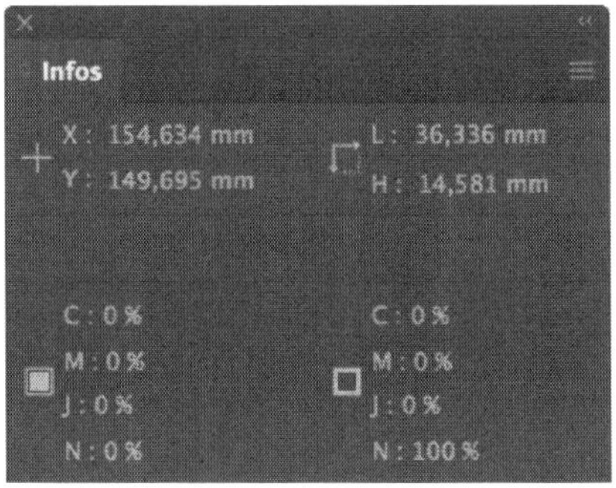

X et **Y** Position de l'objet par rapport au zéro de la règle.

L et **H** Dimensions de l'objet.

Les valeurs indiquées à droite de l'icône sont celles de la couleur de fond de l'objet, en RVB (RGB) et en hexadécimal ou en CMJN (CMYK), suivant le mode colorimétrique du document. Les valeurs indiquées à droite de l'icône sont celles de la couleur du contour de l'objet.

- Lors du déplacement de l'objet, vous obtenez les informations suivantes :

D : distance de déplacement,

: angle de déplacement.

- Pour afficher les informations sur le contour (largeur et couleur) et le fond (couleur) de votre objet : **Fenêtre - Aspect** ou ⇧ F6.

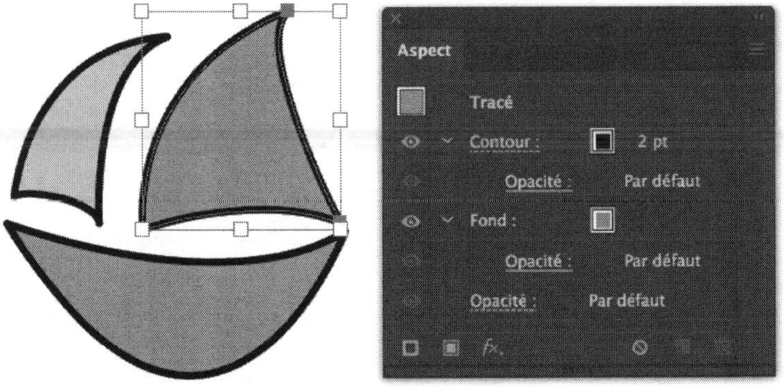

Déplacer manuellement des objets et des motifs

À l'aide de la souris

- Sélectionnez l'outil **Sélection** .
- Cliquez sur votre objet puis faites-le glisser jusqu'au nouvel emplacement.

  L'objet se déplace et ses motifs aussi (sauf si vous avez coché l'option ***Transformation des points*** *du menu* ***Edition (Illustrator*** *sur Mac)* ***- Préférences - Général****).*

Pour attirer le pointeur sur un point d'ancrage ou un repère placé à moins de deux pixels lors du déplacement manuel d'un objet, activez l'option **Magnétisme du point** du menu **Affichage** ou Ctrl Alt F7 (PC) ou alt cmd ⌘ F7 (Mac).

À l'aide du clavier

- Sélectionnez l'outil **Sélection** puis cliquez sur l'objet concerné.
- Appuyez sur la touche de déplacement correspondant à la direction souhaitée.

Pour intervenir sur la valeur des déplacements dus aux touches de déplacement, utilisez la commande **Edition (Illustrator** sur Mac) - **Préférences** - **Général** puis saisissez votre valeur d'incrémentation dans la zone **Incréments clavier**.

Déplacer un objet en cours de tracé

*En créant une forme avec un outil prédéfini tel que l'outil **Rectangle**, **Spirale**, etc., vous pouvez la déplacer en cours de tracé.*

- Pour créer votre forme, sélectionnez l'outil que vous souhaitez utiliser dans la barre d'outils.
- Pour dessiner la forme à partir de son centre, maintenez la touche Alt (PC) ou alt (Mac) enfoncée.
- Effectuez un cliqué-glissé pour dessiner votre forme.
- Sans relâcher le bouton de votre souris, appuyez sur la touche Espace et maintenez-la enfoncée.
- Faites glisser la souris.

  Votre objet se déplace.
- Lorsque la position du tracé vous convient, relâchez la touche Espace et, si besoin est, la touche Alt (PC) ou alt (Mac) ainsi que le bouton de la souris.

Copier/déplacer des objets à l'aide du Presse-papiers

- Sélectionnez les objets à déplacer ou à copier.
- Pour déplacer, utilisez la commande :

  Edition - Couper ou Ctrl **X** (PC) ou cmd ⌘ **X** (Mac)
- Pour copier, utilisez la commande :

  Edition - Copier ou Ctrl **C** (PC) ou cmd ⌘ **C** (Mac)

  Les objets sélectionnés sont transférés dans le Presse-papiers ; si vous avez choisi de les couper, ils disparaissent de l'écran.
- Accédez à l'endroit où les objets doivent être déplacés ou copiés.
- Ouvrez le menu **Edition** puis choisissez l'une des options suivantes :

  Coller (Ctrl **V**, cmd ⌘ **V**) : pour coller l'objet au centre de la fenêtre.

  Coller devant (Ctrl **F**, cmd ⌘ **F**) : pour coller l'objet directement devant l'objet sélectionné.

  Coller derrière (Ctrl **B**, cmd ⌘ **B**) : pour coller l'objet directement derrière la sélection.

Sur cet exemple, le tracé de gauche est le tracé d'origine. Pour obtenir la figure finale (celle de droite), le tracé gris clair a été coupé puis collé derrière.

Les objets se trouvent toujours dans le **Presse-papiers** ; vous pouvez les coller autant de fois que vous voulez. Le contenu du **Presse-papiers** se modifie lorsque vous y placez de nouvelles données.

Copier/déplacer les objets d'un calque à l'autre

À l'aide du menu

- Pour sélectionner la totalité des objets d'un calque, cliquez sur le rond de sélection du calque contenant les objets à copier : un petit carré apparaît et tous les objets du calque sont sélectionnés.
  Pour sélectionner un ou plusieurs objets d'un calque, affichez son contenu (un clic sur la flèche correspondante) puis cliquez sur le rond de sélection de l'objet à copier ; si plusieurs objets sont concernés, maintenez la touche ⇧ enfoncée tout en cliquant successivement sur le rond de sélection de chaque objet à copier.
- Si vous souhaitez effectuer un déplacement, faites :
  Edition - Couper ou Ctrl **X** (PC) ou cmd ⌘ **X** (Mac)
  Si vous souhaitez effectuer une copie, faites :
  Edition - Copier ou Ctrl **C** (PC) ou cmd ⌘ **C** (Mac)
- Cliquez sur le nom du calque sur lequel vous souhaitez coller vos objets.
- **Edition - Coller** ou Ctrl **V** (PC) ou cmd ⌘ **V** (Mac)

À l'aide de la souris

- Pour sélectionner la totalité des objets d'un calque, cliquez sur le rond de sélection du calque contenant les objets à copier.
  Pour sélectionner un objet d'un calque, affichez son contenu (un clic sur la flèche correspondante) puis cliquez sur le rond de sélection de l'objet à copier.
  Un petit carré apparaît à droite du ou des ronds de sélection.

- S'il s'agit d'une copie, maintenez la touche Alt (PC) ou ⌥ (Mac) enfoncée puis réalisez un cliqué-glissé du petit carré visible à droite du rond de sélection vers le calque de destination. S'il s'agit d'un déplacement, réalisez un simple cliqué-glissé du petit carré visible à droite du rond de sélection vers le calque de destination.

  Lors d'une copie, le pointeur de la souris (il représente une main) est suivi d'un rectangle contenant un signe plus.

Dupliquer un objet

- Sélectionnez l'outil **Sélection** .
- Appuyez sur la touche Alt (PC) ou ⌥ (Mac) et maintenez-la enfoncée.
- Cliquez sur l'objet que vous souhaitez copier puis faites glisser la réplique de l'objet vers l'endroit souhaité sur le plan de travail.
- Lorsque la position de la copie est correcte, relâchez le bouton de la souris puis la touche Alt (PC) ou ⌥ (Mac).

  Un second objet, identique au premier, est créé.

Dupliquer un objet en lui appliquant un décalage

Cette fonction peut être utile si vous souhaitez dupliquer un objet en gardant les mêmes distances à chaque fois.

- Sélectionnez l'outil **Sélection** puis cliquez sur l'objet que vous souhaitez dupliquer.
- **Objet - Tracé - Décalage**
- Tapez la distance de **Décalage** qui s'ajoutera à votre objet initial dans la zone de saisie correspondante.

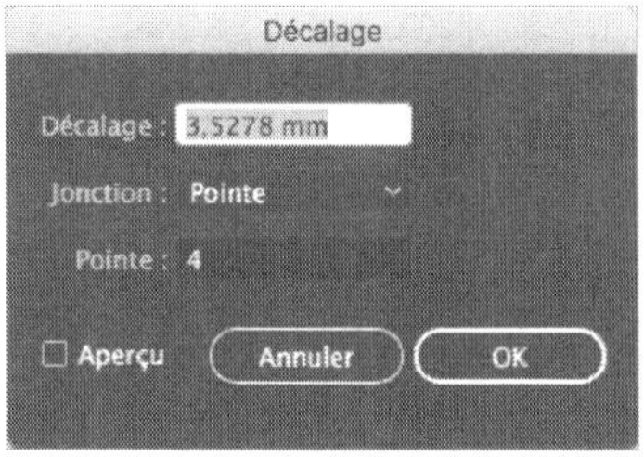

- Sélectionnez, dans la liste **Jonction**, le type de sommet qui sera créé après la manipulation (pour plus d'informations, reportez-vous au titre Modifier les contours d'un objet du chapitre Attributs).

- Saisissez la valeur de **Pointe** dans la zone correspondante pour une jonction en pointe ; la pointe ajoute des points pour créer un sommet pointu quand le tracé ne le permet pas, dans un premier temps.

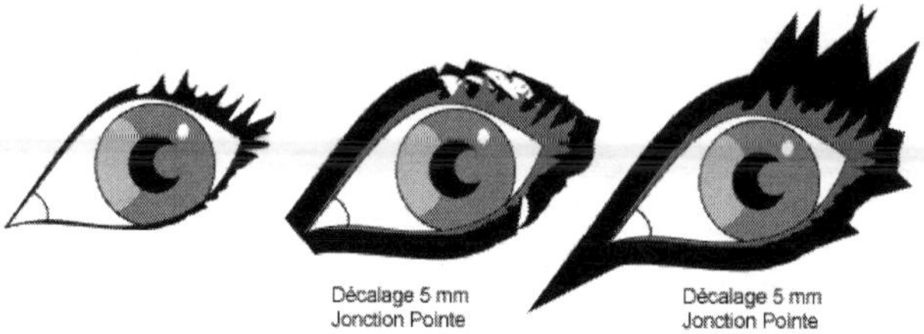

- Cliquez sur le bouton **OK**.

Supprimer un objet

- Sélectionnez l'objet ou le groupe d'objets à supprimer.
- **Edition - Effacer** ou Suppr

Cette manipulation peut être annulée par **Edition - Annuler** ou Ctrl **Z** (PC), cmd ⌘ **Z** (Mac).

Redimensionner un objet

Utiliser le cadre de sélection

- Sélectionnez l'outil **Sélection** puis cliquez sur l'objet concerné pour le sélectionner.
  Un quadrilatère bleu apparaît avec des carrés blancs (poignées) aux extrémités et au milieu des segments.
- Positionnez votre pointeur sur un des carrés : il se transforme en double flèche verticale ou horizontale au milieu des segments, et orientée à 45° sur les angles.
  Si vous positionnez votre pointeur à proximité d'un des carrés, il se transforme en double flèche arrondie pour appliquer une rotation à l'objet.
- Cliquez puis faites glisser le carré jusqu'à ce que vous ayez atteint la taille désirée en utilisant si nécessaire les touches suivantes :

⇧	Permet de conserver les proportions.
Alt (PC) ou alt (Mac)	Permet de modifier la taille à partir du centre de l'objet.

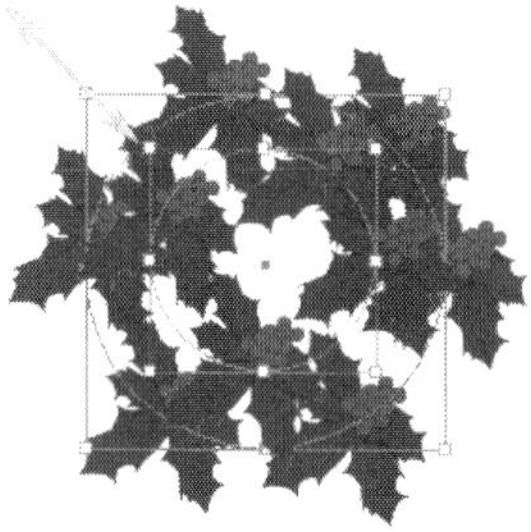

Utiliser l'outil Mise à l'échelle

- Sélectionnez l'outil **Sélection** puis cliquez sur l'objet concerné pour le sélectionner.
- Sélectionnez l'outil **Mise à l'échelle** ou appuyez sur la touche **S**.
- Si nécessaire, cliquez pour fixer le point d'origine à partir duquel se fera la mise à l'échelle.

  Le point d'origine est matérialisé par le symbole .
- Cliquez sur l'objet en dehors du point d'origine puis faites glisser le pointeur de la souris en utilisant, si nécessaire, les touches suivantes :

⇧	Permet de respecter les proportions de l'objet.
Alt (PC) ou ⌥ (Mac)	Permet d'appliquer la mise à l'échelle à une copie de l'objet.

- Si une copie a été créée, déplacez-la si nécessaire.

Paramétrer le redimensionnement

- Sélectionnez l'outil **Sélection** puis cliquez sur l'objet à redimesionner.
- Si la position du point d'origine ne doit pas changer, faites un double clic sur l'outil **Mise à l'échelle** .

  Si vous souhaitez modifier la position du point d'origine, maintenez la touche Alt enfoncée puis cliquez à la nouvelle position du point d'origine.

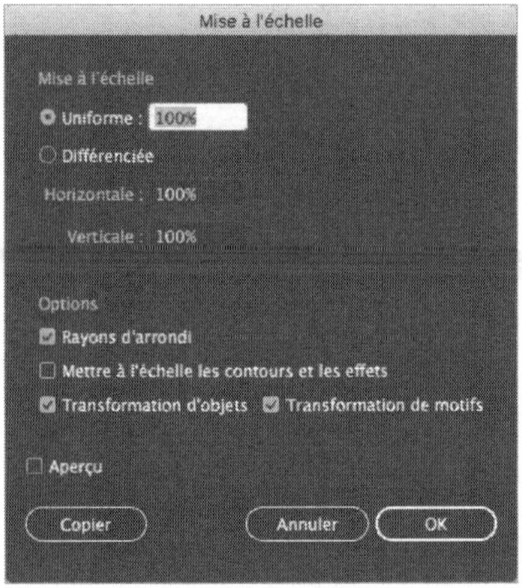

- Activez l'option **Uniforme** si vous souhaitez que la mise à l'échelle s'effectue de la même manière horizontalement et verticalement et saisissez la valeur de redimensionnement en pourcentage dans la zone de saisie correspondante.
- Activez l'option **Différenciée** si vous ne souhaitez pas que la mise à l'échelle s'effectue proportionnellement puis saisissez les valeurs de redimensionnement **Horizontale** et **Verticale** dans les zones de saisie correspondantes.
- Cochez l'option **Mettre à l'échelle les contours et les effets** pour redimensionner ces attributs au même titre que l'objet.
- Cliquez sur le bouton **OK**.

Le bouton **Copier** de la boîte de dialogue **Mise à l'échelle** permet de mettre à l'échelle une réplique de l'objet sélectionné.

Vous pouvez aussi accéder à la boîte de dialogue **Mise à l'échelle** par le menu **Objet - Transformation - Mise à l'échelle**.

Pour redimensionner un objet, vous pouvez aussi modifier ses dimensions dans les zones de saisie **L** et **H** du panneau **Transformation**.

Associer/dissocier des objets

Lorsque vous associez des objets, tous les objets subissent les mêmes modifications en même temps : si vous souhaitez déplacer entièrement la fleur présentée en exemple, associez tous les éléments, sinon seule une partie se déplacera.

- Sélectionnez les objets que vous souhaitez associer.
- **Objet - Associer** ou Ctrl **G** (PC) ou cmd ⌘ **G** (Mac)

Les objets associés forme un groupe d'objets.

- Pour dissocier les objets :
- **Objet - Dissocier** ou Ctrl ⇧ **G** (PC) ou cmd ⌘ ⇧ **G** (Mac)

Objets dissociés

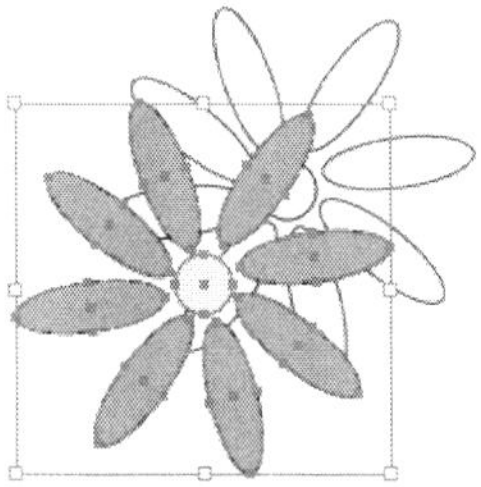

Objets associés

Un groupe d'objets peut être lui-même associé à d'autres objets du groupe.

Sélectionner des objets associés

- Pour sélectionner tous les objets du groupe, activez l'outil **Sélection** puis cliquez sur l'un des objets du groupe.
- Pour sélectionner un objet unique, sélectionnez l'outil **Sélection directe** puis cliquez sur l'objet à sélectionner.
- Pour sélectionner les objets par progression dans le cas où plusieurs groupes d'objets sont associés, activez l'outil **Sélection directe progressive** puis cliquez au même endroit autant de fois que nécessaire pour sélectionner tous les objets qui vous intéressent.

Verrouiller/déverrouiller des objets

Si vous verrouillez un objet, vous ne pourrez plus lui appliquer aucune transformation (à moins de le déverrouiller). Ceci est très utile lorsque vous avez un graphique complexe, afin d'éviter des transformations malencontreuses.

- Sélectionnez les objets que vous souhaitez verrouiller.
- **Objet - Verrouiller - Sélection** ou Ctrl **2** (PC) ou cmd ⌘ **2** (Mac)
- Pour verrouiller les objets qui chevauchent l'objet sélectionné et qui sont positionnés au-dessus de celui-ci : **Objet - Verrouiller - Tous les objets supérieurs**
- Pour déverrouiller tous les objets d'un document :
  Objet - Tout déverrouiller ou Ctrl Alt **2** (PC) ou cmd ⌘ alt ⌥ **2** (Mac)

- Vous pouvez aussi déverrouiller des objets directement sans avoir à ouvrir le panneau **Calques** avec l'icône de déverrouillage. Pour cela, activez l'option **Sélectionner et déverrouiller des objets sur le canevas** (c'est-à-dire la zone de travail) dans **Préférences - Sélection et affichage des points d'ancrage**.

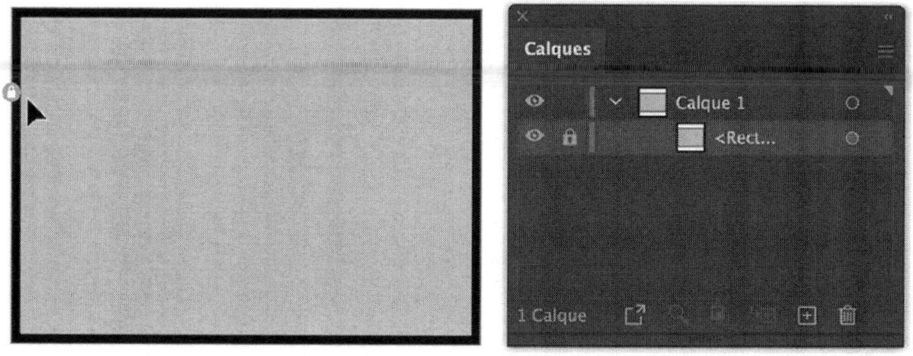

Une icône de cadenas est affichée sur les objets verrouillés.

Cliquez sur cette icône pour déverrouiller l'objet ou faites un clic droit sur l'icône et choisissez **Déverrouiller - <nom de l'objet>**

Masquer/afficher des objets

- Sélectionnez les objets que vous souhaitez masquer.
- **Objet - Masquer - Sélection** ou Ctrl **3** (PC) ou cmd ⌘ **3** (Mac)

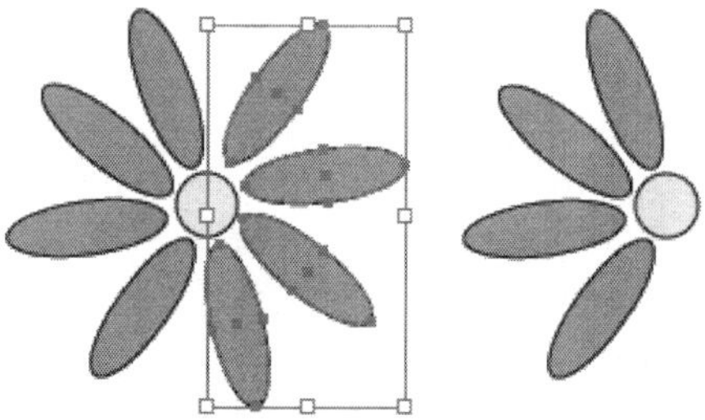

- Pour masquer tous les objets qui chevauchent l'objet sélectionné et qui sont positionnés au-dessus de celui-ci, faites **Objet - Masquer - Tous les objets supérieurs**.
- Pour réafficher les objets masqués :

  Objet - Tout afficher ou Ctrl Alt **3** (PC) ou cmd ⌘ alt ⌥ **3** (Mac)

Les objets masqués n'apparaissent pas à l'impression.

Agencer les objets

Modifier l'ordre de superposition des objets

Vous pouvez modifier l'ordre de superposition des objets sur le même calque. Par défaut, lors de la création d'un objet, le dernier objet dessiné est au premier plan, le précédent en dessous.

- Sélectionnez l'objet que vous souhaitez déplacer.
- **Objet - Disposition**

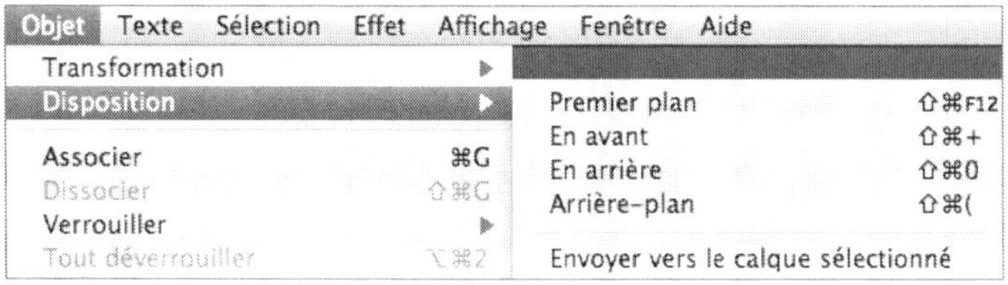

- Cliquez sur l'option correspondant à la position souhaitée :

Premier plan	Pour déplacer l'objet au premier plan.
En avant	Pour placer l'objet au-dessus de l'objet situé au-dessus de lui.
En arrière	Pour placer l'objet au-dessous de l'objet situé au-dessous de lui.
Arrière-plan	Pour déplacer l'objet à l'arrière-plan.

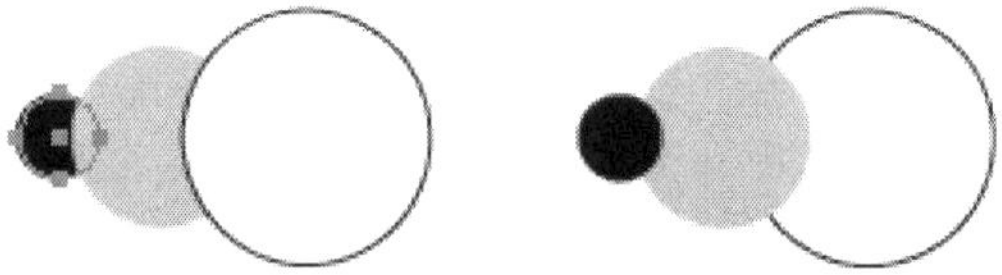

Lorsque vous effectuez des copiés-collés, vous pouvez aussi spécifier le positionnement de l'objet collé par rapport aux autres objets déjà présents. Sélectionnez l'objet que vous souhaitez copier-coller (ou couper-coller). Faites **Edition - Copier** (ou **Couper**) puis **Edition - Coller devant** (pour le placer au premier plan) ou **Coller derrière** (pour le placer en arrière-plan).

Découvrir le panneau Alignement

- **Fenêtre - Alignement** ou ⇧ F7
- Si besoin, ouvrez le menu du panneau puis cliquez sur **Afficher les options**.

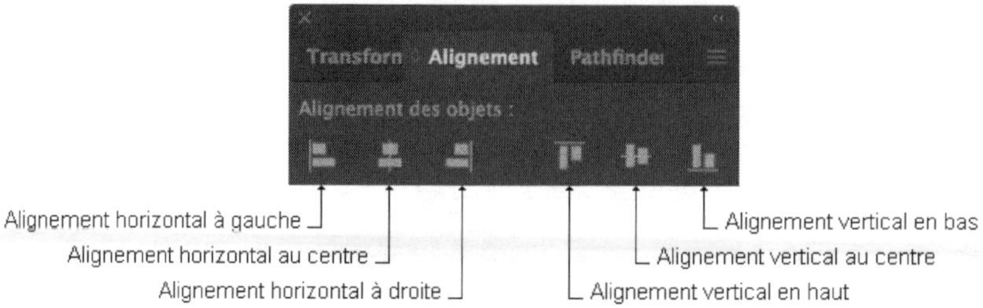

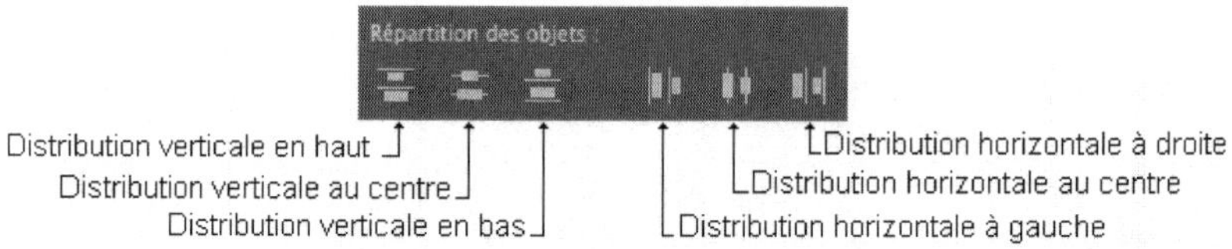

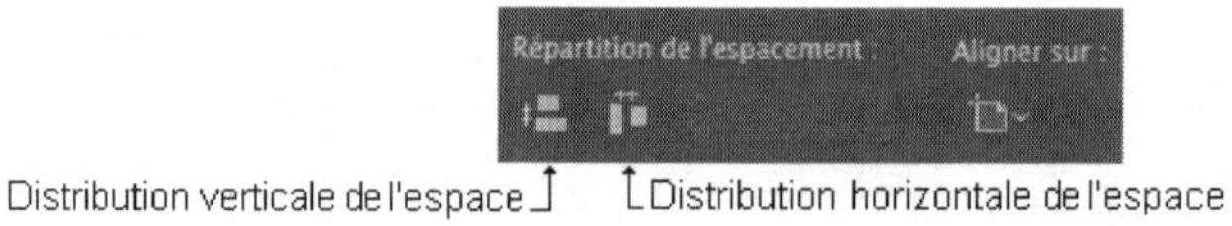

*Le panneau **Alignement** se décompose en deux parties : les alignements d'objets et la distribution d'objets. Les alignements et la distribution se font selon les axes horizontal et/ou vertical et selon les points d'ancrage des objets situés à gauche, au centre ou à droite.*

Aligner les objets

- Sélectionnez les objets que vous souhaitez aligner entre eux.
- Affichez le panneau **Alignement** (**Fenêtre - Alignement**).
- Si besoin est, cliquez une fois sur l'objet qui devra rester fixe à l'issue de l'alignement : **l'objet clé**.
- Cliquez sur un des trois premiers boutons de la zone **Alignement des objets** pour aligner les objets selon un axe vertical ou cliquez sur un des trois derniers boutons de la zone **Alignement des objets** pour aligner selon un axe horizontal.

Répartir les objets dans l'espace automatiquement

La distribution d'objets ne peut se faire qu'à partir de trois objets. Le but est de répartir ou d'espacer les objets régulièrement.

- Sélectionnez les objets que vous souhaitez répartir.
- Affichez le panneau **Alignement** (**Fenêtre - Alignement**).

- Répartissez les objets dans la hauteur du groupe en cliquant sur une des icônes suivantes :

 L'espace entre le côté supérieur de chaque objet est identique.

 L'espace entre le centre de chaque objet est identique.

 L'espace entre le côté inférieur de chaque objet est identique.

 L'espace entre le côté inférieur d'un objet et le côté supérieur du suivant est égal à la valeur spécifiée dans la zone de saisie associée.

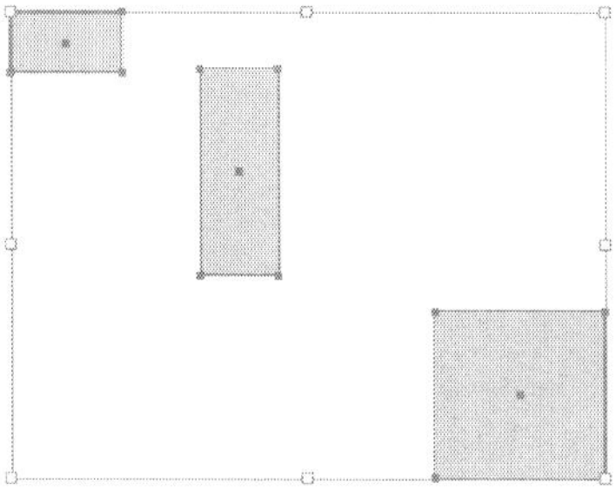

Ici, l'espace entre le côté inférieur de chaque objet est identique.

- Répartissez les objets dans la largeur du groupe en cliquant sur une des icônes suivantes :

 L'espace entre le côté gauche de chaque objet est identique.

 L'espace entre le centre de chaque objet est identique.

 L'espace entre le côté droit de chaque objet est identique.

 L'espace entre le côté droit d'un objet et le côté gauche du suivant est égal à la valeur spécifiée dans la zone de saisie associée.

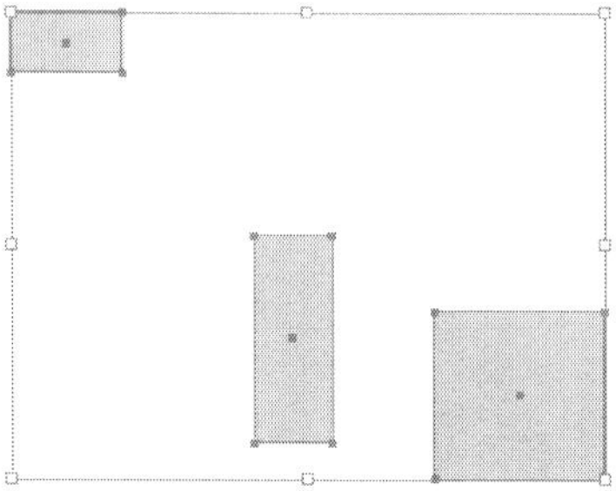

Ici, l'espace entre le centre de chaque objet est égal.

Répartir les objets dans l'espace selon une valeur spécifiée

Il s'agit ici de répartir les objets en spécifiant une valeur d'espacement entre leurs tracés.

- Sélectionnez les objets que vous souhaitez répartir.
- Affichez le panneau **Alignement (Fenêtre - Alignement)**.
- Ouvrez la liste **Aligner sur** puis cliquez sur l'option **Aligner sur un objet clé** pour l'activer.
- Saisissez la valeur de l'espacement à laisser entre les objets dans la zone de saisie visible dans la zone **Répartition de l'espacement** ; l'unité de mesure utilisée est celle spécifiée dans la boîte de dialogue **Préférences (Edition (Illustrator** sur Mac) - **Préférences - Unités**).
- Cliquez sur l'objet par rapport auquel les autres objets doivent être répartis ; cet objet restera à la même position.
- Répartissez les objets dans la hauteur du groupe et/ou dans la largeur du groupe à l'aide des boutons des zones **Répartition des objets** et **Répartition de l'espacement** en vous référant aux explications du sous-titre précédent Répartir les objets dans l'espace automatiquement.

Vous pouvez aligner les objets sur une sélection, un objet clé ou le plan de travail (liste **Aligner sur**).

Découper des objets

*La commande **Découper** permet de créer, à partir d'objets superposés, des objets indépendants correspondant uniquement aux zones de superposition.*

À l'aide du menu

- Dessinez l'objet à utiliser en tant que forme coupante.
- Placez l'objet utilisé comme forme coupante sur les objets à découper à l'emplacement des découpes attendues.
- Sélectionnez l'outil **Sélection**  puis cliquez sur l'objet forme coupante (objet placé au-dessus).
- **Objet - Tracé - Diviser les objets inférieurs**
- Déplacez l'objet utilisé comme forme coupante pour visualiser la découpe.

Vous pouvez aussi diviser votre tracé grâce à l'outil **Cutter** .

À l'aide de la souris

- Sélectionnez l'outil **Sélection** puis cliquez sur l'objet concerné.
- Sélectionnez l'outil **Cutter** (dans la même série que l'outil de la barre d'outils **Avancé**).
- Effectuez un cliqué-glissé sur la zone que vous souhaitez découper de façon à créer le tracé en fonction duquel il faut découper ; appuyez sur la touche Alt (PC) ou (Mac) pendant le cliqué-glissé pour couper selon un tracé rectiligne.

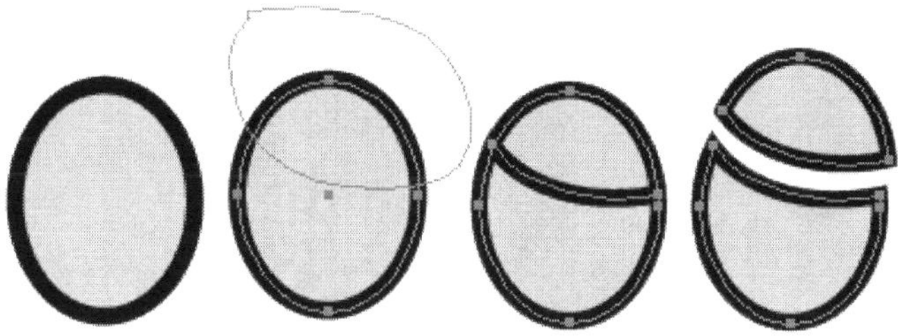

Contrairement à l'outil ***Ciseaux****, l'outil* ***Cutter*** *crée deux objets distincts lors de la coupe.*

Diviser un tracé

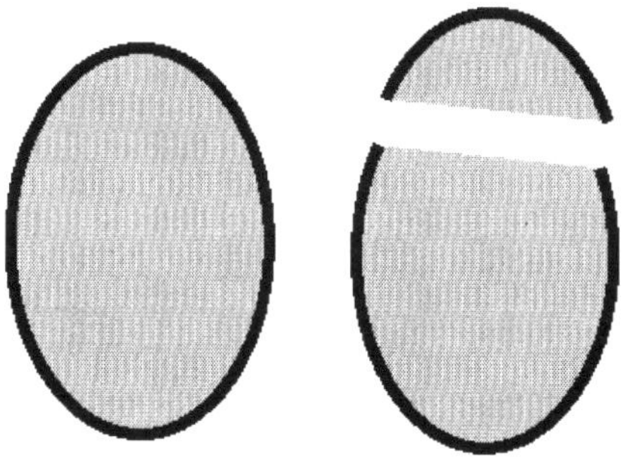

- Sélectionnez le tracé afin de visualiser ses points d'ancrage. Sélectionnez l'outil **Ciseaux** (dans la même série que l'outil). Cliquez aux endroits où vous souhaitez scinder le tracé.

Vous devez impérativement cliquer sur un segment ou un point d'ancrage. Lorsque vous cliquez sur un segment, deux nouvelles extrémités se superposent et une autre est créée. Lorsque vous cliquez sur un point d'ancrage, un nouveau point d'ancrage se superpose au premier.

Pour modifier le nouveau segment ou point d'ancrage, sélectionnez-le avec l'outil **Sélection directe** .

Découvrir le panneau Nuancier

Un objet est constitué d'un contour et d'un fond. Les attributs permettent de spécifier une couleur, un dégradé, un motif au contour et au fond de vos objets. En règle générale, ces différents attributs sont regroupés dans un panneau nommé ***Nuancier****.*

Différents nuanciers sont à votre disposition. Nous avons vu le nuancier ***Couleur****, se joignent à lui un nuancier de* ***Dégradés*** *et un nuancier de* ***Motifs****.*

- Pour afficher le panneau **Nuancier**, faites **Fenêtre - Nuancier**.

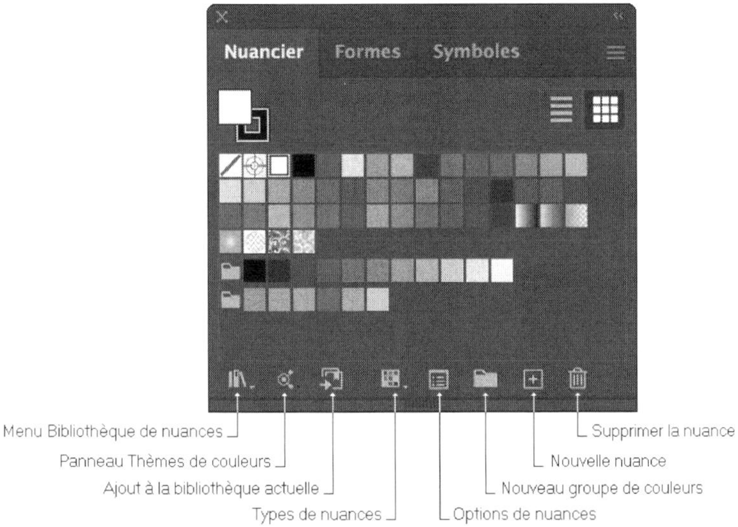

- Pour modifier le type d'affichage du nuancier, ouvrez le menu du panneau **Nuancier**, puis choisissez l'affichage par liste ou vignettes et leurs tailles respectives.
- Pour choisir les nuances à afficher dans le panneau **Nuancier** (couleurs, motifs, dégradés ou groupes de couleurs), cliquez sur le bouton **Afficher le menu de types de nuances** puis cliquez sur une des options proposées ; l'option **Afficher toutes les nuances** est active par défaut.

Rechercher dans les couleurs

- Dans le menu contextuel du panneau **Nuancier**, sélectionnez **Afficher le champ Rechercher**. Celui-ci figurera alors en haut du panneau et vous pourrez y saisir au choix un nom de couleur ou des valeurs numériques (par exemple **C=100** affichera les couleurs contenant 100 % de Cyan). Cette recherche est assistée : en saisissant **jau** les couleurs contenant du jaune s'afficheront.

Pour annuler la recherche, cliquez sur la croix à droite du champ.

Pour retrouver cette fonctionnalité de recherche à partir du **Sélecteur de couleurs** (accessible en double cliquant sur la pastille de fond ou de contour de la barre d'outils), cliquez sur le bouton **Nuanciers** :

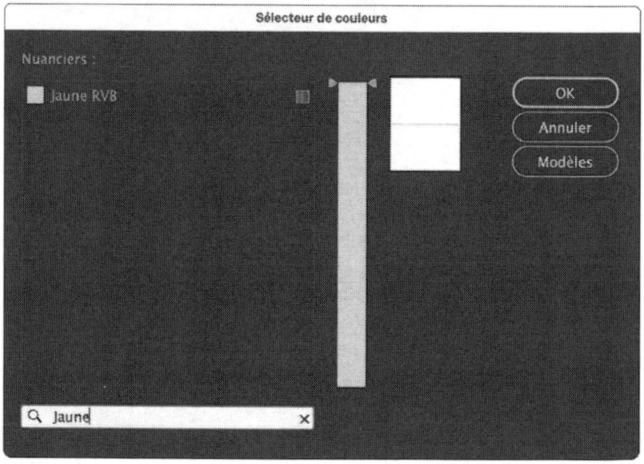

Les attributs de couleurs

*L'attribut de couleur représente les couleurs figurant sur le contour et le fond de vos objets. Vous pouvez appliquer une couleur à un contour d'objet ou à son fond soit en passant par le panneau **Nuancier**, soit en passant par le panneau **Couleur**.*

Il existe deux témoins de couleur pour vos objets que vous visualisez sur le panneau **Couleur** et au bas de la barre d'outils.

*Le témoin qui se situe au premier plan est celui sur lequel vous travaillez : le **Contour** ou le **Fond** de l'objet.*

- Pour basculer du fond au contour et inversement, cliquez sur le témoin sur lequel vous souhaitez travailler dans la barre d'outils ou le panneau **Couleur** ou appuyez sur la touche **X**.
- Pour inverser les couleurs de fond et de contour, cliquez sur la petite double flèche noire **Permuter le fond et le contour** visible à côté des témoins de couleurs dans la barre d'outils ou utilisez le raccourci-clavier ⇧ **X**.

Appliquer une couleur à l'aide du panneau Nuancier

- Sélectionnez l'outil **Sélection** puis cliquez sur votre objet pour le sélectionner.
- Cliquez sur le témoin **Contour** ou **Fond** selon que vous souhaitez appliquer une couleur au contour ou au fond de l'objet (les couleurs par défaut sont le noir pour le contour et le blanc pour le fond).
- **Fenêtre - Nuancier**
- Cliquez sur le bouton puis sur l'option **Afficher les nuances de couleur**.
- Cliquez sur la couleur que vous souhaitez appliquer.

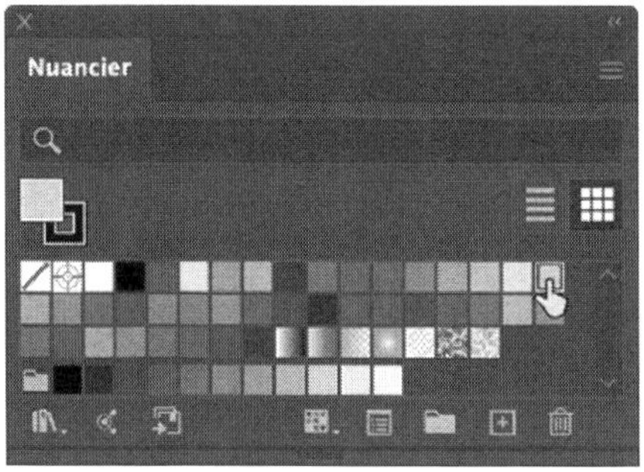

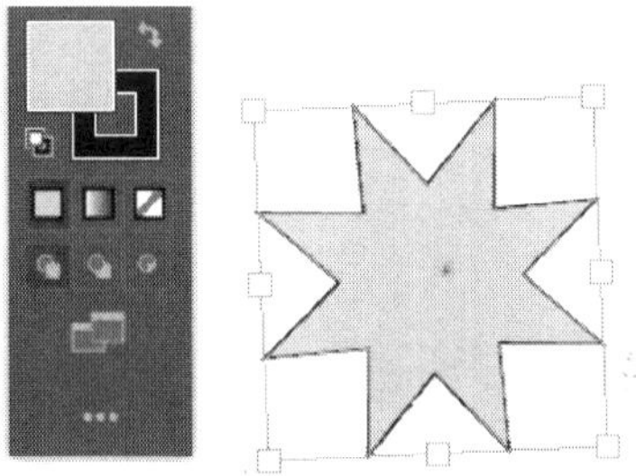

- Pour supprimer le fond ou le contour de l'objet sélectionné, cliquez sur le témoin **Contour** ou **Fond** selon que vous souhaitez supprimer la couleur du fond ou du contour de l'objet puis cliquez sur **Sans** dans la barre d'outils ou le panneau **Nuancier**.

Les prochains objets créés conservent les attributs du dernier objet créé. S'ils ne vous conviennent pas, vous pourrez les modifier par la suite.

Appliquer une couleur à l'aide du panneau Couleur

Par cette méthode, vous pourrez choisir plus finement une couleur que vous définirez dans le spectre des couleurs.

- Sélectionnez l'outil **Sélection** puis cliquez sur votre objet pour le sélectionner.
- Cliquez sur le témoin **Contour** ou **Fond**.
- **Fenêtre - Couleur** ou F6
- Cliquez, dans le spectre des couleurs, sur la couleur qui vous convient.

Créer une couleur

Lors de la création de votre document, vous avez spécifié le mode colorimétrique de celui-ci : CMJN ou RVB (cf. chapitre Documents - Créer un nouveau document).

Lors de la création de vos objets, vous pouvez choisir de changer de mode de couleur. Cela ne change pas le mode initial de votre document. Utilisez cependant de préférence le même mode colorimétrique pour votre document et vos objets.

- Pour créer une couleur, affichez le panneau **Couleur** : **Fenêtre - Couleur** ou F6.
- Si besoin est, ouvrez le menu du panneau **Couleur** puis cliquez sur l'option **Afficher les options**.
- Choisissez ensuite le mode colorimétrique de la couleur dans le menu : **Niveaux de gris**, **RVB**, **TSL**, **CMJN** ou **RVB Web sécurisé**.

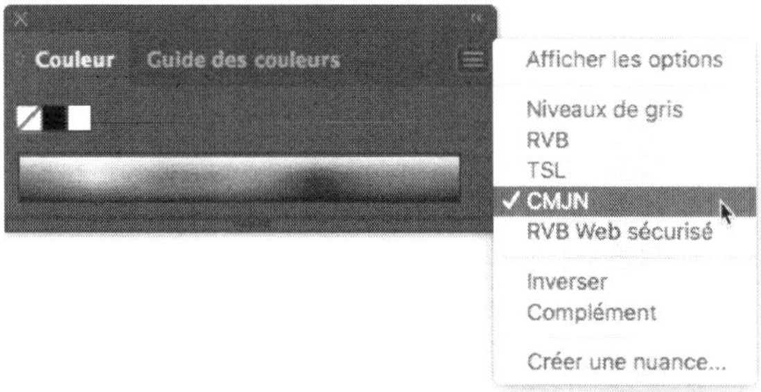

- Cliquez dans le spectre des couleurs pour choisir une couleur de base.

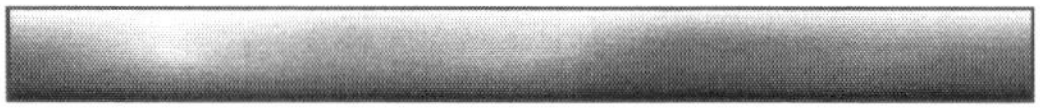

- Pour affiner votre couleur, faites glisser les curseurs ⌂ sur les réglettes de couleur. Pour rester dans la même teinte, appuyez sur la touche ⇧ en même temps que vous bougez un curseur de la réglette : tous vos curseurs bougent en même temps.
- Si vous connaissez le code en pourcentage ou en base 8 bits ou hexadécimal de votre couleur, tapez vos chiffres dans les champs de saisie.

Mode **CMJN** en %.
Les pourcentages vont de 0 à 100 %.

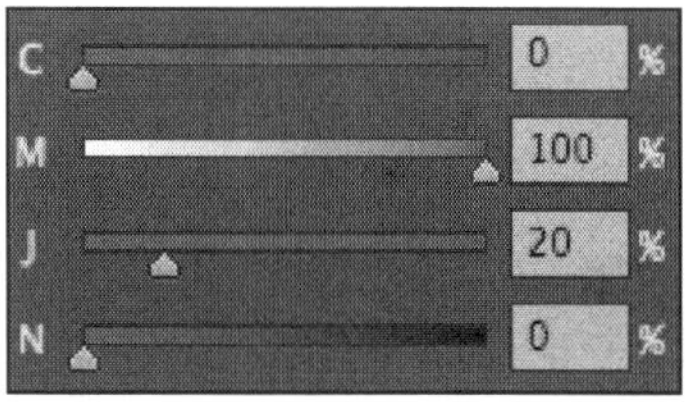

Mode **Niveaux de Gris** en %.
Les pourcentages vont de 0 à 100 %.

Mode **RVB** en bits (0 à 255)

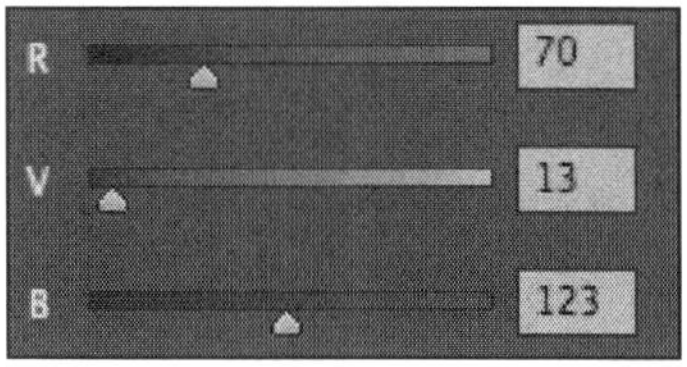

Mode **TSL** en degrés et pourcentage.
La teinte va de 0 (rouge) à 360. Les pourcentages de saturation et de luminosité vont de 0 à 100 %.

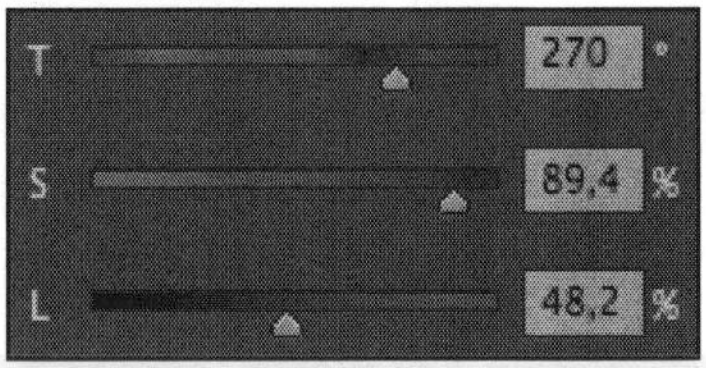

Mode **RVB Web sécurisé**
Ce sont les couleurs RVB adaptées au Web, 216 couleurs sont présentes uniquement.

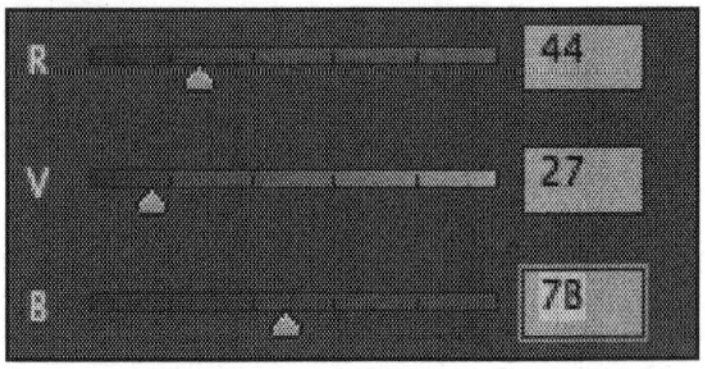

*En mode **RVB** ou **TSL**, si le symbole ⚠ apparaît, c'est que votre couleur est hors gamme CMJN, ce qui peut engendrer un décalage de couleur lors de l'impression. Cela concerne en général les couleurs très lumineuses ou saturées.*

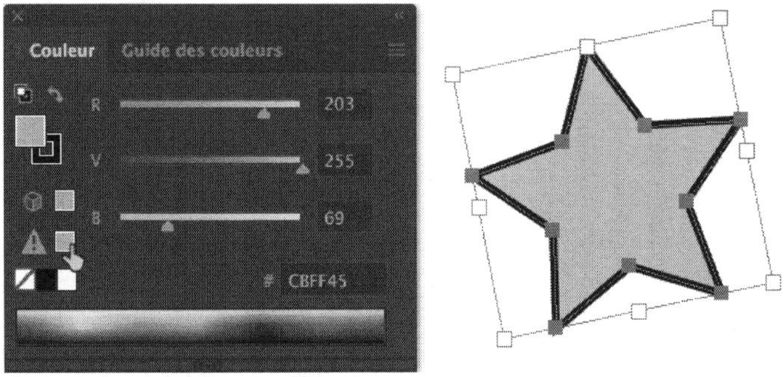

Pour y remédier, cliquez sur le petit carré témoin à côté du symbole ⚠ pour adapter votre couleur à la gamme colorimétrique CMJN.

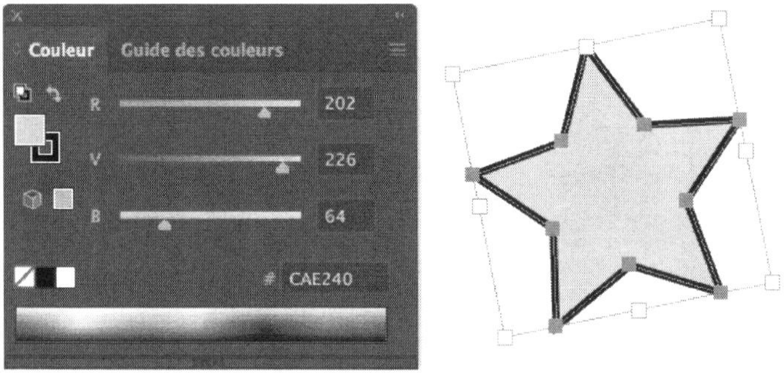

Les curseurs des couleurs RVB et leurs valeurs dans les champs de saisie se modifient. Les couleurs sont un peu moins saturées ou lumineuses.

Si vous modifiez le mode colorimétrique d'un objet, les autres objets du document utiliseront le même mode. Voici le tableau des correspondances de couleurs selon les différents modes :

%	0 %	20 %	40 %	60 %	80 %	100 %
255	0	51	102	153	204	255
Hexadécimal	00	33	66	99	CC	FF

Mémoriser une couleur

Si vous utilisez régulièrement une couleur, il est judicieux de la mémoriser plutôt que d'avoir à redéfinir cette couleur à chaque fois.

- Créez votre couleur.
- Cliquez sur le témoin de couleur du panneau **Couleur** ou de la barre d'outils puis faites-le glisser vers la position souhaitée dans le panneau **Nuancier** ; appuyez sur la touche Alt (PC) ou ⌥ (Mac) pour remplacer la nuance pointée par celle que vous ajoutez.

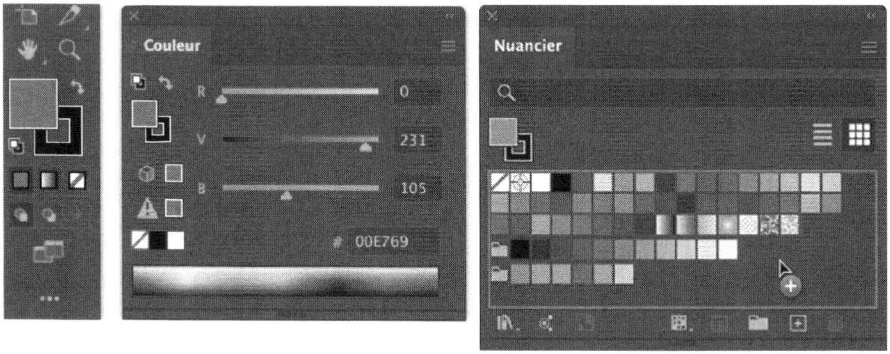

- Pour paramétrer votre nuance et lui donner un nom, faites un double clic sur la nouvelle nuance dans le panneau **Nuancier**.

  La boîte de dialogue ***Options de nuance*** *s'affiche.*

- Saisissez son **Nom** dans la zone de saisie correspondante.
- Choisissez son **Type** dans la liste correspondante :

Couleur quadri	La couleur à l'impression est créée par quatre films. La nuance est représentée par l'icône dans le nuancier.
Ton direct	Pour les couleurs issues d'un nuancier (Pantone, etc.). Dans ce cas, un film spécifique est créé à l'impression pour cette nuance. La nuance est représentée par l'icône dans le nuancier.

- Si vous cochez l'option **Globale**, tous les objets utilisant cette couleur se modifieront si vous changez la nuance.

  Les couleurs globales sont représentées par l'icône dans le panneau ***Nuancier.***

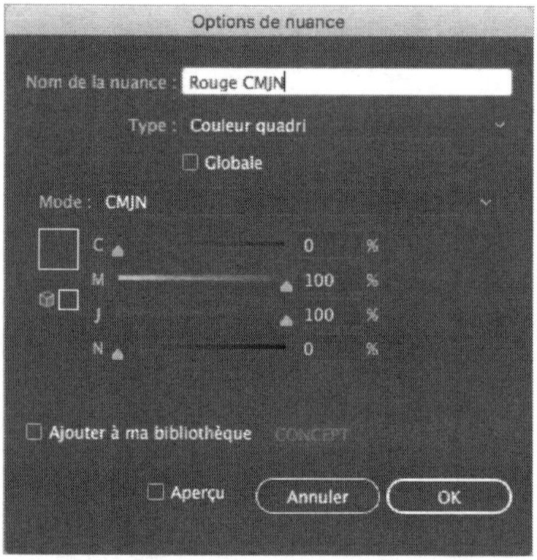

- Cliquez sur le bouton **OK**.

L'option **Ajouter les couleurs utilisées** du menu local du panneau **Nuancier** permet d'ajouter à ce panneau les couleurs utilisées dans le document ; si un ou plusieurs objets sont sélectionnés, vous visualisez alors l'option **Ajouter les couleurs sélectionnées** vous permettant d'ajouter uniquement les couleurs des objets sélectionnés.

Pour ajouter une nuance, vous pouvez aussi cliquer sur l'option **Nouvelle nuance** du menu local du panneau **Nuancier**. Spécifiez ensuite le **Nom de la nuance**, son **Type** ainsi que son **Mode** puis définissez la couleur souhaitée.

Modifier une couleur

- Veillez à ce qu'aucun objet ne soit sélectionné ; à l'inverse, la couleur que vous souhaitez modifier sera appliquée à l'objet sélectionné.
- Faites un double clic sur la nuance dans le panneau **Nuancier** ou sélectionnez la nuance à modifier, ouvrez le menu puis cliquez sur **Options de nuance**.

  *La boîte de dialogue **Options de nuance** s'affiche.*
- Modifiez la couleur en déplaçant les curseurs sur les réglettes de couleur.
- Cliquez sur le bouton **OK** quand vous avez obtenu la teinte désirée.

Importer une bibliothèque de couleurs

Il existe des nuanciers prédéfinis et reconnus dans le monde entier. Toutes leurs nuances sont référencées par un nom ou un code, ce qui leur permet d'être indépendants du périphérique de sortie. Un film par nuance est utilisé en imprimerie.

- **Fenêtre - Bibliothèques de nuances - Catalogue de couleurs**
- Cliquez sur une des bibliothèques pour la sélectionner.

  En France, les nuanciers Pantone sont très utilisés. Il en existe trois principaux :

PANTONE + Solid Coated	Donne l'effet de l'impression sur papier couché.
PANTONE + Solid Uncoated	Donne l'effet de l'impression sur papier non couché.
PANTONE + CMYK Coated	Donne directement les composants CMJN de la couleur Pantone. La couleur n'est pas mémorisée en tant que Pantone.

Si vous appliquez une couleur Pantone sur un de vos objets, celle-ci apparaît directement dans votre nuancier de couleurs.

Si vous préférez ne pas ajouter de film supplémentaire pour une couleur Ton direct lors de l'impression à l'imprimerie, vous pouvez transformer en couleur quadri cette couleur provenant d'un nuancier Pantone ou autre. Pour cela, dans le panneau **Nuancier**, faites un double clic sur la couleur que vous souhaitez transformer puis, dans la liste **Type**, cliquez sur **Couleur quadri**. Il risque cependant d'y avoir une petite différence de nuance entre les deux couleurs.

Dupliquer une couleur

- Dans le panneau **Nuancier**, cliquez sur la nuance à dupliquer puis faites-la glisser vers l'icône **Nouvelle nuance** ou sélectionnez la nuance à dupliquer, ouvrez le menu du panneau puis cliquez sur **Dupliquer la nuance**.

Supprimer une couleur

- Veillez à ce qu'aucun objet ne soit sélectionné ; à l'inverse, la couleur que vous souhaitez supprimer sera appliquée à l'objet sélectionné.
- Dans le panneau **Nuancier**, cliquez sur la nuance à supprimer ; si plusieurs nuances sont concernées, sélectionnez-les en utilisant la touche ⇧ pour une sélection continue et/ou la touche Ctrl (cmd ⌘ sur Mac) pour une sélection discontinue.
- Cliquez sur le bouton **Supprimer la nuance** ou ouvrez le menu du panneau puis cliquez sur l'option **Supprimer la nuance**.
- Cliquez sur le bouton **Oui** pour confirmer la suppression de la nuance.

Vous pouvez aussi faire glisser la nuance à supprimer sur le bouton **Supprimer la nuance** . Dans ce cas, la nuance est supprimée immédiatement, sans message de confirmation.

Supprimer les couleurs non utilisées

Toutes les couleurs figurant sur votre nuancier sont enregistrées avec votre document. Si toutefois certaines ne sont pas utilisées, pensez à les supprimer pour alléger votre document.

- Ouvrez le menu du panneau **Nuancier** puis cliquez sur l'option **Sélectionner les nuances non utilisées**.
- Cliquez sur le bouton **Supprimer la nuance** .
- Cliquez sur le bouton **Oui** pour confirmer la suppression des nuances.

Les attributs de motifs

Un motif est un ensemble d'objets qui va se répéter en mosaïque autant de fois que cela sera nécessaire pour remplir la forme que vous aurez dessinée.

Appliquer un motif

- Sélectionnez l'outil **Sélection** puis cliquez sur votre objet pour le sélectionner.
- Dans le panneau **Couleurs** dans la barre d'outils, cliquez sur le témoin **Contour** ou **Fond** selon que vous souhaitez appliquer un motif au contour ou au fond de l'objet.
- Dans le panneau **Nuancier**, cliquez sur le bouton puis sur l'option **Afficher les nuances de motif**.

- Cliquez sur le motif à appliquer à la sélection.

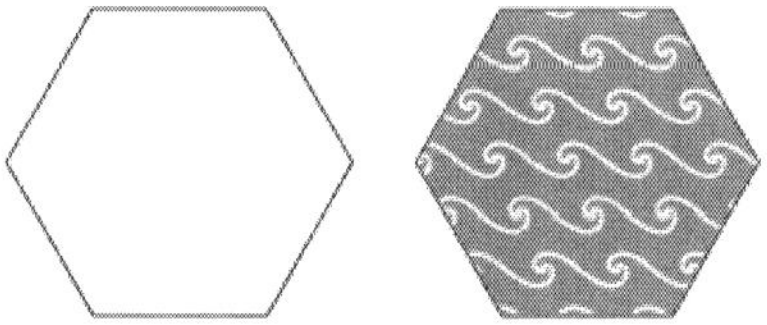

Créer un motif

- Créez les objets qui constitueront votre motif.

- Activez l'outil **Sélection** .
- Cliquez sur vos objets tout en maintenant la touche enfoncée pour les sélectionner.

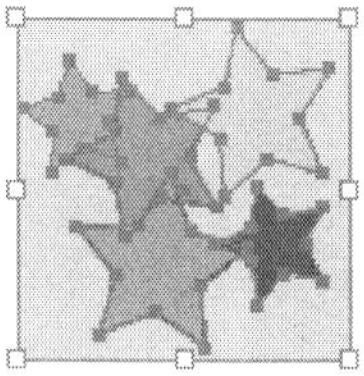

- Dans le panneau **Nuancier**, cliquez sur le bouton puis sur l'option **Afficher les nuances de motif**.
- Faites glisser l'ensemble d'objets dans le nuancier.

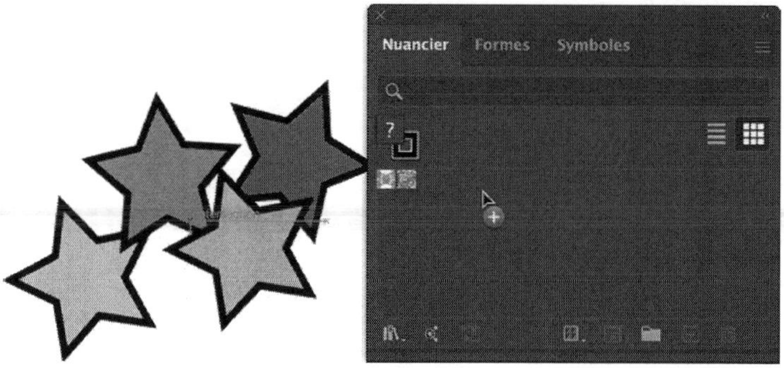

- Pour donner un nom à votre motif, cliquez sur ce nouveau motif dans le panneau **Nuancier**, ouvrez le menu local du panneau **Nuancier** puis cliquez sur **Options de nuance**. Tapez le **Nom de la nuance** puis cliquez sur le bouton **OK**.

Vous ne pouvez pas créer de nouveau motif avec des objets contenant des attributs de motifs.

Supprimer un motif

- Veillez à ce qu'aucun objet ne soit sélectionné ; à l'inverse, le motif que vous souhaitez supprimer sera appliqué à l'objet sélectionné.
- Dans le panneau **Nuancier**, cliquez sur le motif à supprimer.
- Cliquez sur le bouton  ou ouvrez le menu puis cliquez sur l'option **Supprimer la nuance**.
- Cliquez sur le bouton **Oui** pour confirmer la suppression de la nuance.

Vous pouvez aussi faire glisser le motif à supprimer sur le bouton **Supprimer la nuance** . Dans ce cas, le motif est supprimé immédiatement, sans message de confirmation.

Modifier un motif

- Cliquez sur le motif dans le nuancier et faites-le glisser vers le document.
- Faites vos modifications ; pour sélectionner un objet d'un groupe d'objet, utilisez l'outil **Sélection directe** .
- Sélectionnez l'outil **Sélection**  puis cliquez sur le groupe d'objets pour le sélectionner.
- Faites glisser cet ensemble d'objets vers le nuancier.

Un nouveau motif est créé.

- Cliquez sur ce nouveau motif, ouvrez le menu local du panneau puis cliquez sur **Options de nuance**. Saisissez le **Nom de la nuance** puis cliquez sur **OK**.
- Supprimez l'ancien motif.

Il est possible d'appliquer des transformations aux objets seuls, aux motifs seuls, ou aux deux.

Importer un motif

- **Fenêtre - Bilbliothèques de nuances - Autre bibliothèque**

  *Le dossier **fr_FR** du dossier **Paramètres prédéfinis** est sélectionné.*
- Ouvrez le dossier **Nuancier** puis le dossier **Motifs**.
- Ouvrez un des dossiers proposés (**Nature** par exemple).
- Sélectionnez le fichier **.ai** correspondant à la bibliothèque à importer.
- Cliquez sur le bouton **Ouvrir**.

Si vous appliquez un motif sur un de vos objets, celui-ci apparaît directement dans votre nuancier de motif.

Créer un motif répétitif

Adobe propose un outil complet pour réaliser des motifs impeccables.

- Commencez par créer un dessin vectoriel, puis sélectionnez-le et ouvrez le menu **Objet - Motif - Créer**.

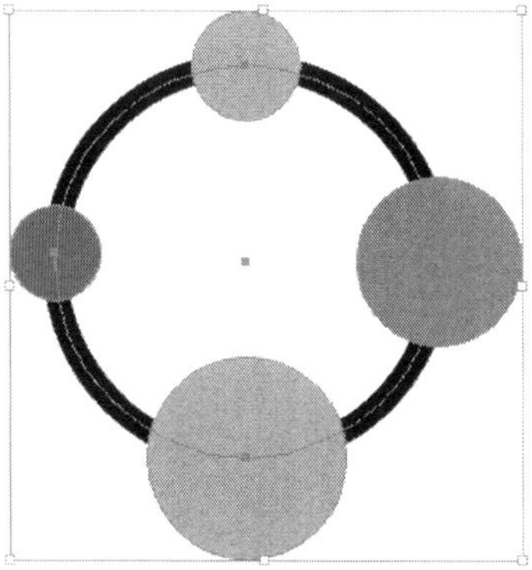

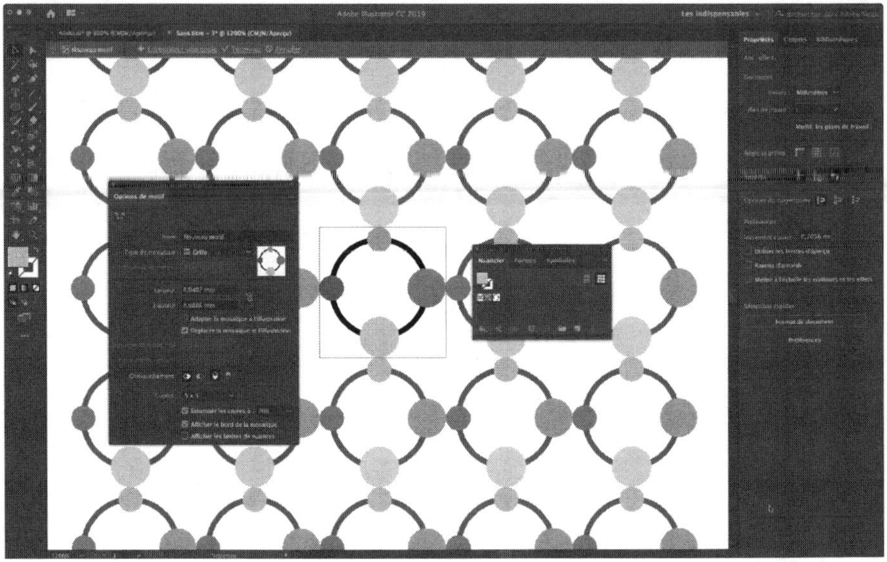

Ne soyez pas surpris par l'apparition du motif sur la totalité de la fenêtre. Vous êtes simplement entré dans le mode d'édition du motif. En haut, des boutons permettent de : **Quitter le mode de modification de motif** , **Enregistrer une copie**, **Terminer** *(pour valider les modifications) et* **Annuler**.

- Utilisez le panneau **Options de motif** pour configurer le motif selon les besoins de l'illustration.

  Les choix sont répercutés en temps réel dans l'affichage du motif en arrière-plan pour un meilleur contrôle, ce qui est une aide précieuse quand on débute.

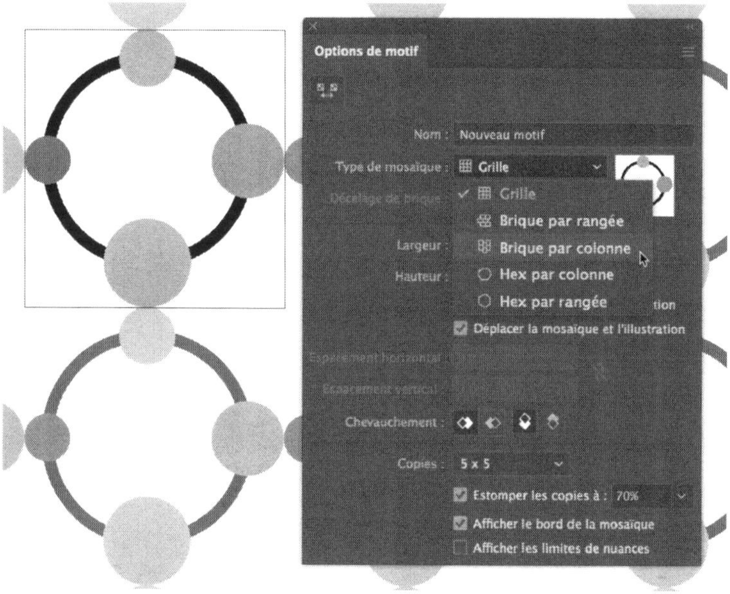

Voici les principaux réglages :

Type de mosaïque : définit la répartition du motif. Celui-ci peut être aligné sur une simple grille, dans ce cas le seul réglage est l'espacement entre les motifs répétés. Si vous optez pour **Brique par rangée** ou **Brique par colonne**, vous pourrez régler le décalage (c'est-à-dire le glissement) des rangées ou colonnes. Enfin l'alignement peut être hexagonal, les motifs sont alors répartis (par rangées ou colonnes) en nid d'abeilles.

Largeur et **Hauteur** : il s'agit des dimensions du motif. Vous pouvez les modifier sans risque de déformation puisque l'environnement de travail est vectoriel. En cliquant sur l'icône , vous conserverez les proportions. Si vous cochez l'option **Adapter la mosaïque à l'illustration**, les largeur et hauteur ne seront plus réglables puisque le motif sera adapté automatiquement. Dans ce cas, vous aurez toujours le loisir de régler l'espacement entre les motifs.

Chevauchement : gère la façon dont les éléments adjacents se recouvriront surtout dans le cas d'espacements négatifs.

Copies : détermine l'affichage des copies en mode **Options de motif**. Si vous êtes gêné par l'affichage sur la totalité de la fenêtre, c'est ici que vous pourrez limiter le nombre de motifs affichés et leur opacité.

- Pour valider vos réglages, cliquez sur le bouton **Terminer**.

Le motif répétitif s'applique aux formes selon vos réglages.

- Pour le modifier, double cliquez simplement sur la pastille du motif dans le panneau **Nuancier**. Vous pouvez aussi ouvrir le menu **Objet - Motif - Modifier le motif**.

Les attributs de dégradés

Un dégradé est le passage d'une couleur à une autre. C'est un attribut d'objet au même titre que la couleur ou le motif.

Les types de dégradés

Illustrator propose trois types de dégradé :

- **Linéaire** : les couleurs sont réparties selon une ligne qui constitue l'axe du dégradé.
- **Radial** : les couleurs sont réparties concentriquement autour d'un centre.
- **Forme libre** : les étapes sont placées librement à l'intérieur d'une forme matérialisées par des points ou des lignes. Cette approche est similaire à celle de l'outil **Filet**.

Appliquer un dégradé à un objet

- Sélectionnez l'outil **Sélection**  puis cliquez sur votre objet pour le sélectionner.
- Dans le panneau **Nuancier**, cliquez sur le bouton  puis sur l'option **Afficher les nuances de dégradé**.
- Cliquez sur le dégradé à appliquer à la sélection.

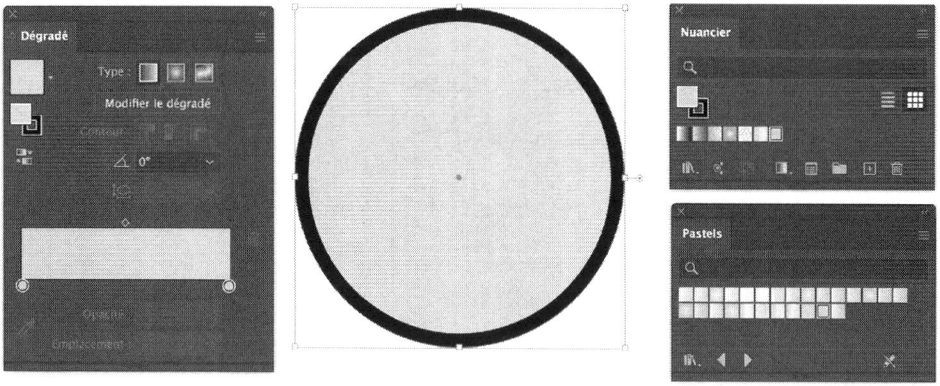

Instantanément l'objet apparaît avec un fond dégradé dans la nuance choisie. Remarquez qu'à aucun moment, nous n'avons demandé à activer l'outil **Fond**. *Choisir un dégradé l'active instantanément.*

Lorsque l'objet n'est pas sélectionné, vous pouvez aussi faire glisser le dégradé vers l'objet.

Appliquer un dégradé sur un ensemble d'objets

- Sélectionnez l'outil **Sélection** puis cliquez sur les objets concernés en maintenant la touche ⇧ enfoncée.
- Si besoin est, cliquez sur le bouton du panneau **Nuancier** puis sur l'option **Afficher les nuances de dégradé**.
- Cliquez sur le dégradé à appliquer à la sélection.

  Le dégradé s'applique tel quel sur chacun des objets sélectionnés.

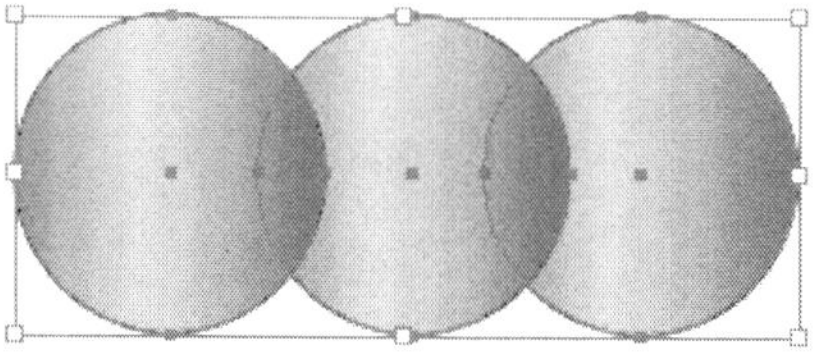

- Si vous souhaitez que le dégradé s'étale sur tous les objets, cliquez sur l'outil **Dégradé de couleurs** de la barre d'outils puis réalisez un cliqué-glissé de part et d'autre de l'ensemble des objets.

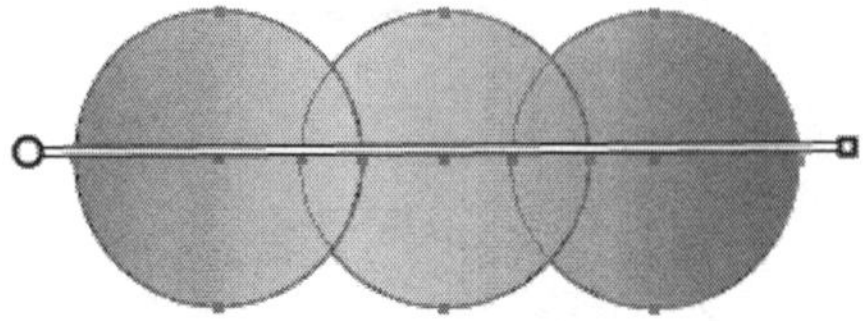

Le dégradé s'étend du début du premier objet à la fin du dernier.

Appliquer un dégradé sur plusieurs objets selon leur couleur

- Créez chaque objet.

  Au moins trois objets doivent être dessinés.
- Appliquez-leur un fond.

  Les seuls objets pour lesquels la couleur est importante sont le premier et le dernier ; pour les objets intermédiaires, le choix du fond est peu important.
- Sélectionnez tous les objets concernés par le dégradé.
- **Edition - Modifier les couleurs**
- Choisissez l'une des options suivantes :

Dégradé avant -> arrière	Pour que le dégradé se fasse de la couleur de l'objet situé au premier plan vers celle de l'objet situé à l'arrière-plan.
Dégradé horizontal	Si le dégradé doit se faire de l'extrême gauche à l'extrême droite.
Dégradé vertical	Si le dégradé doit se faire de haut en bas.

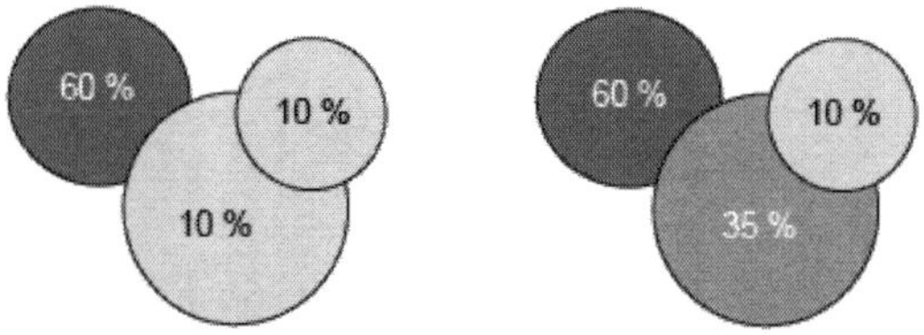

Nous avons choisi un dégradé avant-arrière mais, sur cet exemple de formes superposées, les deux autres options auraient eu le même effet.

Appliquer un dégradé à un contour

Un dégradé peut enfin être appliqué au contour d'une ou plusieurs formes.

- Pour appliquer le dégradé à un contour, sélectionnez l'objet, puis cliquez sur la pastille **Contour** dans le panneau **Dégradé**.

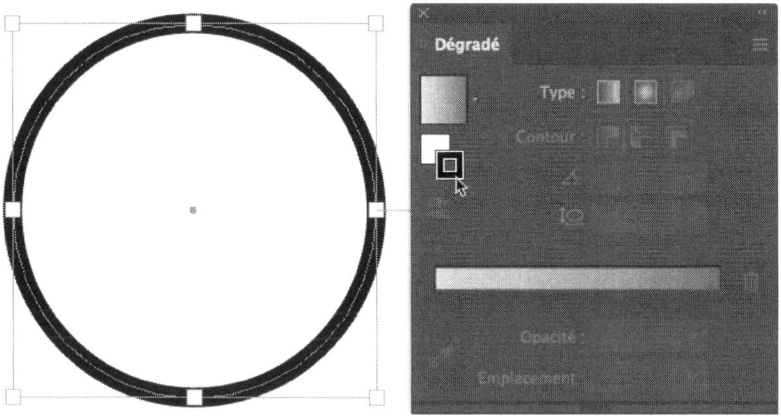

- Cliquez ensuite sur la pastille du dégradé.

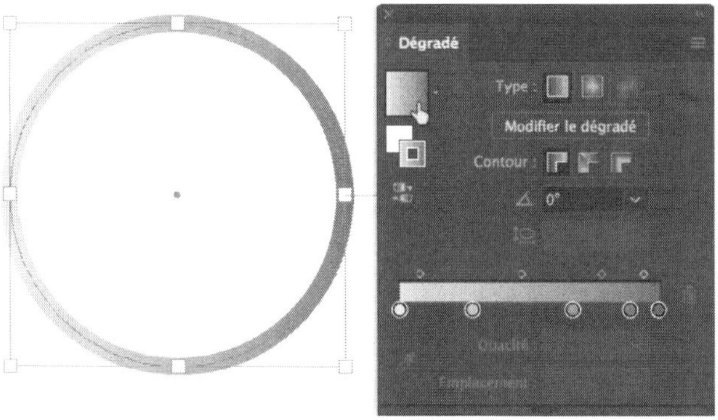

- Le dégradé s'applique différemment, en cliquant sur les icônes **Contour** :

 : le dégradé s'applique dans le contour qui est considéré comme une forme.

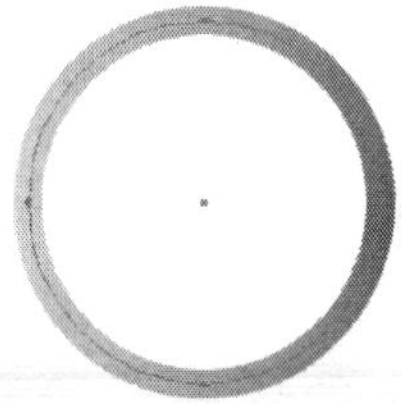

: le dégradé s'applique dans le sens du tracé du contour.

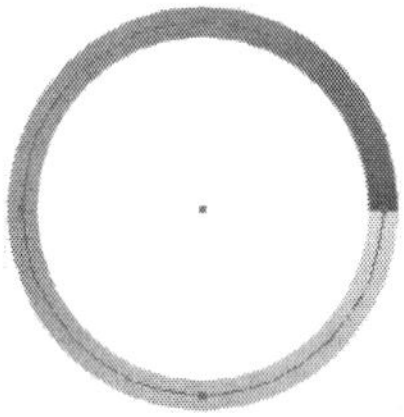

: le dégradé s'applique sur la largeur du contour.

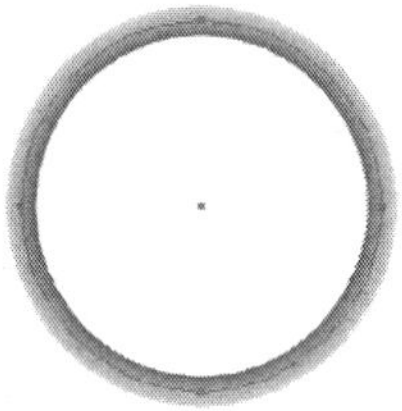

Modifier un dégradé

Vous pouvez aussi agrandir ou réduire la zone de passage d'une couleur à une autre du dégradé ou l'appliquer de biais ou dans le sens inverse de sa création.

- Appliquez un dégradé à votre objet.
- Veillez à ce que l'objet concerné soit sélectionné.
- Cliquez sur l'outil **Dégradé de couleurs** de la barre d'outils.
- Pointez à l'endroit de départ du dégradé et faites glisser le pointeur de la souris à travers l'objet, dans la direction à donner au dégradé ; au cours du cliqué-glissé, vous pouvez maintenir la touche ⇧ enfoncée pour contraindre le déplacement du pointeur à un multiple de 45°.

  Vous pouvez modifier le dégradé d'un objet en utilisant votre souris.

- Pour travailler directement avec la souris sur le dégradé, choisissez d'abord le menu **Affichage - Afficher l'annotateur de dégradé de couleurs**.

- Sélectionnez les objets pour lesquels le dégradé s'applique, puis cliquez sur l'outil **Dégradé de couleurs** dans la barre d'outils.

  Une barre représentera alors le dégradé sur l'illustration. Son survol affichera les étapes sur lesquelles vous pouvez intervenir de la même façon que dans le panneau ***Dégradé****.*

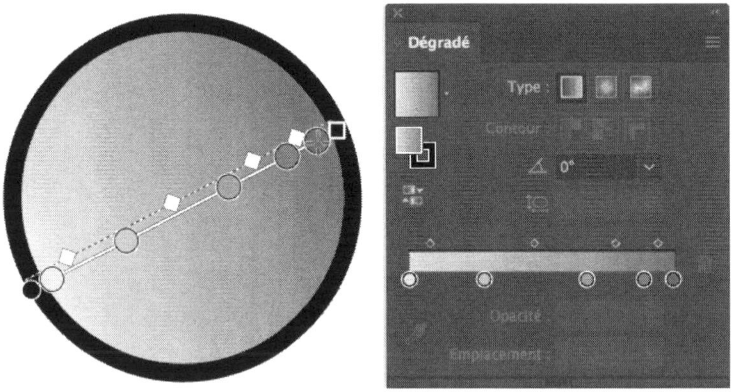

- Pointez la barre de dégradés pour faire apparaître les taquets de couleur.

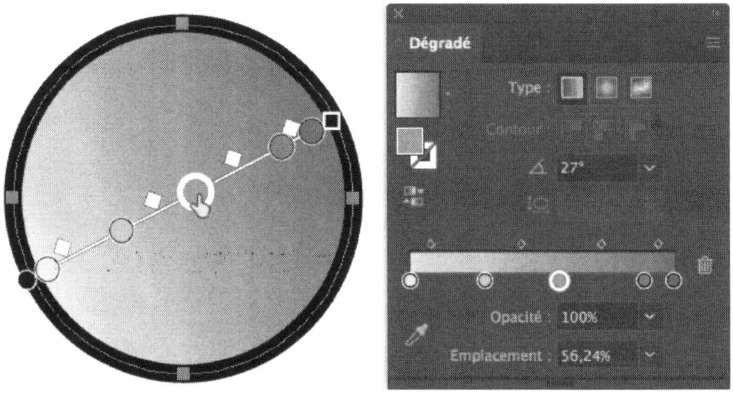

- Pour modifier l'angle du dégradé, pointez le bouton en forme de carré situé à l'extrémité de la barre de dégradés puis, lorsque votre curseur se modifie en outil de rotation, réalisez un cliqué-glissé pour définir le nouvel angle.
- Pour modifier le rayon de votre dégradé, faites glisser le bouton de la barre de dégradés.
- Pour modifier l'origine de votre dégradé, faites glisser le bouton de la barre de dégradés vers un autre point de votre tracé.

- Pour modifier une couleur de votre dégradé, pointez la barre de dégradés puis faites un double clic sur le repère contenant la couleur à modifier.

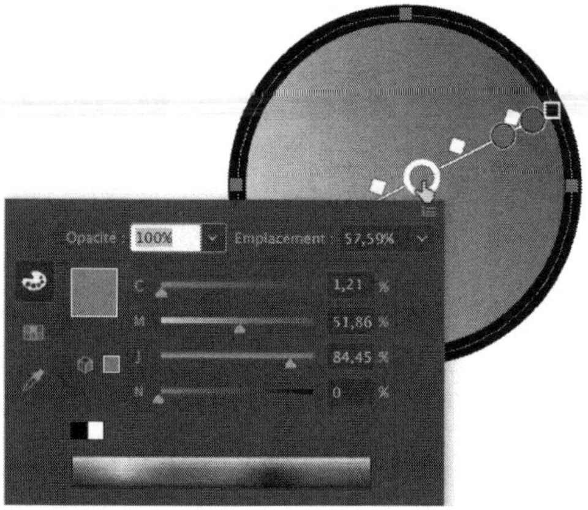

Sélectionnez la couleur souhaitée et modifiez éventuellement l'**Opacité**.

- Pour modifier la position d'une couleur dans le dégradé faites, glisser le repère correspondant sur la barre de dégradés.
- Pour modifier l'étendue d'une zone de transition dans le dégradé, faites glisser le point médian correspondant situé au-dessus de la barre de dégradés.

  Plus le cliqué-glissé est important, plus la transition d'une couleur à l'autre est grande (et inversement).
- Pour créer un nouveau repère de dégradé, cliquez à l'endroit souhaité sous la barre de dégradés.

Créer un dégradé de couleurs

- Sélectionnez l'objet concerné.
- **Fenêtre - Dégradé de couleurs** ou Ctrl F9
- Si besoin, ouvrez le menu puis cliquez sur l'option **Afficher les options**.
- Dans la zone **Type** choisissez **Dégradé linéaire**, **radial** ou **Dégradé de forme libre** selon le résultat souhaité.

  Un dégradé radial part du centre de l'objet et s'étend en cercle jusqu'au point d'arrivée.
- Si le dégradé est linéaire, tapez son **Angle** de rotation dans la zone de saisie correspondante.

Un dégradé linéaire par défaut, est vertical. Il peut devenir horizontal grâce à un angle multiple de 90°.

- Si le dégradé est radial, modifiez éventuellement le format des pixels dans la zone associée à l'outil . La modification du format des pixels, exprimé en pourcentage, transforme votre dégradé radial en dégradé elliptique dont vous pouvez modifier l'angle et l'inclinaison. Ce dégradé s'étendra depuis le centre de l'objet, en cercle ou en ellipse jusqu'au point d'arrivée.
- Pour inverser les couleurs du dégradé, cliquez sur .

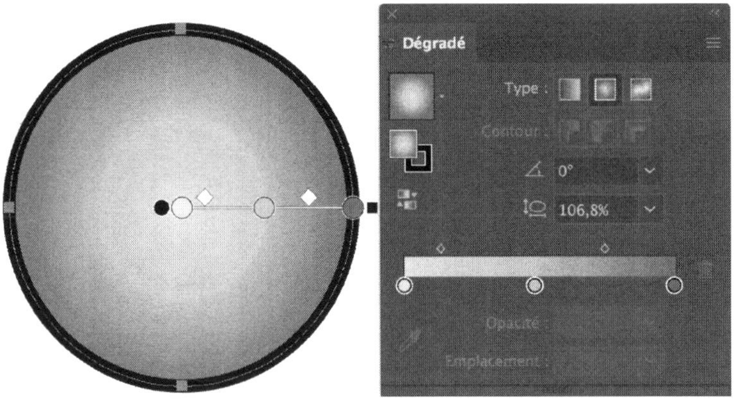

- Pour ajouter une couleur au dégradé, cliquez sous la barre de dégradés : une nouvelle couleur intermédiaire s'ajoute au dégradé.
- Pour modifier une couleur du dégradé, cliquez sur le cercle représentant la couleur à changer.

  Créez ou sélectionnez la couleur à appliquer dans le panneau **Couleur** ; si cette couleur existe dans le nuancier, appuyez sur Alt (PC) ou (Mac) puis cliquez sur la couleur souhaitée du **Nuancier**.

  Modifiez éventuellement l'**Opacité** de la couleur sélectionnée en spécifiant la valeur souhaitée dans la zone correspondante.

  Le curseur en forme de losange correspond au passage entre les deux couleurs.
- Pour modifier l'étendue d'une zone de transition de votre dégradé, cliquez sur le bouton correspondant puis déplacez-le selon le résultat que vous souhaitez obtenir, ou saisissez une nouvelle valeur dans la zone de saisie **Emplacement**.
- Pour supprimer une couleur, cliquez sur le bouton correspondant puis faites-le glisser en dehors du panneau pour le faire disparaître.

Vous pouvez déplacer une couleur en déplaçant le curseur correspondant dans la barre de dégradés.

Créer un dégradé de forme libre

- Sélectionnez une forme et appliquez un dégradé en cliquant sur l'icône **Dégradé de forme libre** du panneau **Dégradé** ou du panneau **Contrôle**.
  Par défaut, quatre points sont présents et déplaçables.

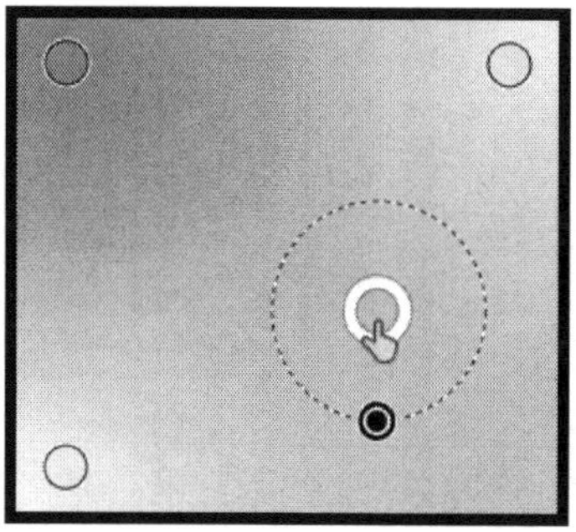
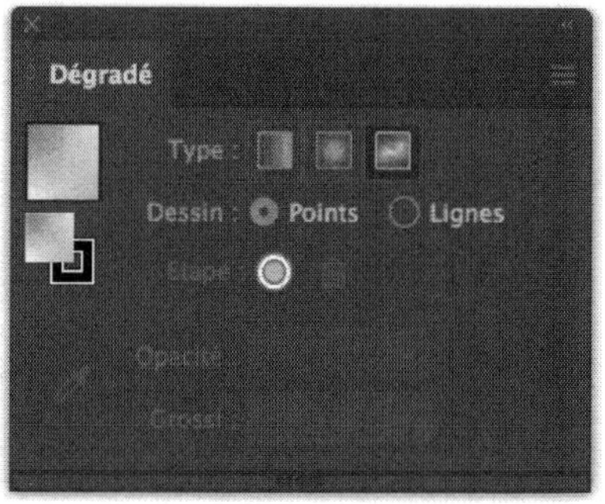

- Pour amplifier la taille du dégradé concentrique autour d'un point, cliquez sur le cercle noir et faites-le glisser.

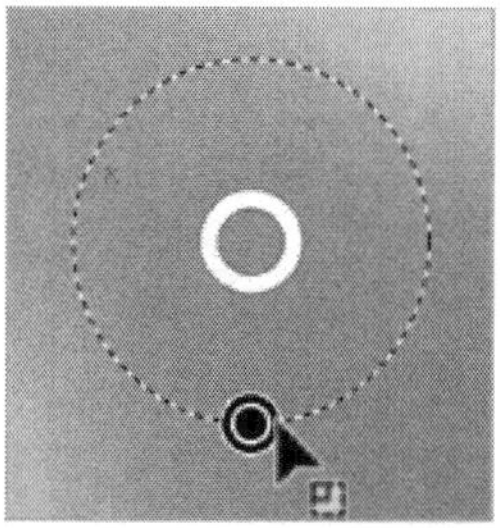

- Ajoutez autant de points que nécessaire en cliquant à chaque fois dans la forme.
- Pour placer des lignes de dégradé, cochez l'option **Lignes** dans le panneau **Dégradé** ou le panneau **Contrôle**. Ces lignes peuvent être combinées avec des points.

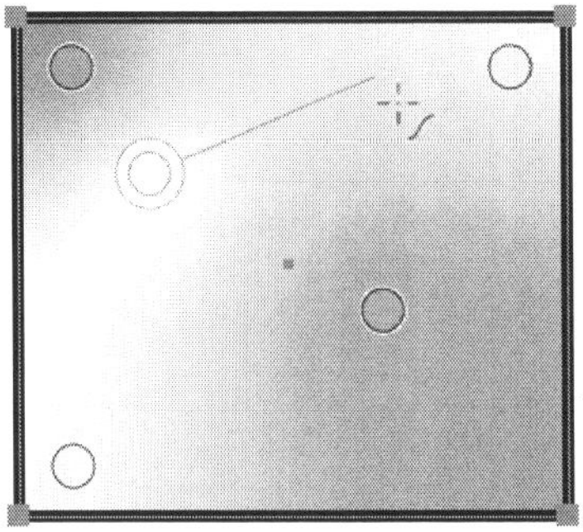

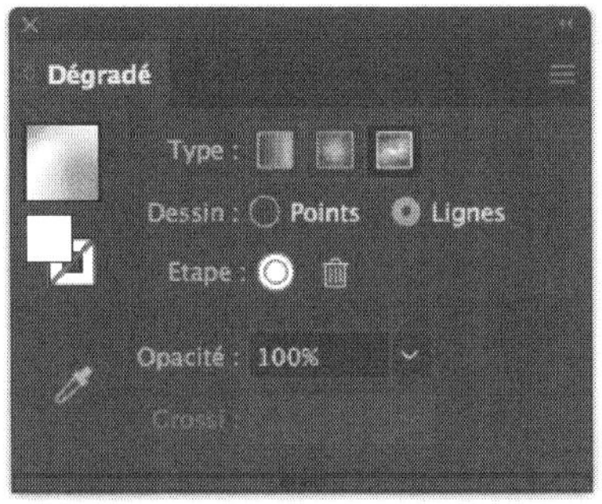

- Cliquez et tirez pour ajouter et modeler autant de lignes que nécessaire.

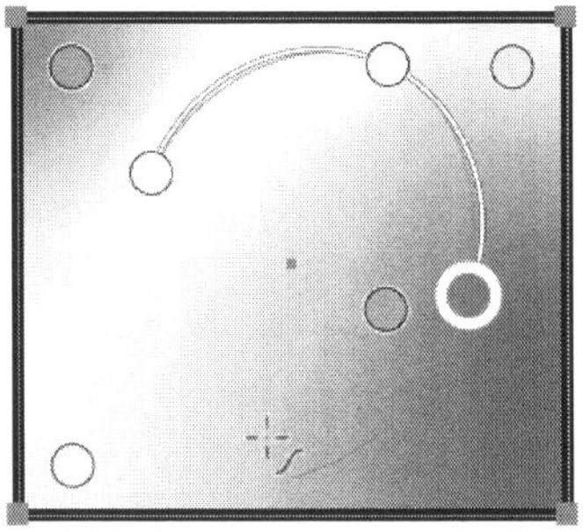

- Pour régler l'opacité de l'étape, déroulez le menu ou saisissez une valeur numérique dans le champ Opacité : 30%.
- Pour échantillonner une couleur, sélectionnez l'icône et cliquez avec la pipette sur la couleur à affecter à l'étape active.
- Pour supprimer une étape, activez-la puis cliquez sur l'icône .
- Pour terminer le tracé de lignes, appuyez simplement sur la touche Echap.

Mémoriser un dégradé

*En complément des dégradés enregistrés dans le panneau **Nuancier**, vous pouvez mémoriser les dégradés que vous avez créés.*

- Pour mémoriser un dégradé que vous venez de créer, faites glisser le témoin de votre dégradé du panneau **Dégradé** vers le panneau **Nuancier**.
- Double cliquez sur ce nouveau dégradé, donnez-lui un **Nom** puis cliquez sur **OK**.

Modifier un dégradé du Nuancier

- Veillez à ce qu'aucun objet ne soit sélectionné ; à l'inverse, le dégradé modifié sera appliqué à l'objet sélectionné.
- Cliquez sur le bouton puis sur l'option **Afficher les nuances de dégradé** du panneau **Nuancier**.
- Cliquez sur le dégradé concerné par la modification puis réalisez vos modifications dans le panneau **Dégradé de couleurs**.
- Faites glisser le témoin de votre dégradé du panneau **Dégradé** vers le panneau **Nuancier**.
- Faites un double clic sur ce nouveau dégradé, saisissez son **Nom** puis cliquez sur **OK**.
- Supprimez l'ancien dégradé en le faisant glisser sur le bouton .

Supprimer/dupliquer un dégradé

- Veillez à ce qu'aucun objet ne soit sélectionné ; à l'inverse, le dégradé que vous souhaitez supprimer ou dupliquer sera appliqué à l'objet sélectionné.
- Pour supprimer un dégradé du panneau **Nuancier**, sélectionnez-le, cliquez sur le bouton visible en bas du panneau **Nuancier** puis cliquez sur **Oui** pour confirmer la suppression.
- Pour dupliquer un dégradé, faites-le glisser vers l'icône **Nouvelle nuance** ou sélectionnez-le, puis dans le menu du panneau **Nuancier**, choisissez **Dupliquer la nuance**. Faites ensuite un double clic sur la nuance, saisissez son **Nom** puis cliquez sur **OK**.

Vous pouvez aussi faire glisser le dégradé à supprimer sur le bouton **Supprimer la nuance** . Dans ce cas, le dégradé est supprimé immédiatement, sans message de confirmation.

Importer des dégradés

- Ouvrez la bibliothèque de nuances par le menu **Fenêtre - Bibliothèques de nuances - Dégradés** ou par le menu du panneau **Nuancier**.

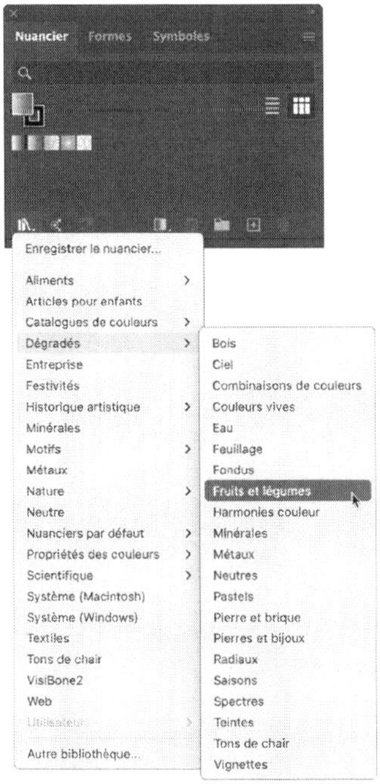

Dès que vous aurez appliqué un des dégradés de la bibliothèque, celui-ci sera répertorié dans le nuancier.

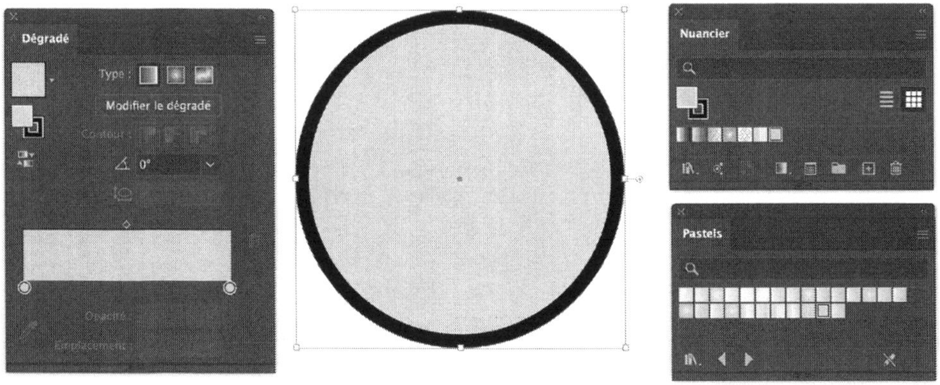

Modifier les contours d'un objet

- Sélectionnez le tracé concerné.
- Affichez le panneau **Contour** : **Fenêtre** - **Contour** ou Ctrl F10 (PC).
- Ouvrez, si besoin, le menu du panneau puis cliquez sur **Afficher les options**.

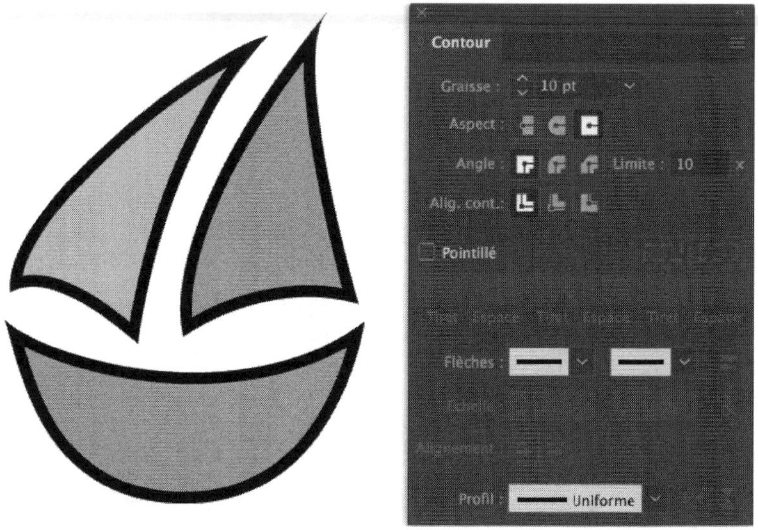

- Modifiez la **Graisse** (épaisseur) de votre contour en utilisant une des méthodes suivantes :
  - Cliquez sur les boutons d'incrémentation pour faire défiler les valeurs disponibles.
  - Sélectionnez une valeur dans la liste déroulante liée à cette option.
  - Saisissez la valeur de l'épaisseur souhaitée puis appuyez sur la touche ⏎.

  Vous pouvez définir des valeurs dans une unité quelconque en faisant suivre la valeur de **p** *pour* **pouces, mm** *pour* **millimètres, pt** *pour* **points, cm** *pour* **centimètres**... *La valeur sera automatiquement convertie en points.*

- Sélectionnez le style d'extrémité à l'aide des boutons **Aspect** et le type d'**Angle** souhaité.

  Pour bien appréhender la notion d'extrémités et de sommets, regardez l'illustration d'exemple présentée ci-après. Sur cet exemple, portez attention aux marques de sélection pour bien distinguer les extrémités carrées des extrémités projetées.

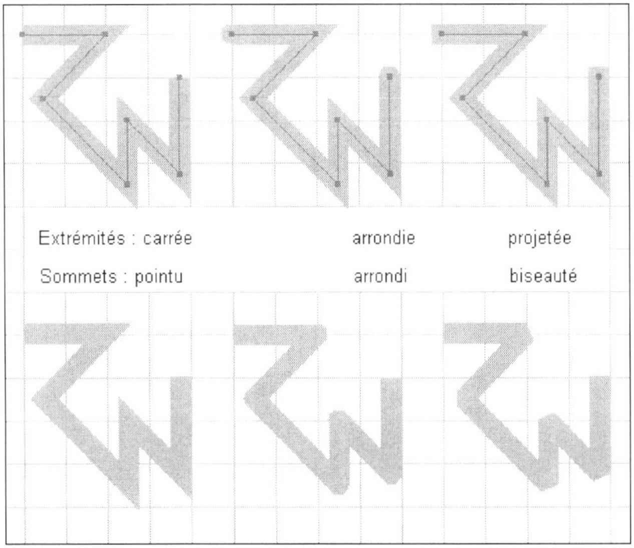

- Si l'objet est un tracé fermé, choisissez l'alignement souhaité pour le contour en cliquant sur un des boutons associés à l'option **Alig. cont.** :
  - Le contour est centré par rapport au tracé.
  - Le contour est aligné sur l'intérieur du tracé.
  - Le contour est aligné sur l'extérieur du tracé.

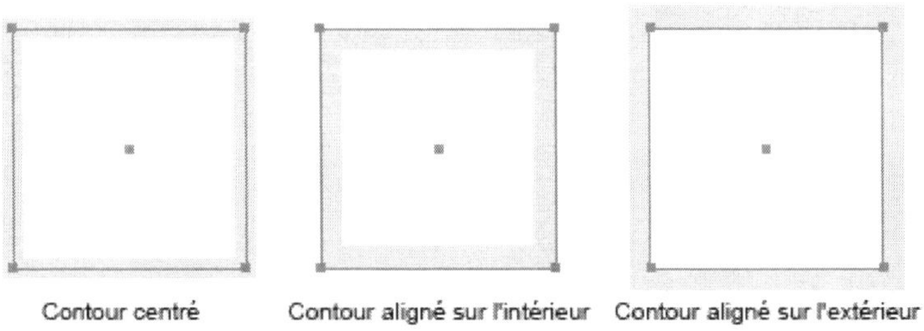

Pour repérer le type d'alignement d'un contour, l'objet doit être sélectionné.

- Cochez l'option **Pointillé** pour créer une ligne pointillée puis spécifiez une séquence de pointillés en indiquant leur longueur (zone **Tiret**) ainsi que celles des intervalles (zone **Espace**) dans les cases de saisie correspondantes.

Par défaut, les valeurs saisies se convertissent en points.

- En cliquant sur les icônes et , choisissez l'aspect des angles du contour. Avec l'icône de gauche, les longueurs des tirets et espaces sont toujours respectées et le tracé « suit », ce qui est pratique pour un travail de cartographie. Avec l'icône de droite, les tirets sont alignés sur les angles et les fins de tracés, ce qui est moins précis mais plus élégant pour des encadrés graphiques.

Il est possible d'effectuer toutes ces manipulations avant de créer le tracé.

Illustrator gère les épaisseurs variables de contour avec l'outil **Largeur** dont le fonctionnement est décrit dans le chapitre Dessiner - Utiliser l'outil Largeur.

Les attributs d'aspect

Modifier les attributs de contour ou de fond d'un objet

*Le panneau **Aspect** affiche les attributs de contour, de fond, de transparence et les effets appliqués à la sélection.*

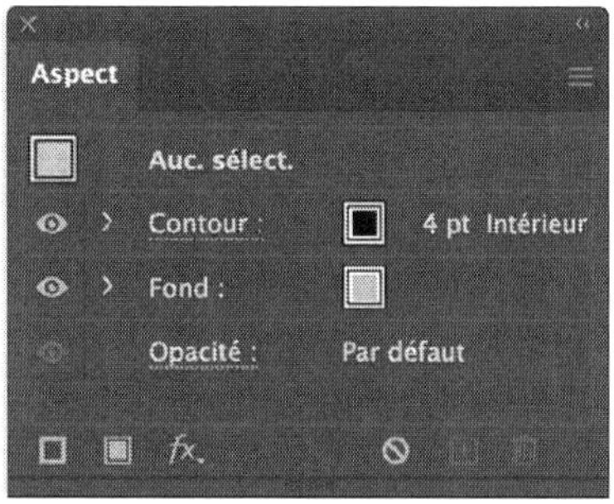

- Sélectionnez l'objet concerné.
- **Fenêtre - Aspect** ou ⇧ F6
- Pour modifier les attributs de contour et de fond, cliquez sur **Contour** ou sur **Fond** du panneau **Aspect**.
- Pour modifier la couleur du **Contour** et du **Fond**, cliquez sur le sélecteur de couleurs correspondant puis choisissez une des couleurs proposées.

  Pour modifier l'épaisseur du **Contour**, veillez à ce que l'attribut soit sélectionné puis spécifiez une valeur ou sélectionnez-la dans la liste **Epaisseur de contour**.
- Activez ou désactivez la visibilité des différents attributs en cliquant sur .

Modifier la transparence d'un objet

- Sélectionnez l'outil **Sélection** puis cliquez sur l'objet ou le groupe d'objets concerné.
- **Fenêtre - Aspect** ou ⇧ F6

  Grâce à ce panneau, vous pouvez appliquer une transparence aux objets graphiques, à une image bitmap ou à du texte. La transparence peut s'appliquer à l'ensemble d'un bloc de texte ou à une lettre en particulier. De même, vous pouvez jouer sur la transparence de votre objet en entier, ou seulement sur le contour ou seulement sur le fond.
- Pour appliquer une transparence sur le contour ou sur le fond de l'objet sélectionné, cliquez sur la flèche située à gauche de l'attribut **Contour** ou **Fond** pour faire apparaître l'option **Opacité** si celle-ci n'est pas visible.
- Cliquez sur **Opacité** puis sur la flèche d'opacité. Faites ensuite glisser le curseur ou tapez le pourcentage d'opacité souhaité dans la zone de saisie **Opacité**.

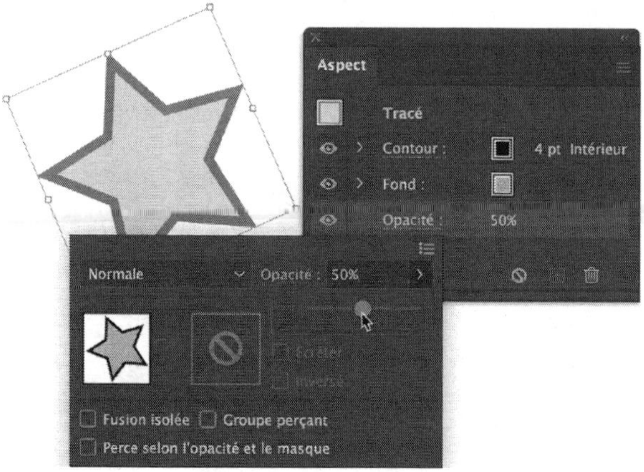

L'opacité permet de laisser apparaître des éléments sous l'objet transparent.

Dans cet exemple, la transparence de l'objet en entier a été modifiée.

⊡ Pour dégrader les couleurs entre l'objet sélectionné et la couleur de l'objet sous-jacent, sélectionnez un **Mode de fusion** dans la liste correspondante du panneau **Transparence** :

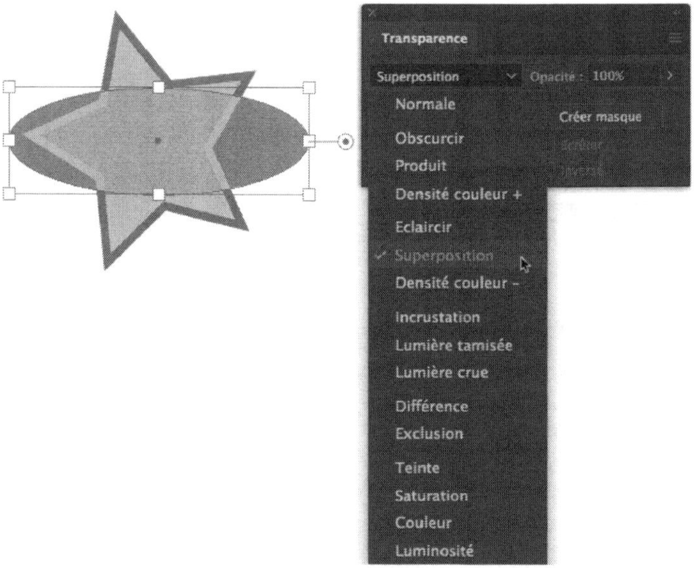

Normale	Mode actif par défaut, la couleur est complètement visible.

Obscurcir/Eclaircir	Ne sont gardées que les zones plus foncées ou plus claires.
Produit	Multiplie les couleurs de l'objet sélectionné et de l'objet en arrière-plan. La couleur résultante est plus sombre.
Densité couleur +/-	Agit sur la saturation des objets.
Superposition	Multiplie le contraire des couleurs de l'objet sélectionné et de l'objet en arrière-plan. La couleur résultante est plus claire.
Incrustation	Mélange les couleurs de l'objet sélectionné et de l'objet en arrière-plan.
Lumière tamisée	Les couleurs sont assombries ou éclaircies en fonction de la couleur de l'objet sélectionné.
Lumière crue	Effet semblable au précédent mais plus prononcé.
Différence	Prend la couleur chromatique la plus élevée sur chaque objet.
Exclusion	Même effet que le précédent mais plus doux.
Teinte	L'objet garde sa teinte mais prend la luminosité et la saturation de l'objet en arrière-plan.
Saturation	L'objet garde sa saturation mais prend la luminosité et la teinte de l'objet en arrière-plan.
Couleur	L'objet garde sa teinte et sa saturation mais prend la luminosité de l'objet en arrière-plan.
Luminosité	L'objet garde sa luminosité et sa saturation mais prend la teinte de l'objet en arrière-plan.

- Pour décomposer les aspects appliqués à vos objets, pour mieux les gérer ou les modifier, utilisez la commande **Objet** - **Décomposer l'aspect**.

  Votre objet se transforme en groupe.

- Faites un double clic sur **Contenu** dans le panneau **Aspect** pour retrouver les différents aspects attribués à votre tracé.

Pour modifier la transparence d'un objet, vous pouvez également utiliser le panneau **Transparence**.

Appliquer un effet à un objet

- Sélectionnez l'outil **Sélection** puis cliquez sur l'objet ou le groupe d'objets concerné.
- Cliquez sur le menu **Effet**.

  Vous pouvez aussi cliquer sur le bouton ***Ajouter un effet*** *visible en bas du panneau* ***Aspect****.*

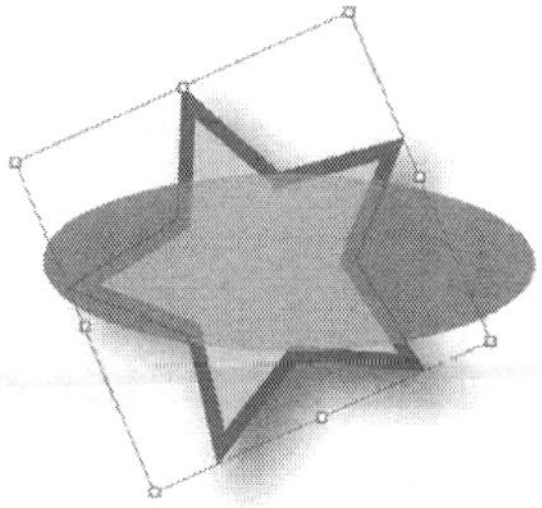

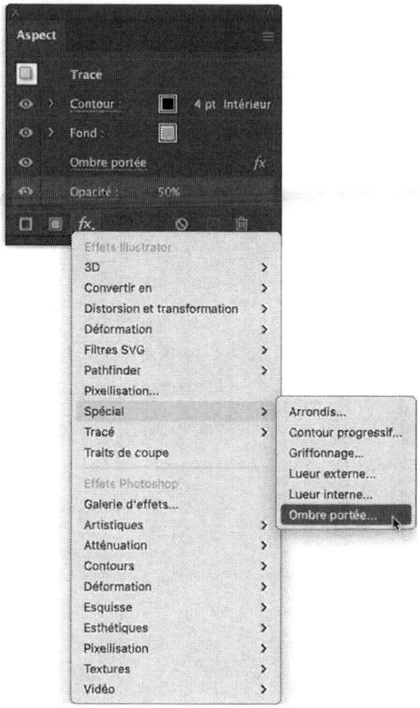

- Pointez l'option correspondant à la catégorie contenant l'effet à appliquer puis cliquez sur le nom de l'effet souhaité.
- Si besoin est, définissez les options de l'effet puis cliquez sur le bouton **OK**.

Reportez-vous au chapitre Effets pour consulter les différentes options associées aux effets.

Les attributs d'aspect ainsi appliqués sont visibles dans le panneau **Aspect**. Ces attributs sont modifiables et peuvent être supprimés (cf. titre suivant).

Gérer les attributs d'aspect

- Sélectionnez l'outil **Sélection** puis cliquez sur l'objet ou le groupe d'objets concerné.
- **Fenêtre - Aspect** ou ⇧ F6
- Pour modifier un attribut d'aspect, cliquez sur le lien du nom de cet attribut dans le panneau **Aspect** et modifiez-le à l'aide des options de la boîte de dialogue ou du panneau qui s'affiche.

- Pour supprimer un attribut d'aspect, cliquez sur la ligne correspondante dans le panneau **Aspect** puis cliquez sur le bouton .

Vous pouvez appliquer de la même manière un aspect à un calque (cf. un peu plus loin dans ce chapitre) : tous les attributs s'appliqueront à l'ensemble des objets et pourront se cumuler aux aspects appliqués initialement sur les objets.

Copier les attributs d'un objet sur un autre

Cet outil permet de récupérer des attributs d'un objet déjà créé.

- Sélectionnez les objets pour lesquels vous souhaitez copier les attributs.
- Si besoin est, faites un double clic sur l'outil **Pipette** pour paramétrer les options de cet outil : dans la zone **La pipette prélève**, cliquez sur les pointes de flèche pour afficher, si besoin est, les attributs d'**Aspect**, puis cochez ceux que vous souhaitez prélever et décochez les autres.

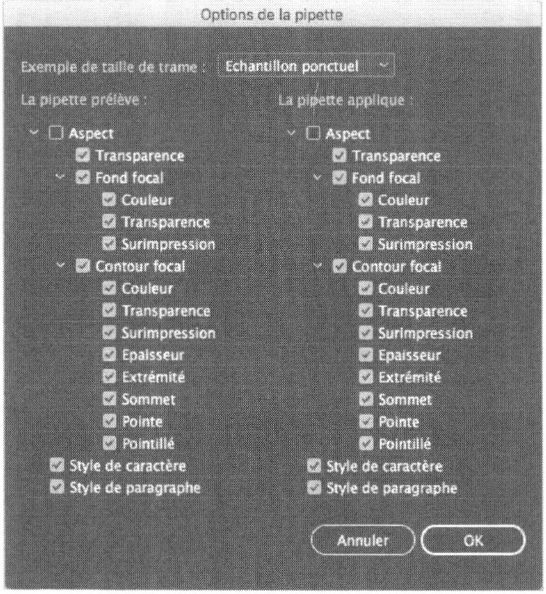

Cliquez sur le bouton **OK**.

- Veillez à ce que l'outil **Pipette** soit toujours sélectionné.
- Cliquez sur l'objet dont les attributs doivent être copiés.

Vous récupérez les attributs de cet objet.

- Pour appliquer les attributs que vous venez de récupérer avec votre pipette sur un autre objet, appuyez sur la touche Alt (PC) ou alt (Mac) puis cliquez sur l'objet concerné.

Les styles

Les styles sont des attributs d'aspect qui sont enregistrés dans un panneau. Vous pouvez en créer, en modifier, en supprimer.

Appliquer un style

- Sélectionnez l'outil **Sélection** puis cliquez sur l'objet sur lequel le style doit être appliqué.
- **Fenêtre - Styles graphiques** ou ⇧ F5
- Cliquez sur le style que vous souhaitez appliquer ou faites-le glisser du panneau **Styles graphiques** sur l'objet cible.

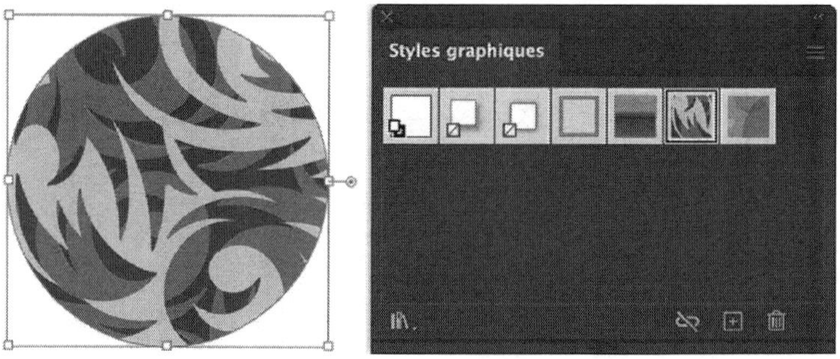

Créer un style

- Créez un objet et apposez-lui tous les attributs que vous désirez.
- Sélectionnez l'outil **Sélection** puis cliquez sur votre objet pour le sélectionner.
- Ouvrez le menu du panneau **Styles graphiques** puis cliquez sur l'option **Nouveau style graphique**.

  La boîte de dialogue **Options de style graphique** *s'ouvre.*
- Tapez le **Nom du style** dans la zone de saisie correspondante.
- Validez en cliquant sur **OK**.

  Votre nouveau style apparaît dans le panneau **Styles graphiques.**

Pour créer un style, vous pouvez aussi cliquer sur le bouton **Nouveau style graphique** du panneau **Styles graphiques** ou faire glisser votre objet dans le panneau **Styles graphiques**. Double cliquez ensuite sur l'icône du style pour afficher la boîte de dialogue permettant de le nommer.

Créer un style par fusion

*Pour créer un style par fusion, vous allez sélectionner plusieurs styles du panneau **Styles graphiques** et les fusionner pour en créer un nouveau.*

- Créez des nouveaux styles ou utilisez les styles déjà existants.
- Dans le panneau **Styles graphiques**, cliquez, tout en maintenant la touche Ctrl (PC) ou cmd ⌘ (Mac) enfoncée, sur les différents styles que vous souhaitez fusionner (les styles sélectionnés sont encadrés d'une bordure noire).

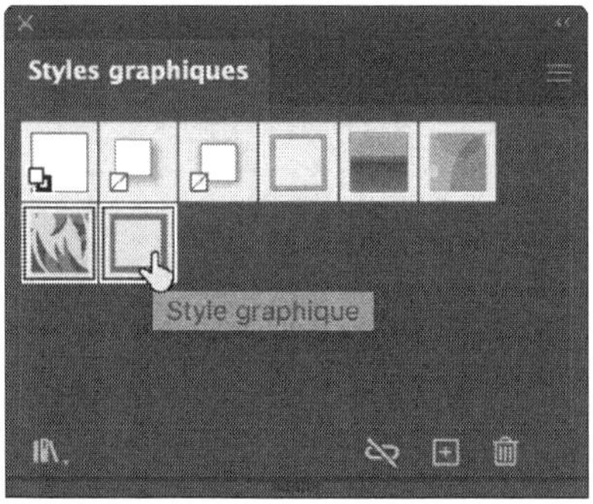

- Ouvrez le menu du panneau **Styles graphiques** puis cliquez sur l'option **Fusionner les styles graphiques**.
- Tapez le **Nom du style** puis cliquez sur **OK**.

Votre nouveau style apparaît dans le panneau ***Styles graphiques.***

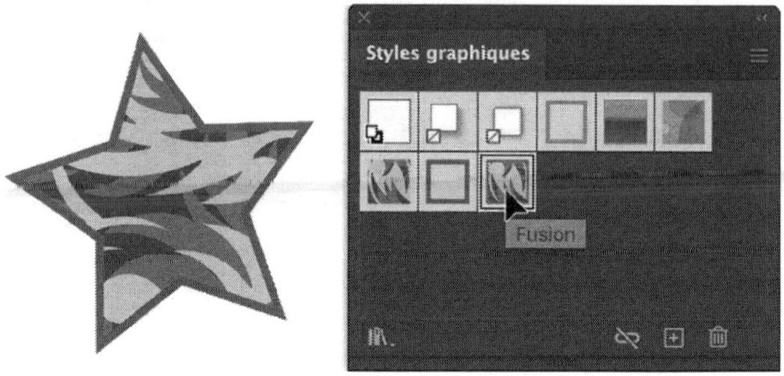

Modifier le style

- Pour modifier un style existant, cliquez sur l'outil **Sélection** puis cliquez sur l'objet sur lequel le style est appliqué.
- Cliquez sur le bouton **Rompre le lien au style graphique** du panneau **Styles graphiques**.
- Affichez, si besoin, le panneau **Aspect** par **Fenêtre** - **Aspect** puis faites vos modifications d'attributs.
- Faites glisser votre objet modifié dans le panneau **Styles graphiques**.
- Faites un double clic sur ce nouveau style pour afficher la boîte de dialogue permettant de le nommer.
- Tapez le **Nom du style** puis cliquez sur le bouton **OK**.

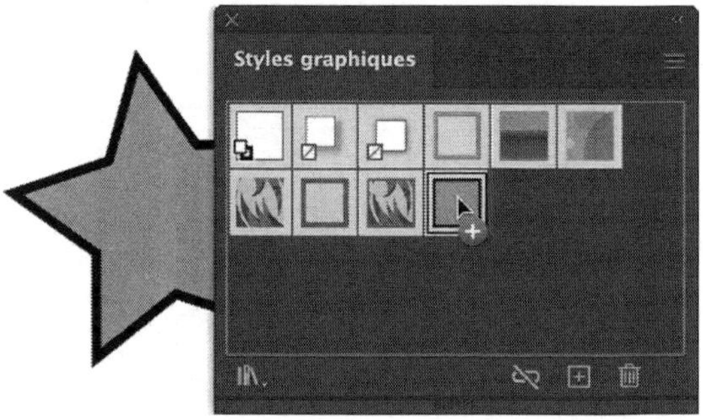

- Supprimez l'ancien style si vous le souhaitez.

Supprimer un style

- Veillez à ce qu'aucun objet ne soit sélectionné ; à l'inverse, le style que vous souhaitez supprimer sera appliqué à l'objet sélectionné.
- Cliquez sur le style que vous souhaitez supprimer dans le panneau **Styles graphiques**.
- Cliquez sur le bouton du panneau **Styles graphiques** ou cliquez sur **Supprimer le style graphique** du menu du panneau.
- Cliquez sur le bouton **Oui** pour confirmer la suppression du style.

Pour supprimer un style, vous pouvez aussi le faire glisser sur le bouton . Dans ce cas, aucun message de confirmation de la suppression n'apparaît : le style est supprimé immédiatement.

Appliquer un aspect à un calque

L'utilisation de l'attribut ***Aspect*** *sur un calque engendre une modification de tous les objets situés sur le calque et non pas de l'objet ou du groupe d'objets sélectionné.*

- Cliquez sur le rond de sélection associé au calque.

Les objets présents sur le calque sont sélectionnés.

- Effectuez les modifications à partir des différents panneaux : **Transparence**, **Couleur**...

  Le rond de sélection du calque change d'aspect et devient  *.*

Les nouveaux attributs s'appliquent à l'ensemble des objets.

Assombrir/éclaircir les couleurs d'un objet

- Sélectionnez l'objet concerné.
- **Edition - Modifier les couleurs - Saturation**

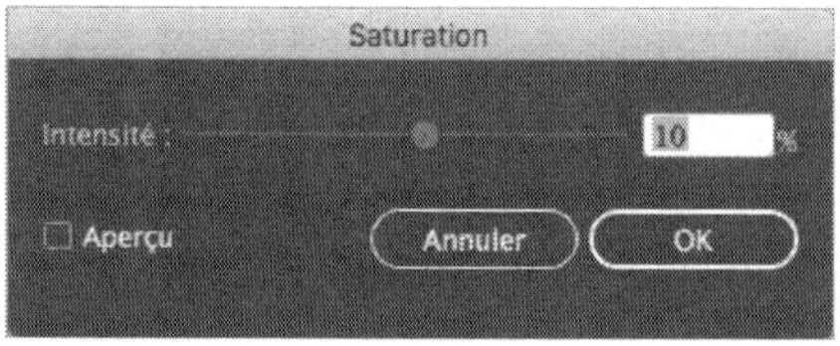

- Tapez l'**Intensité** attendue ou faites glisser le curseur correspondant.

  Cette valeur doit être comprise entre -100 % (désaturation) et 100 % (saturation). Une valeur positive assombrit la couleur tandis qu'une valeur négative l'éclaircit.
- Cochez l'option **Aperçu** si vous souhaitez visualiser le résultat.
- Cliquez sur le bouton **OK**.

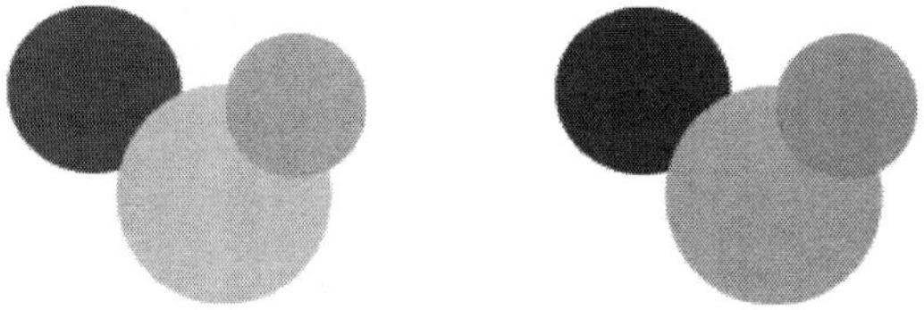

Saturation de 60 %

Inverser des couleurs

Cette manipulation sert à créer une couleur négative (inversée) pour l'objet sélectionné :

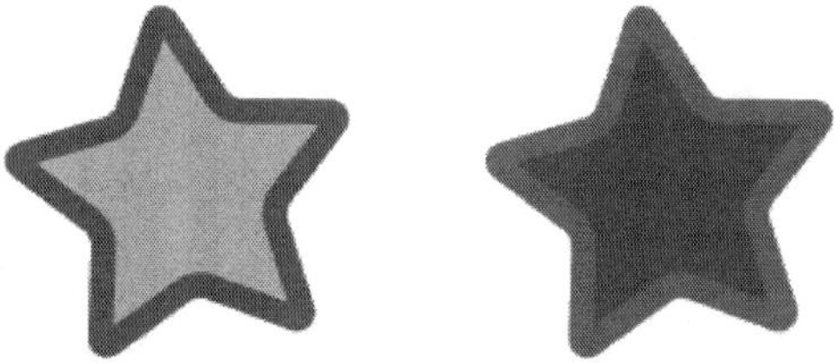

Avant Après

- Sélectionnez l'objet pour lequel les couleurs doivent être inversées.
- **Edition - Modifier les couleurs - Inversion**

Cette manipulation ne fonctionne pas sur les dégradés et les motifs.

Créer un tracé transparent

Grâce à cette fonction, les zones de superposition d'objets deviennent transparentes.

- Placez les objets à rendre transparents devant l'objet que vous souhaitez voir en transparence.

Il doit y avoir au moins deux objets : c'est l'intersection de ces deux objets qui va devenir transparente.

- Sélectionnez les objets dont l'intersection doit être rendue transparente.
- **Objet - Tracé transparent - Créer** ou Ctrl **8** (PC) ou cmd ⌘ **8** (Mac)

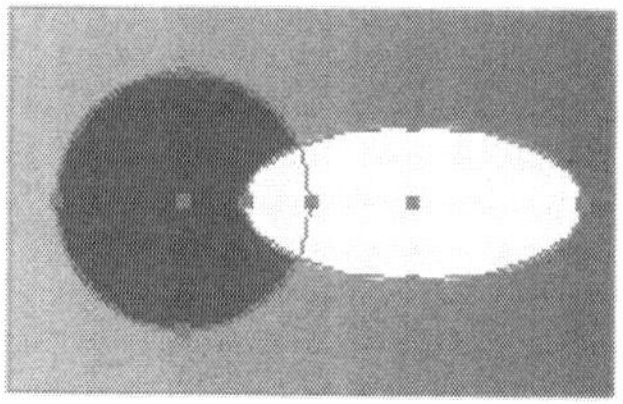
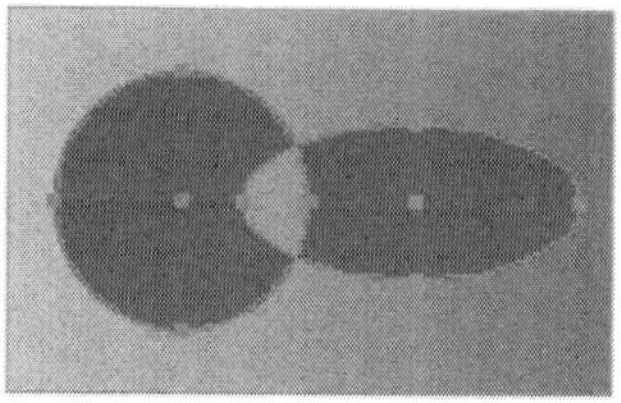

La zone située à l'intersection des deux ellipses est maintenant transparente, laissant voir le fond du rectangle.

Vous pouvez aussi superposer plusieurs tracés transparents : créez un nouvel objet que vous placez devant, sélectionnez les objets puis créez un nouveau tracé transparent (**Objet - Tracé transparent - Créer**).

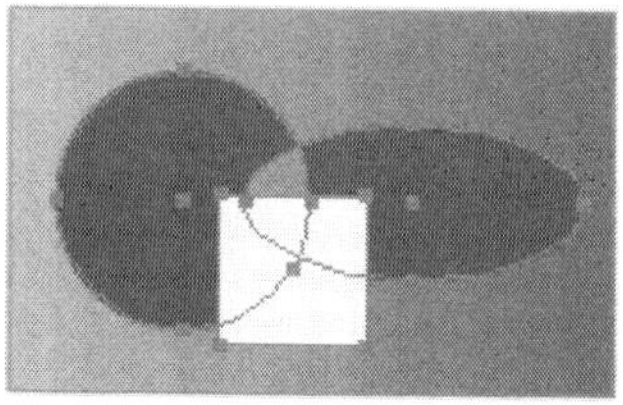
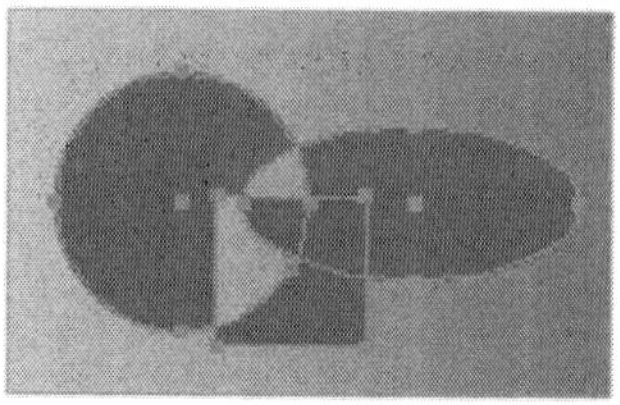

Appliquer une couleur à une image en niveaux de gris

Pouvoir mettre de la couleur sur une image en niveaux de gris peut être très intéressant si vous faites une composition avec des bitmaps et des vecteurs et que cette illustration doit au final comporter un nombre restreint de couleurs, pour une question de coût d'impression par exemple.

- Importez une image en niveaux de gris.
- Sélectionnez votre image.
- Cliquez, dans le nuancier, sur la couleur de fond à appliquer.

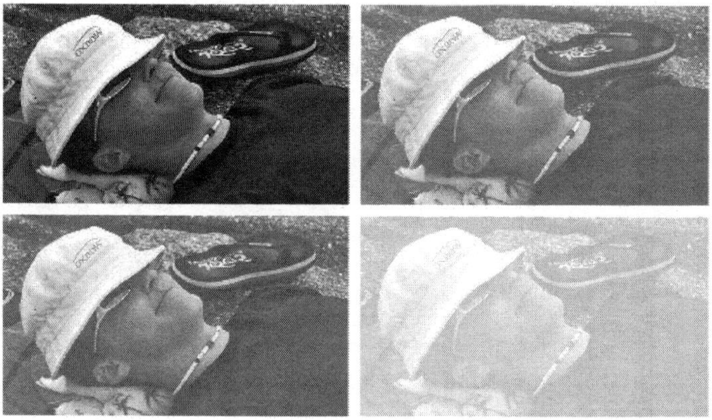

Introduction

Les effets permettent de modifier la forme d'un objet. Les effets sont de deux sortes : les effets vectoriels et les effets de pixellisation qui s'appliquent aux objets vectoriels et bitmap.

Créer des lignes en zigzag ou ondulées

Concrètement, cet effet ajoute des points d'ancrage au tracé sélectionné et déplace ces points selon la valeur indiquée dans la zone ***Taille*** *:*

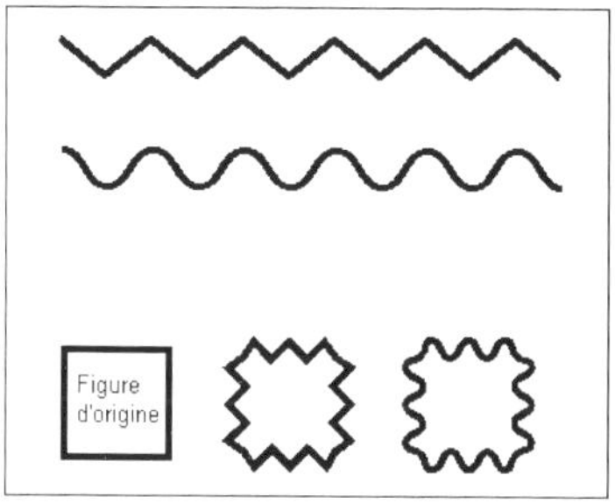

- Sélectionnez le tracé concerné à l'aide de l'outil .

  Vous pouvez sélectionner des tracés ouverts mais aussi des tracés fermés.

- **Effet - Distorsion et transformation - Zigzag**

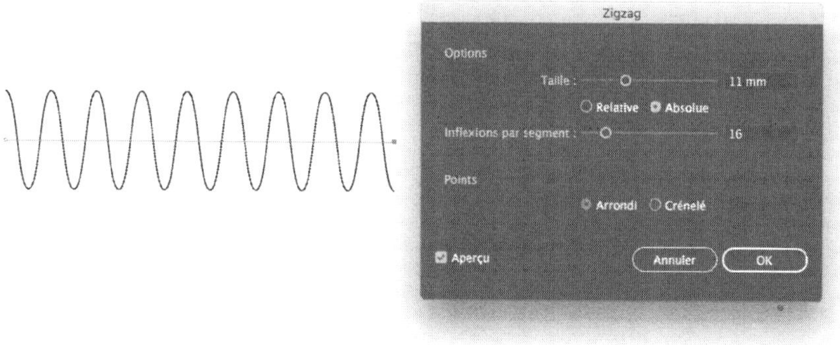

- Dans la zone **Options**, spécifiez la distance des points sur la ligne en déplaçant le curseur **Taille** ou en saisissant une valeur dans la zone de saisie correspondante.

  Plus cette valeur sera élevée, plus l'amplitude des "ondes" sera importante.

- Activez l'option **Relative** pour déplacer les points suivant un pourcentage de la taille du tracé ou l'option **Absolue** pour déplacer les points suivant une valeur fixe.

- Renseignez le nombre d'ondulations par unité de mesure dans la zone **Inflexions par segment** ou déplacez le curseur correspondant.

  Plus le nombre est élevé et plus la droite comportera d'"ondes".
- Activez l'option **Arrondi** pour obtenir une ligne ondulée ou l'option **Crénelé** pour une ligne en zigzag.
- Cochez, si besoin, l'option **Aperçu** pour visualiser l'impact des modifications sur le tracé sélectionné.
- Cliquez sur le bouton **OK**.

Incurver des tracés

L'incurvation des lignes se fait par rapport à leurs points d'ancrage :

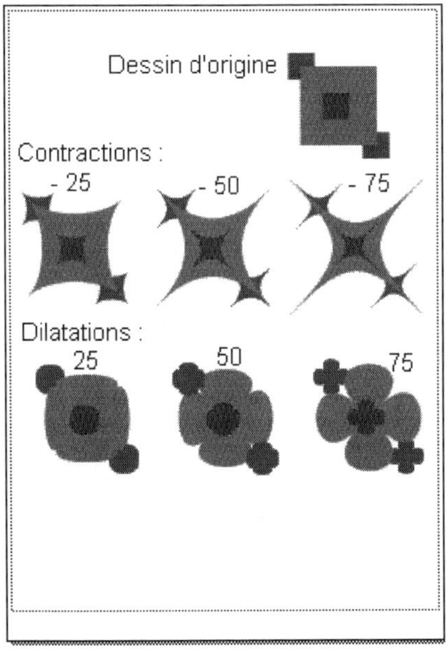

- Sélectionnez l'objet concerné à l'aide de l'outil .
- **Effet - Distorsion et transformation - Contraction et dilatation**

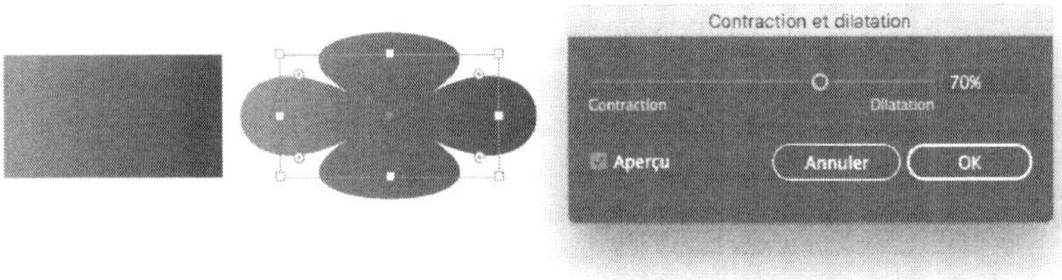

*Sur cet exemple, nous avons appliqué au rectangle un filtre **Dilatation** à 70 %.*

- Pour incurver le tracé vers l'intérieur, faites glisser le curseur vers **Contraction** ou entrez un pourcentage négatif dans la zone de saisie.
- Pour incurver le tracé vers l'extérieur, faites glisser le curseur vers **Dilatation** ou saisissez un pourcentage positif dans la zone de saisie.

Les pourcentages ont pour intervalle -200 à 200.

- Cochez l'option **Aperçu** pour visualiser vos modifications.
- Cliquez sur le bouton **OK**.

Modifier les points d'ancrage de manière aléatoire

- Sélectionnez l'objet.
- **Effet - Distorsion et transformation - Peaufinage**

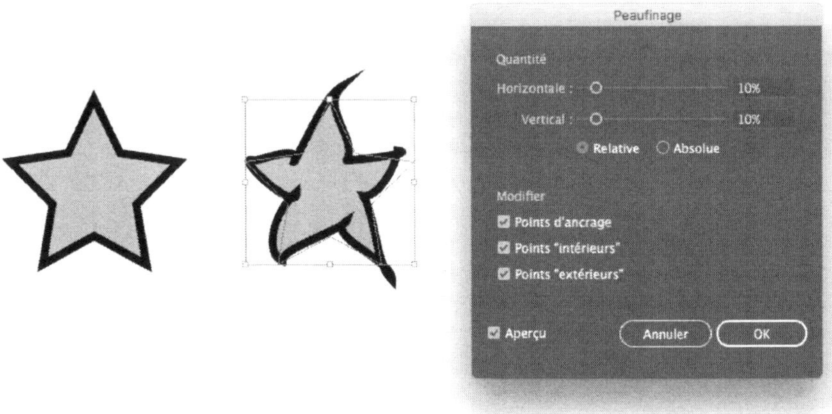

- Activez l'option **Relative** pour déplacer les points selon un pourcentage de la taille actuelle de l'objet ou l'option **Absolue** pour déplacer les points selon une valeur fixe.
- Dans les zones de saisie **Horizontale** et **Verticale**, entrez les valeurs de déplacement des points ou faites glisser les curseurs correspondants.

- Indiquez quels sont les points à déplacer en activant les options correspondantes et en désactivant les autres : les **Points "intérieurs"** sont les points directeurs qui partent vers l'intérieur du tracé et les **Points "extérieurs"** sont ceux qui partent vers l'extérieur du tracé.
- Cochez l'option **Aperçu** pour visualiser le résultat.
- Cliquez sur le bouton **OK**.

Appliquer une torsion à un objet

- Sélectionnez l'objet concerné à l'aide de l'outil .
- **Effet - Distorsion et transformation - Torsion**
- Saisissez la valeur de l'**Angle** de torsion dans la zone de saisie correspondante.

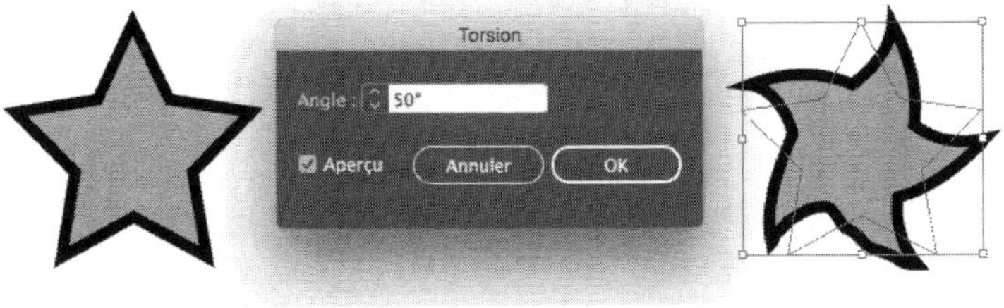

- Cochez l'option **Aperçu** pour visualiser le résultat.
- Cliquez sur le bouton **OK** pour valider.

Donner une apparence d'esquisse

Le filtre utilisé déplace les points d'ancrage de façon à faire apparaître l'esquisse du tracé.

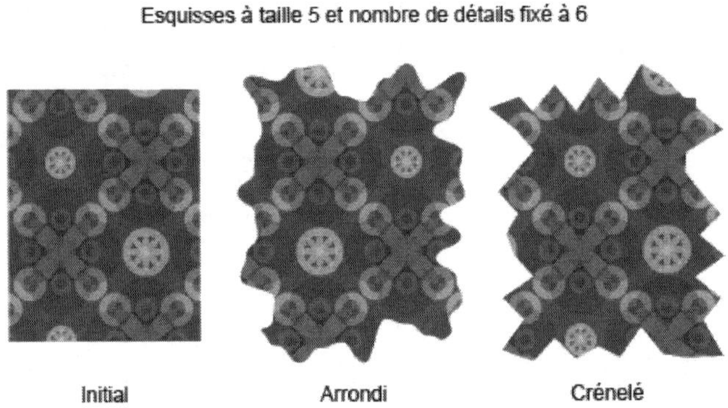

- Sélectionnez l'objet concerné.
- **Effet - Distorsion et transformation - Esquisse**

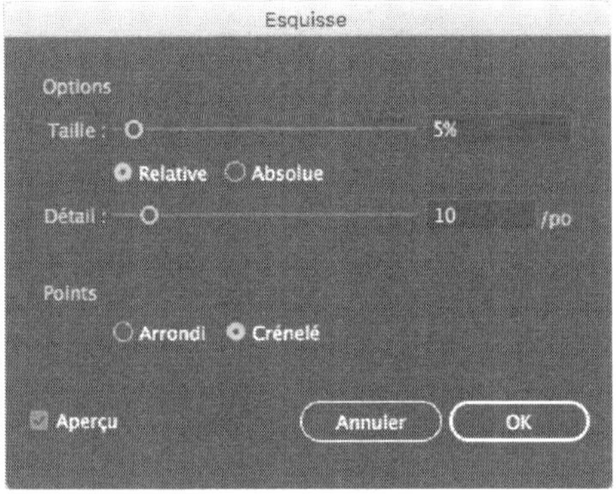

- Activez l'option **Relative** pour distordre suivant un pourcentage de la taille de l'objet ou **Absolue** pour distordre suivant une valeur fixe.
- Déterminez l'ampleur de la distorsion en faisant glisser le curseur **Taille** ou en tapant une valeur comprise entre 0 et 100 % dans la zone de saisie.
- Renseignez le nombre de distorsions par unité de mesure dans la zone de saisie **Détail** ou faites glisser le curseur correspondant.
- Précisez si les distorsions doivent être de type **Arrondi** ou de type **Crénelé**.
- Cochez, si besoin, l'option **Aperçu** pour visualiser vos modifications.
- Cliquez sur le bouton **OK**.

Arrondir les sommets des tracés

Cet effet crée de nouveaux points d'ancrage destinés à arrondir les sommets :

Arrondi de 10 pt appliqué sur le triangle, le trait et le point

- Sélectionnez l'objet concerné.
- **Effet - Spécial - Arrondis**

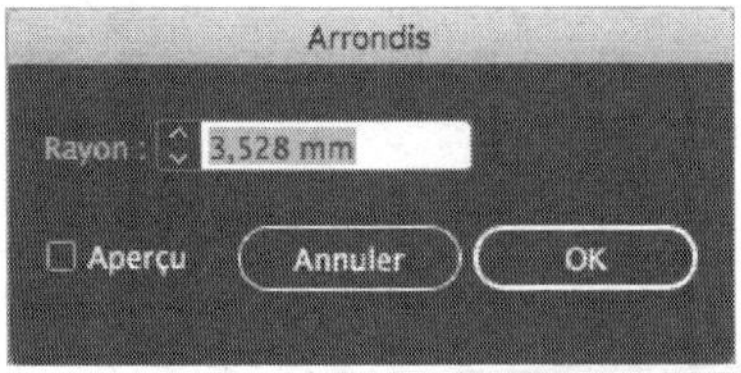

- Déterminez l'amplitude de l'arrondi en saisissant une valeur dans la zone **Rayon**.

  Cette valeur doit être comprise entre 0,004 et 1411,111 mm.
- Cochez l'option **Aperçu** pour visualiser le résultat.
- Cliquez sur le bouton **OK**.

Vous pouvez aussi arrondir les sommets des tracés à l'aide de l'outil **Arrondi** (cf. chapitre Dessiner - Utiliser l'outil Crayon et les outils associés).

Par défaut, le rayon d'arrondi est de 4,23 mm. Pour modifier cette valeur par défaut, modifiez le **Rayon** d'arrondi dans la boîte de dialogue des préférences (**Edition (Illustrator** sur Mac) - **Préférences - Général**).

Définir une ombre portée

- Sélectionnez l'objet concerné.
- **Effet - Spécial - Ombre portée**

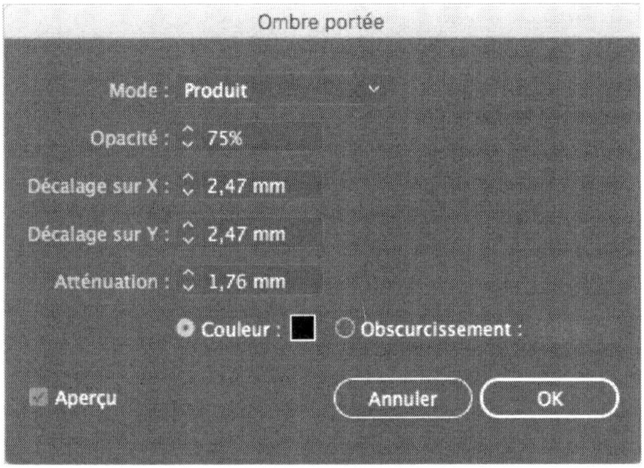

- Choisissez un **Mode** de fusion (cf. chapitre Attributs - Les attributs d'aspect).
- Définissez l'**Opacité** : plus elle est élevée, plus l'ombre est opaque.
- Définissez le **Décalage sur X** (horizontal) et/ou **Décalage sur Y** (vertical) de l'ombre par rapport à l'objet.
- Définissez l'**Atténuation** pour indiquer si l'ombre est plus ou moins floue. Cliquez sur la petite flèche à droite pour afficher le curseur de réglage.
- Activez l'option **Couleur** puis sélectionnez la couleur voulue ou activez l'option **Obscurcissement** puis indiquez le pourcentage (de 0 à 100) de son intensité.
- Cliquez sur le bouton **OK**.

Appliquer de nouveau le dernier effet utilisé

- Sélectionnez, si besoin est, l'objet concerné.
- Ouvrez le menu **Effet**.

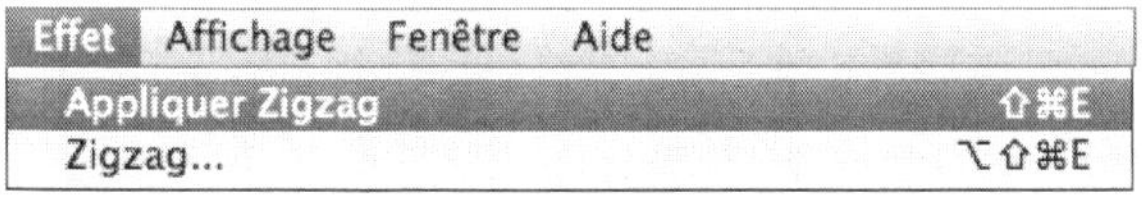

Les options qui nous intéressent sont les deux premières : le texte qui suit le verbe ***Appliquer*** *et le libellé de la deuxième option varie en fonction du dernier filtre utilisé.*

- Pour relancer le filtre sans modifier aucun de ses paramètres, cliquez sur l'option **Appliquer...** ou utilisez le raccourci-clavier Ctrl ⇧ **E** (PC) ou cmd ⌘ ⇧ **E** (Mac).
- Pour accéder à la boîte de dialogue du filtre et pouvoir ainsi modifier ses paramètres, cliquez sur la deuxième option ou utilisez le raccourci-clavier Ctrl Alt ⇧ **E** (PC) ou cmd ⌘ alt ⌥ ⇧ **E** (Mac).

Paramétrer le déplacement des objets et des motifs

Ces deux méthodes vont vous permettre de déplacer vos objets ou motifs selon des paramètres que vous définissez dans une boîte de dialogue : vous obtiendrez un résultat beaucoup plus précis que lors d'un déplacement manuel.

Première méthode

- Sélectionnez l'outil **Sélection** puis cliquez sur votre objet pour le sélectionner.
- **Objet - Transformation - Déplacement** ou Ctrl ⇧ **M** (PC) ou cmd ⌘ ⇧ **M** (Mac)

  Vous pouvez également double cliquer sur l'outil **Sélection** dans la barre d'outils.

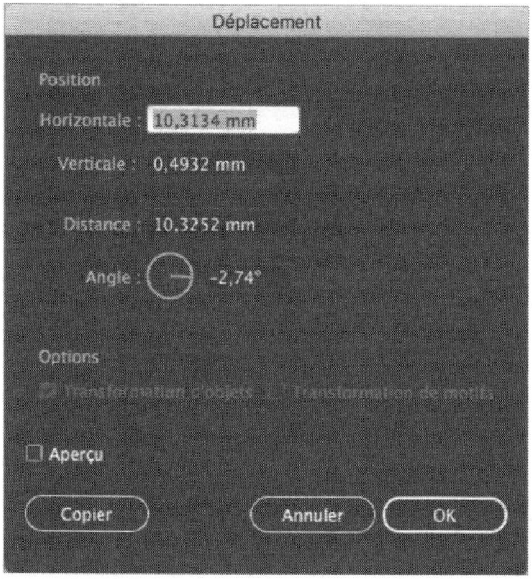

- Cochez l'option **Aperçu** si vous souhaitez visualiser vos modifications au fur et à mesure que vous les définissez.
- Pour déplacer l'objet selon un axe horizontal et/ou vertical, précisez la valeur du déplacement dans les zones **Horizontale** et/ou **Verticale**.

  Une valeur positive déplace l'objet vers la droite ou vers le haut, tandis qu'une valeur négative le déplace vers la gauche ou vers le bas.
- Pour déplacer l'objet selon un axe différent, précisez la **Distance** de déplacement et l'**Angle** de l'axe dans les zones de saisie correspondantes.

  L'angle est calculé en degrés à partir de l'axe X. Une valeur négative déplace l'objet dans le sens des aiguilles d'une montre, tandis qu'une valeur positive le déplace dans le sens contraire.

- Cochez l'option **Transformation d'objets** si vous souhaitez ne déplacer que l'objet, l'option **Transformation de motifs** si vous souhaitez déplacer seulement les motifs ou les deux options si vous souhaitez déplacer l'objet ainsi que le motif.
- Cliquez sur le bouton **OK**.

Le bouton **Copier** permet d'appliquer le déplacement à une copie de l'objet sélectionné.

Deuxième méthode

- Sélectionnez l'outil **Sélection** puis cliquez sur l'objet à déplacer.
- **Fenêtre - Transformation** ou ⇧ F8
- Ouvrez le menu du panneau **Transformation** puis cliquez sur l'option **Transformer l'objet** si vous souhaitez ne déplacer que l'objet ou sur l'option **Transformer le motif** si vous souhaitez déplacer seulement les motifs ou sur l'option **Tout transformer** si vous souhaitez transformer l'objet ainsi que le motif.

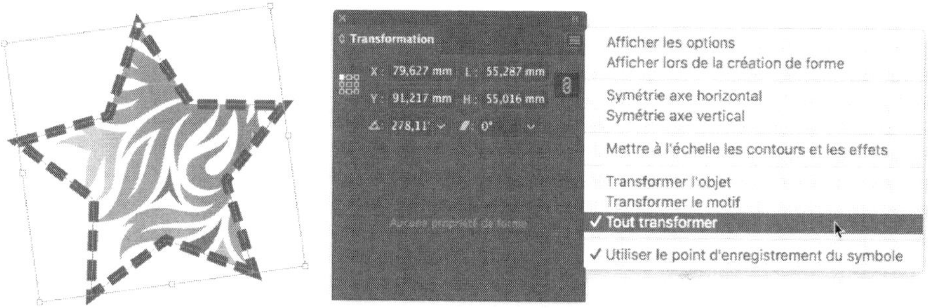

- Précisez dans les zones de saisie **X** et/ou **Y** du panneau **Transformation** les valeurs correspondant à la nouvelle position horizontale (**X**) et/ou verticale (**Y**) de votre objet.
- Indiquez une valeur d'angle dans la zone de saisie **Rotation** si vous souhaitez faire pivoter l'objet.

Les zones **L** et **H** et la zone de saisie permettent de modifier les dimensions et d'appliquer une déformation à votre objet.

Appliquer une rotation à un objet

Utiliser le cadre de sélection

- Sélectionnez l'outil **Sélection** puis cliquez sur l'objet à faire pivoter.
- Positionnez le curseur de la souris à proximité d'une poignée (carré blanc) : une double flèche arrondie apparaît.

- Cliquez puis faites glisser pour effectuer la rotation.
- Pour replacer droit votre cadre de sélection, utilisez la commande **Objet - Transformation - Réinitialiser le cadre de sélection**.

Utiliser l'outil Rotation

- Sélectionnez l'outil **Sélection** puis cliquez sur l'objet à faire pivoter.
- Sélectionnez l'outil **Rotation** .
- Si nécessaire, cliquez pour fixer le point d'origine autour duquel l'objet doit pivoter.
- Cliquez sur l'objet puis faites-le glisser dans le sens de la rotation.

Paramétrer la rotation

Il s'agit ici de faire pivoter un objet autour d'un point fixe appelé point d'origine. Sauf intervention, ce point correspond au centre de l'objet.

- Sélectionnez l'outil **Sélection** puis cliquez sur l'objet à faire pivoter.
- Sélectionnez l'outil **Rotation** .
- Appuyez puis maintenez la touche Alt (PC) ou alt (Mac) enfoncée.
- Cliquez à l'endroit où vous souhaitez fixer le point d'origine autour duquel l'objet doit pivoter.

  La boîte de dialogue ***Rotation*** *s'affiche.*
- Cochez l'option **Aperçu** pour visualiser vos modifications au fur et à mesure que vous les définissez.
- Saisissez l'**Angle** de rotation dans la zone de saisie correspondante ; une valeur positive opère une rotation dans le sens inverse des aiguilles d'une montre, tandis qu'une valeur négative respecte le sens horaire.

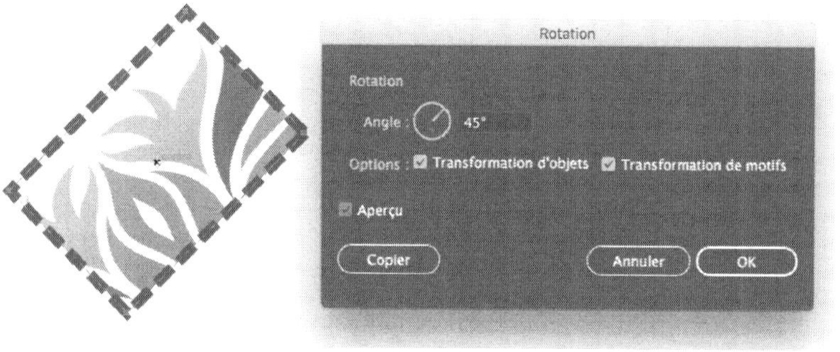

- Cliquez sur le bouton **OK**.

  La déformation s'effectue par rapport au point d'origine symbolisé par ⌖.

Le bouton **Copier** de la boîte de dialogue **Rotation** permet de faire pivoter une réplique de l'objet sélectionné.

Vous pouvez aussi effectuer une rotation à partir du menu **Objet** - **Transformation** - **Rotation**.

Créer une symétrie

Utiliser l'outil Miroir

- Sélectionnez l'outil **Sélection** puis cliquez sur l'objet pour lequel vous voulez créer une symétrie.
- Sélectionnez l'outil **Miroir** (dans la même série que l'outil) ou appuyez sur la touche **O**.

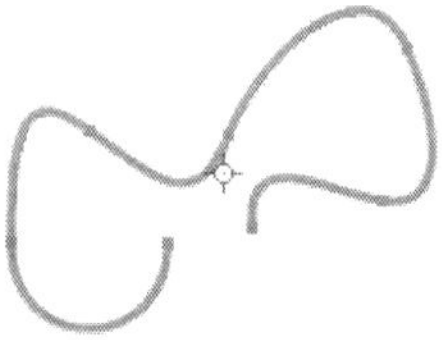

Le symbole ⌖ s'affiche sur l'objet cible. Il détermine la position du point d'origine par lequel passe l'axe de symétrie.

- Cliquez pour fixer le point d'origine ⌖ à l'endroit où vous désirez placer l'axe de symétrie.

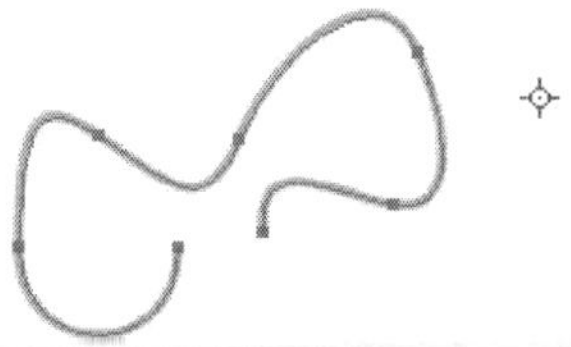

- Cliquez sur votre objet et faites-le glisser ; si nécessaire, appuyez sur la touche ⇧ pour contraindre l'angle à un multiple de 45°.
- Si besoin est, maintenez la touche Alt (PC) ou ⌥ (Mac) enfoncée pour créer une copie symétrique de l'objet.

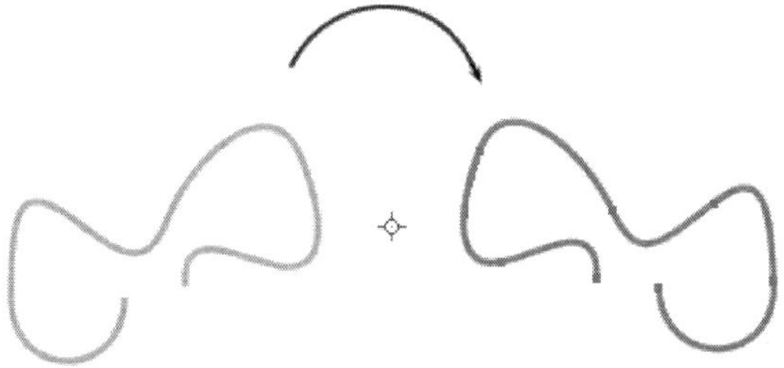

- Relâchez le bouton de la souris puis éventuellement la touche Alt et/ou ⇧ et cliquez sur l'outil **Sélection** .

Paramétrer la symétrie

- Sélectionnez l'outil **Sélection** puis cliquez sur l'objet pour lequel vous souhaitez appliquer une symétrie.
- Sélectionnez l'outil **Miroir** ou appuyez sur la touche **O**.

  La symétrie s'effectue par rapport au point d'origine symbolisé par ⌖ *.*
- Appuyez et maintenez la touche Alt (PC) ou ⌥ (Mac) enfoncée.
- Cliquez à l'endroit où vous souhaitez fixer le point d'origine ⌖.

  La boîte de dialogue ***Miroir*** *s'affiche.*
- Cochez l'option **Aperçu** pour visualiser les modifications au fur et à mesure que vous les définissez.
- Sélectionnez l'**Axe** par rapport auquel vous désirez créer une symétrie de l'objet.

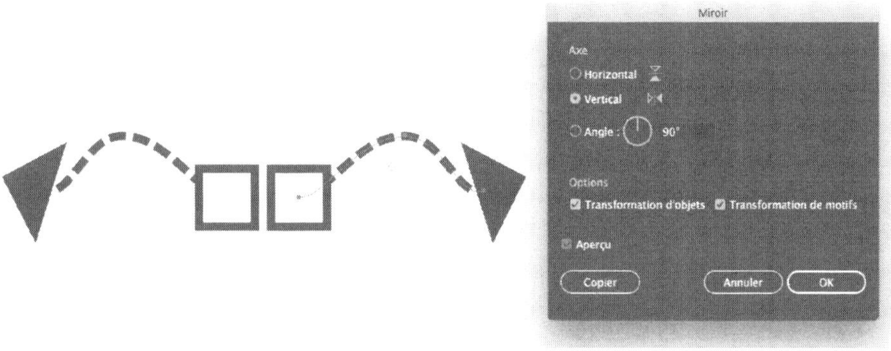

Si vous voulez effectuer une symétrie par rapport à un axe oblique, activez l'option **Angle** puis saisissez la valeur de l'angle dans la zone de saisie correspondante ou faites glisser le curseur correpondant sur le cadran.

- Cliquez sur le bouton **OK**.

Le bouton **Copier** de la boîte de dialogue **Miroir** permet d'appliquer la symétrie à une copie de l'objet. Vous pouvez aussi effectuer une symétrie à partir du menu **Objet - Transformation - Miroir**.

Déformer un objet

Utiliser l'outil Déformation

- Sélectionnez l'outil **Sélection** puis cliquez sur l'objet à déformer.
- Sélectionnez l'outil **Déformation** (dans la même série que l'outil).

La déformation s'effectue par rapport au point d'origine symbolisé par .

- Cliquez pour fixer le point d'origine de la déformation.

- Pointez à l'écart du point d'origine puis cliquez et faites glisser le pointeur de la souris en maintenant enfoncée, si nécessaire, l'une des touches suivantes :

⇧	Pour contraindre l'angle de la déformation à un multiple de 45°.
Alt (PC) ou alt (Mac)	Pour créer et déformer une copie de l'objet.

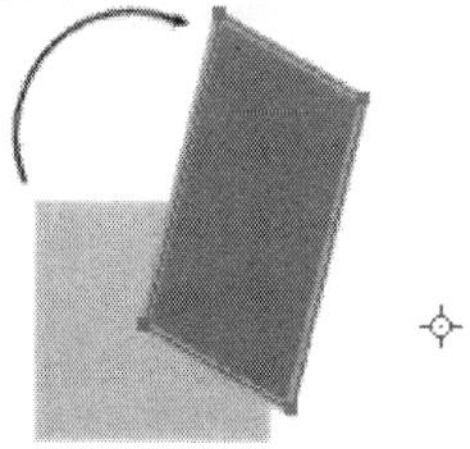

- Cliquez sur l'outil **Sélection**.

Vous pouvez aussi utiliser l'outil pour déformer un objet. Pour cela, sélectionnez l'objet à déformer, cliquez sur l'outil puis faites glisser l'une des poignées latérales du cadre de sélection en maintenant les touches Ctrl Alt (PC) ou cmd ⌘ alt (Mac) enfoncées.

Paramétrer la déformation

- Sélectionnez l'outil **Sélection** puis cliquez sur l'objet à déformer.
- Sélectionnez l'outil **Déformation**.
  La déformation s'effectue par rapport au point symbolisé par ⌖.
- Appuyez et maintenez la touche Alt (PC) ou alt (Mac) enfoncée.
- Cliquez pour fixer le point d'origine ⌖ de la déformation.
  *La boîte de dialogue **Déformation** s'affiche.*
- Cochez, si besoin est, l'option **Aperçu** pour visualiser le résultat au fur et à mesure de la définition des options.
- Saisissez la valeur de l'**Angle** de déformation.
- Sélectionnez l'axe par rapport auquel la déformation s'effectuera. Si vous souhaitez effectuer une déformation par rapport à un axe oblique, activez l'option **Angle** puis tapez la valeur de l'angle de l'axe dans la zone de saisie correspondante ou faites glisser le curseur correspondant sur le cadran.

- Cliquez sur le bouton **OK**.

Le bouton **Copier** de la boîte de dialogue **Déformation** permet d'appliquer la déformation à une copie de l'objet. Vous pouvez aussi déformer un objet à partir du menu **Objet - Transformation - Déformation**.

Effectuer des transformations sur un objet

- Sélectionnez l'objet à transformer puis sélectionnez l'outil de transformation manuelle dans la barre d'outils ou activez-le avec la touche **E**.

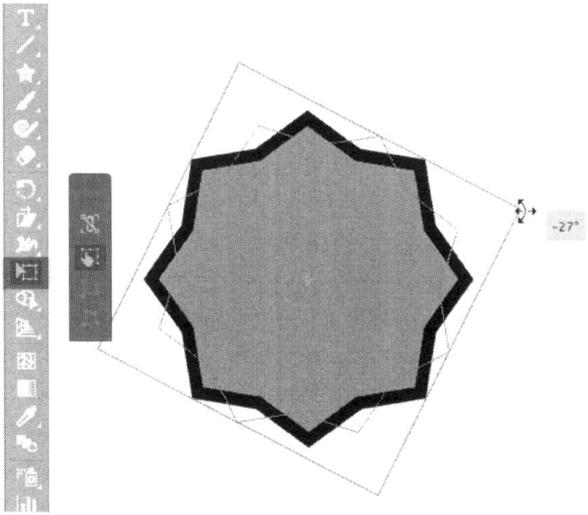

Un widget propose les options de transformation et l'objet est présenté dans une enveloppe avec des poignées pour le manipuler.

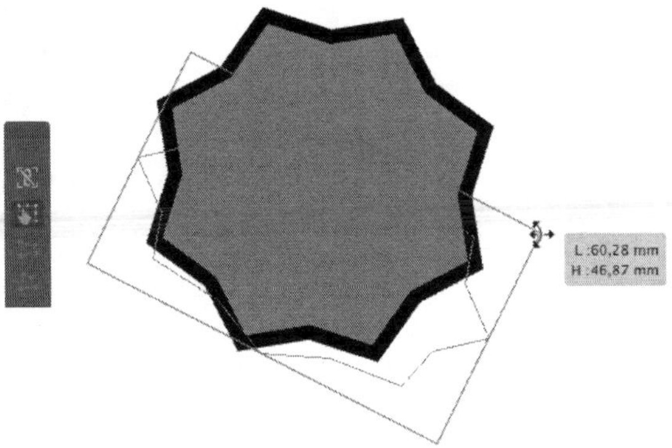

Transformation manuelle : redimensionne à partir des poignées.

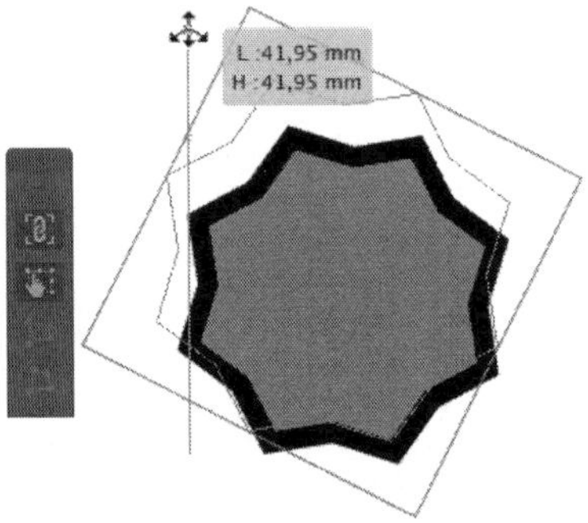

Contrainte : garde les proportions lors de la transformation manuelle avec la touche ⇧ appuyée.

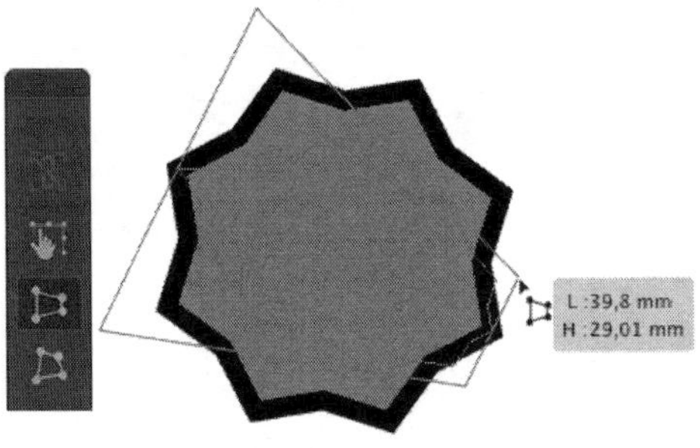

Distorsion en perspective : déforme à partir d'un point de fuite en haut à gauche.

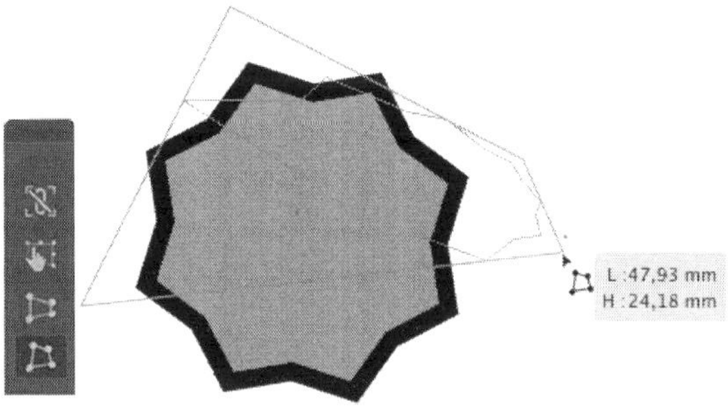

Distorsion manuelle : les poignées sont actionnables indépendamment.

La Transformation répartie

*La fonction **Transformation répartie** vous permet d'effectuer en même temps plusieurs transformations, de type mise à l'échelle, déplacement, rotation.*

- Sélectionnez l'outil **Sélection** puis cliquez sur l'objet concerné.
- **Objet - Transformation - Transformation répartie** ou Ctrl Alt ⇧ **D** (PC) ou cmd ⌘ ⇧ alt **D** (Mac)

*La boîte de dialogue **Transformation répartie** s'affiche.*

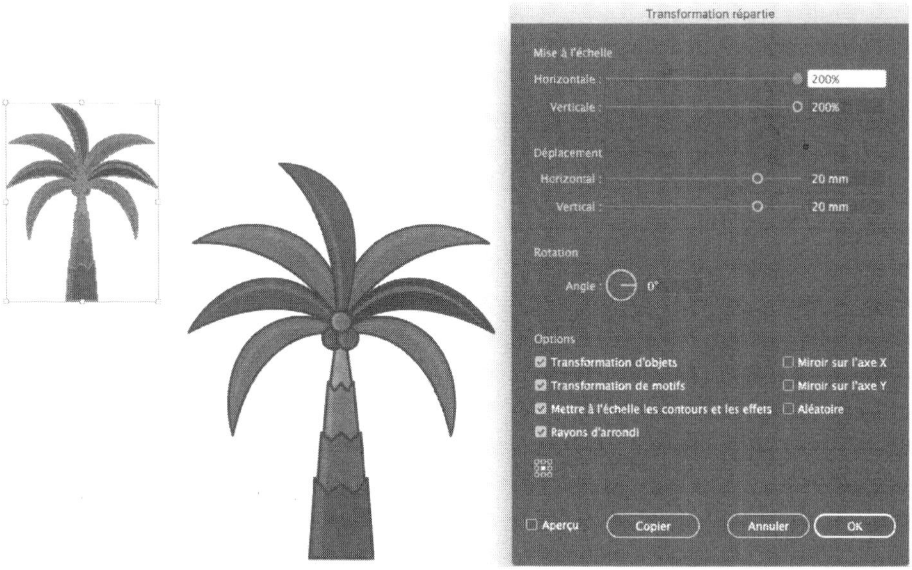

- Déplacez les curseurs **Horizontale** et/ou **Verticale** de la zone **Mise à l'échelle** pour redimensionner votre objet horizontalement et/ou verticalement ou saisissez une valeur (de 0 à 200 %) dans les zones de saisie correspondantes.
- Déplacez les curseurs **Horizontal** et/ou **Vertical** de la zone **Déplacement** pour déplacer votre objet verticalement et/ou horizontalement ou saisissez une valeur dans les zones de saisie correspondantes.
- Saisissez l'**Angle** de rotation de votre objet ou faites glisser le trait situé sur le cadran pour définir cet angle.
- Cochez les options **Miroir sur l'axe X** et/ou **Miroir sur l'axe Y** si vous souhaitez effectuer une symétrie par rapport à l'axe horizontal et/ou vertical.
- Cliquez sur un des petits carrés pour définir le point à partir duquel seront effectuées les transformations (le carré noir représente la sélection).
- Cochez l'option **Aléatoire** pour réaliser une transformation aléatoire.
- Cochez l'option **Aperçu** pour visualiser vos modifications au fur et à mesure que vous les définissez.
- Cliquez sur **OK**.

Le bouton **Copier** de la boîte de dialogue **Transformation répartie** permet d'appliquer les transformations à une copie de l'objet sélectionné.

Recadrer une image

Illustrator recadre directement les images Bitmap importées, ce qui peut éviter le recours aux masques d'écrêtage. Grâce à l'intelligence artificielle d'Adobe Sensei, des recadrages basés sur le contenu sont suggérés.

- Sélectionnez l'image à recadrer et choisissez le menu **Objet - Recadrer l'image**, ou cliquez sur le bouton **Recadrer l'image** du panneau **Contrôle** ou du panneau **Propriétés**.

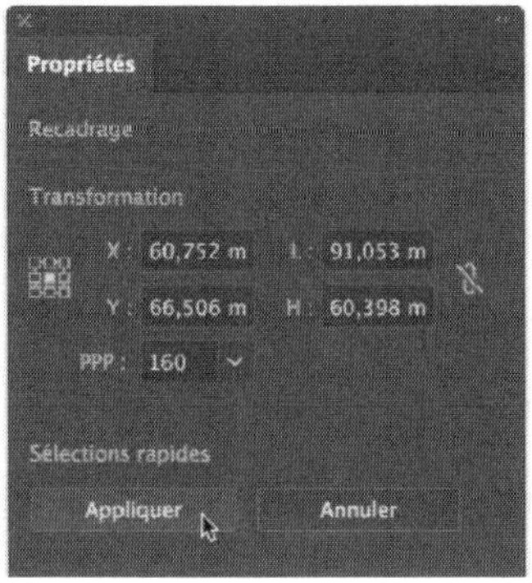

Une zone de recadrage basée sur le contenu est suggérée et vous pouvez la redimensionner à volonté en tirant sur les poignées.

- Pour valider appuyez sur le bouton **Appliquer**.

Répéter une transformation

Cette fonction vous permet de répéter une transformation déjà effectuée sur le même objet ou sur un objet différent.

- Appliquez une transformation de votre choix à un objet.
- Sélectionnez l'outil **Sélection** puis cliquez sur l'objet pour lequel vous souhaitez répéter la transformation.
- **Objet - Transformation - Répéter la transformation** ou Ctrl **D** (PC) ou cmd ⌘ **D** (Mac)

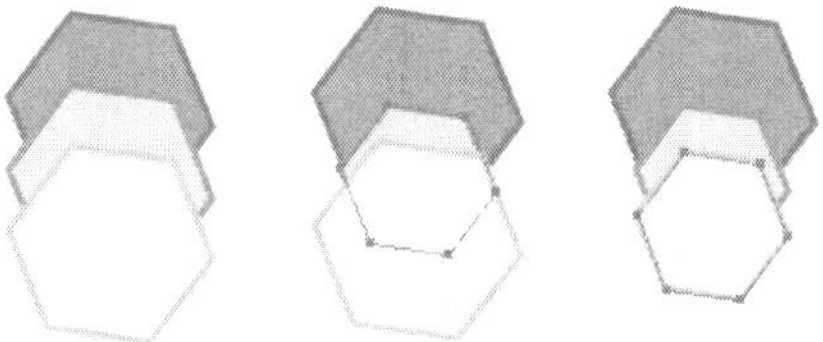

Déformer à l'aide des outils Fluidité

Ces fonctions ne s'appliquent qu'aux objets simples. Si vous souhaitez les appliquer à du texte, vous devez le vectoriser au préalable.

Utiliser l'outil Déformation

- Sélectionnez l'outil **Sélection**  puis cliquez sur l'objet à déformer.
- Sélectionnez l'outil **Déformation** .
- Effectuez des cliqués-glissés sur votre forme, autant de fois que vous le souhaitez.

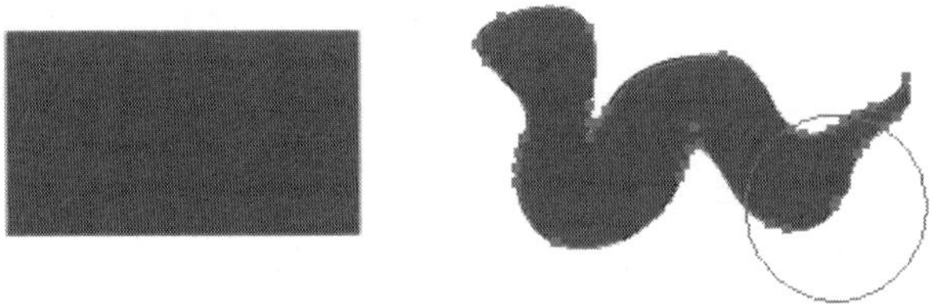

Utiliser l'outil Tourbillon

- Sélectionnez l'outil **Sélection**  puis cliquez sur l'objet à déformer.
- Sélectionnez l'outil **Tourbillon**  (dans la même série que l'outil  de la barre **Avancé**).
- Cliquez sur l'objet à l'endroit où vous souhaitez créer une distorsion en forme de tourbillon puis maintenez la touche de la souris enfoncée plus ou moins longtemps en fonction de la déformation à appliquer à l'objet ; cet outil peut être utilisé plusieurs fois sur le même objet.

Utiliser l'outil Contraction

- Sélectionnez l'outil **Sélection** puis cliquez sur l'objet à déformer.
- Sélectionnez l'outil **Contraction** (dans la même série que l'outil de la barre **Avancé**).
- Effectuez des cliqués-glissés sur votre forme, autant de fois que vous le souhaitez.

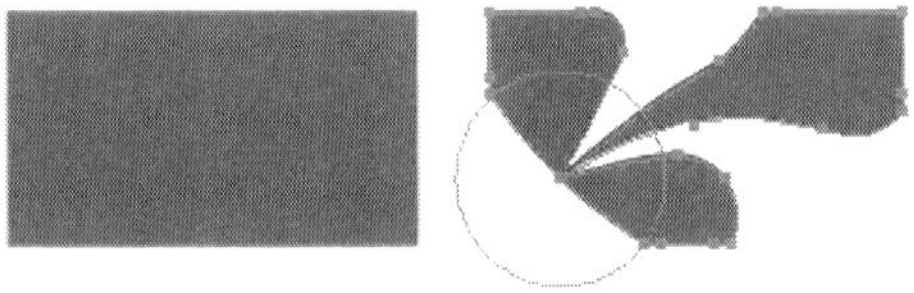

Utiliser l'outil Dilatation

- Sélectionnez l'outil **Sélection** puis cliquez sur l'objet à déformer.
- Sélectionnez l'outil **Dilatation** (dans la même série que l'outil de la barre **Avancé**).
- Effectuez des cliqués-glissés sur votre forme, autant de fois que vous le souhaitez.

Paramétrer les outils Déformation, Tourbillon, Contraction et Dilatation

- Faites un double clic sur l'outil à paramétrer.
- Pour définir la taille du curseur de l'outil, sélectionnez ou saisissez les valeurs dans les zones **Largeur** et **Hauteur**.
- Pour définir l'orientation de votre curseur, saisissez ou sélectionnez une valeur dans la zone **Angle**.
- Pour réaliser une déformation plus ou moins rapide, saisissez ou sélectionnez une valeur dans la zone **Intensité** ; plus le pourcentage est élevé, plus la déformation est rapide.

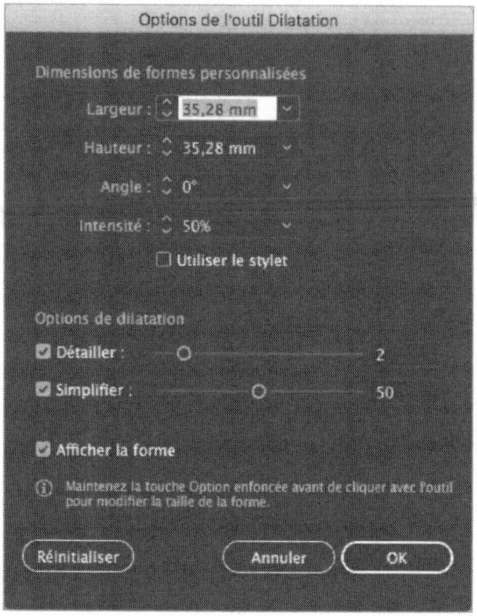

- Pour modifier l'espace entre les points insérés sur le contour de l'objet, cochez l'option **Détailler** puis spécifiez une valeur dans la zone de saisie correspondante ou faites glisser le curseur correspondant ; plus la valeur est élevée, plus les points sont rapprochés.
- Pour enlever les points superflus pour le résultat final, cochez l'option **Simplifier** puis spécifiez une valeur correspondant au nombre de points maximum à enlever dans la zone de saisie correspondante ou faites glisser le curseur correspondant.
- Pour modifier la vitesse du tourbillon (cette option est disponible uniquement pour l'outil **Tourbillon**), effectuez un cliqué-glissé du curseur **Vitesse du tourbillon** ou tapez une valeur d'angle entre -180 et 180 dans la zone de saisie correspondante ; le tourbillon sera lent à se créer si sa valeur est proche de 0.
- Cochez l'option **Afficher la forme** pour visualiser la forme de votre curseur lorsque vous réaliserez des modifications sur votre objet.
- Cliquez sur le bouton **OK**.

Le bouton **Réinitialiser** permet de retrouver les options définies par défaut.

Utiliser l'outil Festons

- Sélectionnez l'outil **Sélection** puis cliquez sur l'objet à déformer.
- Sélectionnez l'outil **Festons** (dans la même série que l'outil de la barre **Avancé**).
- Effectuez des cliqués-glissés sur votre forme, autant de fois que vous le souhaitez.

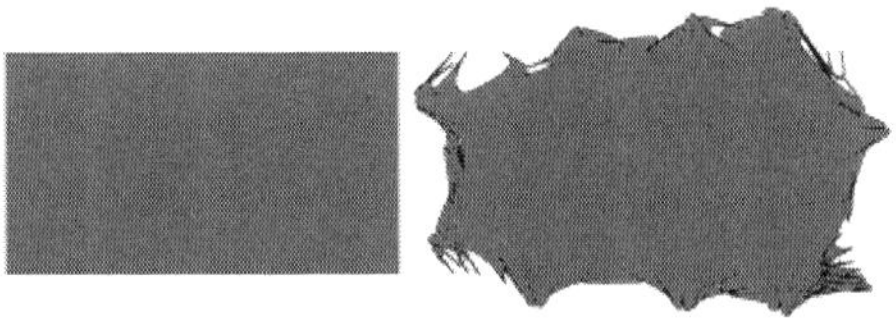

Utiliser l'outil Cristallisation

- Sélectionnez l'outil **Sélection** puis cliquez sur l'objet à déformer.
- Sélectionnez l'outil **Cristallisation** (dans la même série que l'outil de la barre **Avancé**).
- Effectuez des cliqués-glissés sur votre forme, autant de fois que vous le souhaitez.

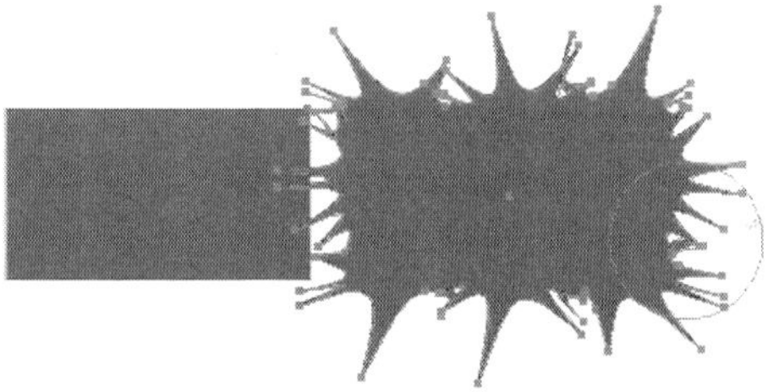

Utiliser l'outil Fronces

- Sélectionnez l'outil **Sélection** puis cliquez sur l'objet à déformer.
- Sélectionnez l'outil **Fronces** .
- Effectuez des cliqués-glissés sur votre forme, autant de fois que vous le souhaitez.

Paramétrer les outils Festons, Cristallisation et Fronces

- Faites un double clic sur l'outil à paramétrer.

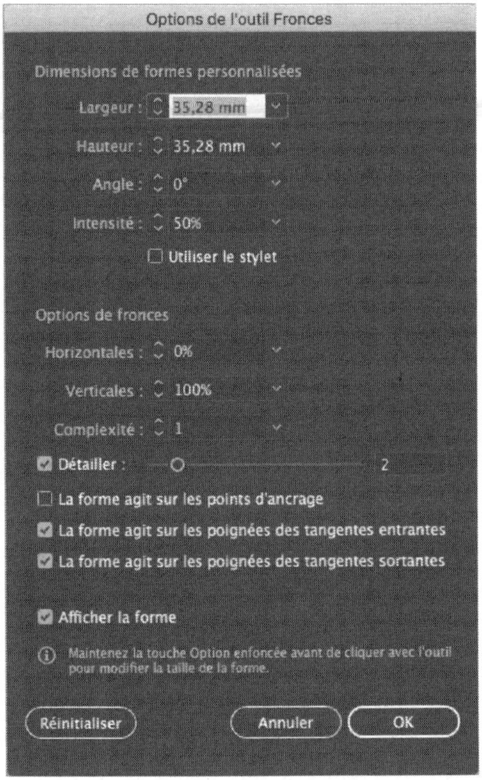

- Pour définir la taille du curseur de l'outil, sélectionnez ou saisissez les valeurs dans les zones **Largeur** et **Hauteur**.
- Pour définir l'orientation de votre curseur, sélectionnez ou saisissez une valeur dans la zone **Angle**.
- Pour réaliser une déformation plus ou moins rapide, saisissez ou sélectionnez une valeur dans la zone **Intensité** ; plus le pourcentage est élevé, plus la déformation est rapide.
- Pour l'outil **Fronces**, modifiez, si besoin est, les valeurs des zones **Horizontales** et/ou **Verticales** afin que des fronces de X % apparaissent horizontalement et/ou verticalement sur l'objet.

Fronces 100 % horizontales

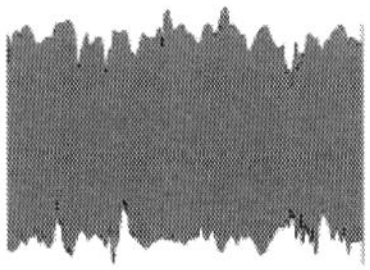

Fronces 100 % verticales

- Pour augmenter ou diminuer les détails de votre objet, sélectionnez ou saisissez une valeur dans la zone **Complexité**.
- Pour modifier l'espace entre les points insérés sur le contour de l'objet, cochez l'option **Détailler** puis spécifiez une valeur dans la zone de saisie correspondante ou faites glisser le curseur correspondant ; plus la valeur est élevée, plus les points sont rapprochés.
- Cochez l'option **La forme agit sur les points d'ancrage** si vous souhaitez que la transformation agisse sur ces points.
- Cochez l'option **La forme agit sur les poignées des tangentes entrantes** si vous souhaitez que la transformation agisse sur ces tangentes.
- Cochez l'option **La forme agit sur les poignées des tangentes sortantes** si vous souhaitez que la transformation agisse sur ces tangentes.
- Cochez l'option **Afficher la forme** pour visualiser la forme de votre curseur lorsque vous réalisez des modifications sur votre objet.
- Cliquez sur le bouton **OK**.

En utilisant tous ces outils conjointement, vous pouvez réussir, à partir d'un rectangle, à faire des formes aussi faciles qu'originales. Ci-dessous un exemple de landau top-design ;-)

Appliquer un masque d'écrêtage

Sur un calque

Les masques d'écrêtage sont des calques qui masquent les objets situés en dessous : seule la partie contenue dans les limites de la forme du masque d'écrêtage est visible.

Le masque n'agit que sur son calque ou groupe de calques.

- Créez plusieurs formes (la forme située au-dessus servira de masque) sur le même calque ou groupe de calques puis sélectionnez-les.
- Dans le panneau **Calques**, cliquez sur le bouton **Créer/Annuler le masque d'écrêtage** ou ouvrez le menu du panneau **Calques** puis cliquez sur l'option **Créer/Annuler le masque d'écrêtage**.

- Pour retirer le masque créé, sélectionnez le calque sur lequel se situe le masque puis cliquez sur le bouton **Créer/Annuler le masque d'écrêtage** du panneau **Calques** ou ouvrez le menu du panneau **Calques** puis cliquez sur **Annuler le masque d'écrêtage**.

Sur un objet

En utilisant un masque d'écrêtage, seule la portion de dessin vue à travers le masque apparaît.

- Pour créer un masque, créez deux objets, positionnez l'objet devant servir de masque au-dessus de l'autre. Sélectionnez vos objets puis **Objet - Masque d'écrêtage - Créer** ou Ctrl **7** (PC) ou cmd ⌘ **7** (Mac).

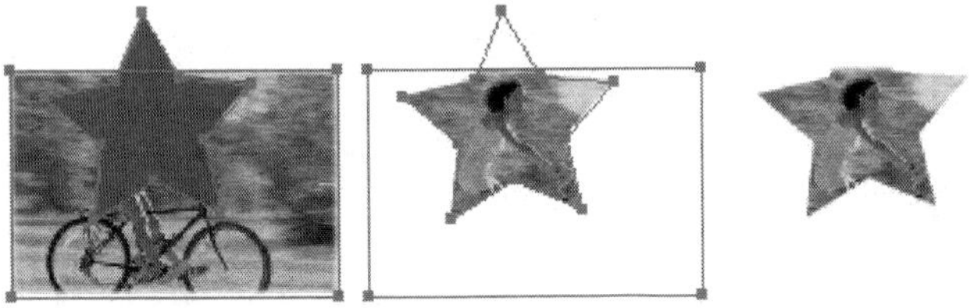

Cet exemple présente une image bitmap placée en dessous du masque.

La commande **Sélection - Objet - Masques d'écrêtage** permet de sélectionner uniquement les masques d'un document.

- Pour ajouter un objet, faites glisser l'objet sur le masque. Conservez sa sélection puis faites **Edition** - **Couper** (Ctrl X (PC) ou cmd ⌘ X (Mac)). Sélectionnez l'outil **Sélection directe** puis cliquez dans l'image masquée sur l'objet devant ou derrière lequel vous souhaitez ajouter le tracé puis **Edition** - **Coller devant** ou **Coller derrière**.

  Pour supprimer un objet, sélectionnez l'outil **Sélection directe** puis cliquez sur l'objet à supprimer puis **Edition** - **Effacer** ou Suppr.

Deux modes de dessin évitent les manipulations compliquées pour placer les éléments les uns derrière les autres, ainsi que le recours au masque d'écrêtage qui est désormais mis en place automatiquement avec le mode de dessin Intérieur.

Utiliser le mode Dessin Intérieur

- Sélectionnez l'objet à l'intérieur duquel vous voulez travailler. Cliquez ensuite sur l'icône **Modes de dessin** en bas de la barre d'outils et choisissez **Dessin intérieur** dans le menu déroulant.

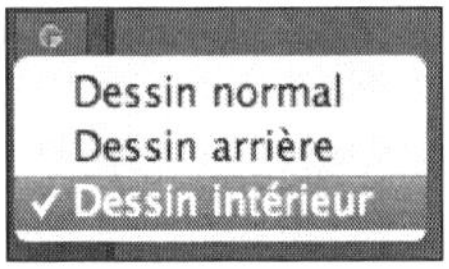

Si le panneau est affiché sur deux colonnes, sélectionnez l'icône de droite Dessin intérieur dans la partie inférieure de la barre d'outils.

L'objet sélectionné est alors entouré de quatre coins en pointillés. Vous pouvez désélectionner cet objet et choisir un outil de dessin.

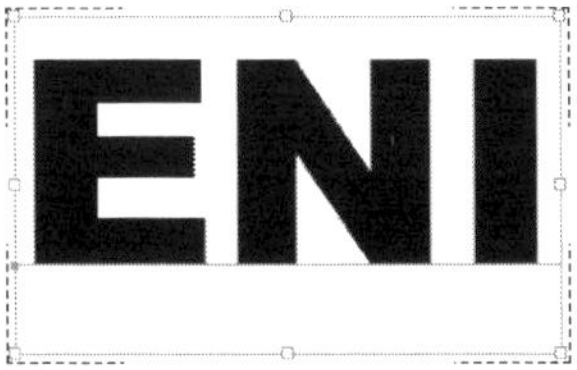

Les dessins réalisés apparaissent à l'intérieur de l'objet qui se comporte comme un masque d'écrêtage.

- Pour modifier les attributs des tracés (fond, contour, couleurs...), sélectionnez l'objet, puis choisissez le menu **Objet - Masque d'écrêtage - Modifier le contenu**. Réalisez les modifications souhaitées.

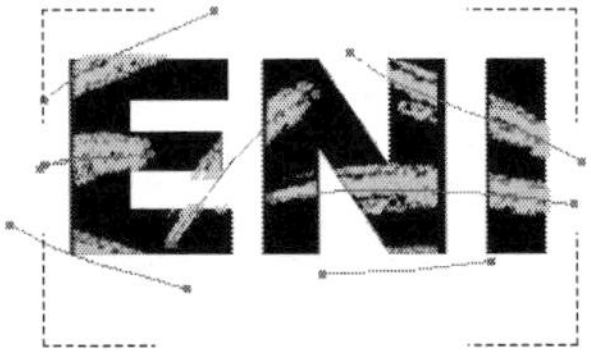

- Pour éditer les tracés, vous devez annuler le masque d'écrêtage.

Utiliser le mode Dessin Arrière

- Choisissez de la même manière **Dessin arrière** pour activer ce mode de dessin. Il n'est pas nécessaire de sélectionner l'objet de premier plan. La nouvelle forme sera placée sous toutes les autres.
- Créez ensuite un objet, une forme ou un tracé ; il est automatiquement placé à l'arrière-plan.

- Pour revenir au mode de dessin normal, choisissez de la même manière **Dessin normal**.

Imprimer un document

Les fonctionnalités d'impression sont regroupées dans une seule et même fenêtre afin de faciliter le paramétrage de l'impression.

- **Fichier - Imprimer** ou Ctrl **P** (PC) ou cmd ⌘ **P** (Mac)
- Veillez à ce que l'option **Général** soit sélectionnée dans la zone visible au-dessus de l'aperçu.

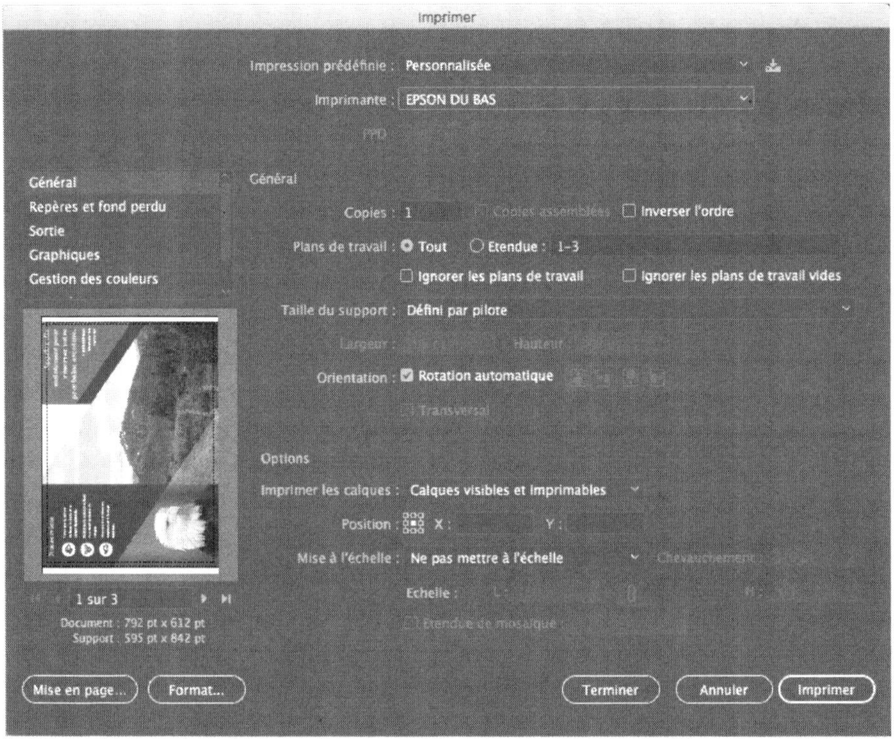

- Précisez le nombre de **Copies** à imprimer dans la zone correspondante ; si votre illustration est composée de plusieurs pages, l'option **Copies assemblées** permet alors de trier différents exemplaires imprimés. En effet, si cette option est cochée, Illustrator imprime toutes les pages du premier exemplaire puis toutes les pages de l'exemplaire suivant... À l'inverse, Illustrator imprime tous les exemplaires de la première page puis tous les exemplaires de la page suivante.

  *L'option **Copies assemblées** est indisponible si votre illustration est composée d'une seule page.*

- Si les pages de l'illustration doivent être imprimées en ordre inverse, cochez l'option **Inverser l'ordre**.

- Si vous souhaitez imprimer l'intégralité de votre support en ignorant les plans de travail, cochez l'option **Ignorer les plans de travail**.
- Si certains plans de travail ne contiennent pas d'illustrations, cochez l'option **Ignorer les plans de travail vides** si vous ne souhaitez pas les imprimer.
- Si votre illustration est composée de plusieurs pages, spécifiez l'étendue de l'impression en activant une des options associées à l'option **Plans de travail** :

Tout Permet d'imprimer toutes les pages de l'illustration.

Etendue Permet d'imprimer quelques pages dont vous spécifierez les numéros dans la zone de saisie correspondante : pour imprimer plusieurs pages qui se suivent, tapez le numéro de la première, un tiret puis le numéro de la dernière (par exemple, pour imprimer de la page 1 à la page 3, tapez : 1-3). Si les pages à imprimer ne se suivent pas, séparez les numéros par des virgules (par exemple, pour imprimer les pages 1 et 3, tapez 1,3). Si votre illustration contient plusieurs plans de travail et que seuls certains doivent être imprimés, spécifiez les numéros des plans de travail à imprimer dans cette zone.

- Sélectionnez une **Taille du support** de page dans la liste correspondante ; choisissez l'option **Personnalisé** si le fichier PPD associé à l'imprimante l'autorise puis spécifiez la **Largeur** et la **Hauteur** du format dans les zones correspondantes.
- En cochant la case **Rotation automatique**, vous n'avez pas besoin de préciser l'orientation du papier, qui sera automatiquement adaptée au format de l'illustration. Pour forcer l'orientation, décochez cette case et cliquez sur l'icône correspondante à droite.

*L'option **Transversal** permet de faire pivoter l'illustration à 90° ; cette option est indisponible si vous n'utilisez pas un fichier PPD prenant en charge l'impression transversale ainsi que les formats de page personnalisés.*

- Cliquez sur un des boutons carrés de l'option **Position** pour définir l'endroit à partir duquel se fera l'impression ou spécifiez les valeurs de positionnement dans les zones de saisie **X** et **Y**.
- Modifiez éventuellement l'échelle d'impression en activant une des options suivantes :

Ne pas mettre à l'échelle Illustrator ne met pas le document à l'échelle.

Page entière Illustrator adapte automatiquement le pourcentage de mise à l'échelle en fonction de la surface imprimable.

Personnalisé Permet de définir une échelle personnalisée en saisissant les valeurs de pourcentage souhaitées (1 % à 1000 %) dans les zones **L** et/ou **H**. Pour conserver les proportions entre la largeur et la hauteur, veillez à ce que le bouton soit actif. À l'inverse, cliquez sur ce bouton pour le désactiver.

Pages juxtaposées Permet de gérer l'impression sur deux pages à raccorder ; dans ce cas, précisez la zone chevauchement.

Zones juxtaposées Permet l'impression sur deux pages sans chevauchement.

- Choisissez les calques que vous souhaitez imprimer en sélectionnant une des options de la liste **Imprimer les calques** : **Calques visibles et imprimables**, **Calques visibles** ou **Tous les calques**.
- Si votre plan de travail ne peut pas être contenu sur une seule page, activez l'option **Etendue de mosaïque** pour choisir l'étendue des pages à imprimer.

  Modifiez éventuellement l'**Echelle** de la mosaïque en cochant l'option correspondante puis en saisissant les valeurs de pourcentage souhaitées dans les zones **L** et/ou **H**.

  Si vous ne souhaitez pas imprimer toutes les pages de la mosaïque, cochez l'option **Etendue de mosaïque** puis spécifiez les numéros des pages à imprimer (pour plus d'explication, reportez-vous à l'option **Etendue** de ce titre).
- Cliquez sur le bouton **Imprimer**.

Créer des traits de coupe autour d'un objet

Les traits de coupe servent à créer des repères de découpe lors de l'impression : par exemple, pour permettre la découpe de cartes de visite.

- Dessinez un rectangle délimitant la zone d'apparition des traits de coupe.
- Sélectionnez l'outil **Sélection** puis cliquez sur le rectangle pour le sélectionner.
- **Effet - Traits de coupe**

Les traits de coupe remplacent le rectangle.

Les traits de coupe peuvent être créés autour d'un ou de plusieurs objets.

Pour supprimer les traits de coupe d'un objet, sélectionnez-le, cliquez sur **Traits de coupe** dans le panneau **Aspect** puis cliquez sur le bouton 🗑.

Définir les options de repères et fonds perdus

Il s'agit de définir un espace tout autour du document qui sera coupé par le massicot de l'imprimeur. Le ***fond perdu*** *est une réserve de couleur dans le cas où le massicot coupe trop large et fasse apparaître le blanc du papier. Les* ***traits de coupe*** *sont des petits traits qui servent de guides pour couper vos documents. Ils sont verticaux et horizontaux. Nous avons vu précédemment que l'on peut créer des traits de coupe pour chacun des objets d'un document. Ici il s'agit de repères d'impression et traits de coupes généraux qui seront imprimés autour du document ou du plan de travail.*

- **Fichier - Imprimer** ou Ctrl **P** (PC) ou cmd ⌘ **P** (Mac)
- Sélectionnez la catégorie **Repères et fond perdu** dans la zone visible au-dessus de l'aperçu.
- Pour afficher **Tous les repères d'impression**, cochez l'option correspondante.
- Cochez l'option **Traits de coupe** si vous souhaitez que l'illustration soit coupée en fonction de ces traits puis spécifiez l'épaisseur des traits de coupe dans la liste **Graisse du trait de coupe**.
- Dans la liste **Type de repère d'impression**, sélectionnez l'option **Romain** sauf si vous écrivez en japonais ou toute autre langue asiatique.
- Cochez l'option **Repères de montage** si vous souhaitez que ceux-ci soient situés en dehors des traits de coupe pour aligner les différentes séparations d'un document couleur.
- Cochez l'option **Gammes de couleurs** si vous souhaitez voir apparaître une représentation de la couleur de chaque ton direct ou couleur quadri (si vous utilisez du CMJN, cela ne fonctionnera pas).
- Précisez dans la zone **Décalage** à quelle distance du bord de la page se situent les repères de montage.
- Cochez l'option **Informations sur la page** pour que toutes les informations relatives au document soient placées en dehors des traits de coupe.
- Définissez, dans les zones **Haut**, **Bas**, **Gauche** et **Droite** de la zone **Fonds perdus**, le nombre de millimètres que vous prévoyez pour le fond perdu ; activez le bouton 🔗 pour que ces quatre valeurs soient proportionnelles.
- Cliquez, selon le cas, sur le bouton **Terminer** ou **Imprimer**.

Définir la séparation des couleurs

*Cette fonction va vous permettre de préparer votre impression sur une flasheuse. Vous allez ainsi générer vos films d'impression : les quatre films Cyan, Magenta, Jaune, Noir ainsi qu'un film supplémentaire par ton direct (couleur provenant d'un nuancier). Vous allez pouvoir visualiser vos films d'impression et modifier divers paramètres tels que la zone d'impression, les films, la linéature... La fonction **Séparation** n'est disponible que si votre imprimante possède un driver PostScript.*

- Créez votre illustration.
- **Fichier - Imprimer** ou Ctrl **P** (PC) ou cmd ⌘ **P** (Mac)
- Cliquez sur la catégorie **Sortie** dans la zone visible au-dessus de l'aperçu.
- Sélectionnez l'**Imprimante** possédant le driver PostScript dans la liste correspondante.
- Sélectionnez, dans la liste **PPD**, le driver correspondant à l'imprimante ; s'il n'est pas visible dans la liste, choisissez l'option **Autre**, sélectionnez le fichier correspondant puis cliquez sur le bouton **Ouvrir**.
- Sélectionnez l'option **Séparations (sur hôte)** dans la liste **Mode**.

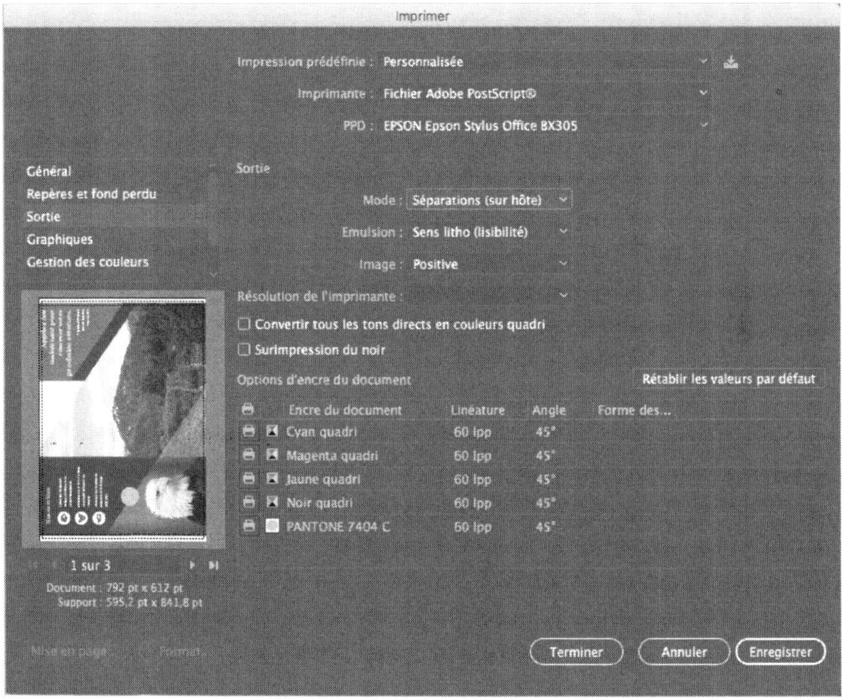

- Dans la liste **Emulsion**, choisissez la face photo sensible du film ou du papier.

*En général, on choisit **Sens litho** pour un support papier et **Sens offset** pour un film.*

- Dans la liste **Image**, choisissez une image **Positive** ou **Négative**.
- Dans la liste **Résolution de l'imprimante**, choisissez la linéature en lignes par pouce (**lpi**) et la résolution en nombre de points par pouce (**dpi**) (en français ppp).

La zone des films affiche les différents films quadri, de même que les films Pantone ou d'autres nuanciers :

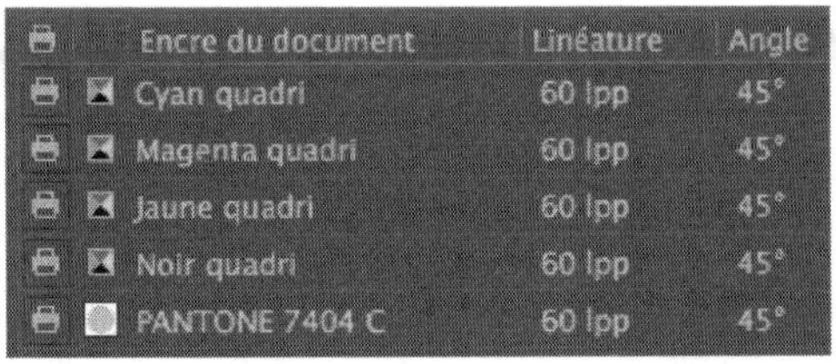

- Pour éviter d'imprimer une couleur, cliquez sur l'icône : elle disparaît et le film correspondant ne sera pas imprimé.
- Cochez l'option **Convertir tous les tons directs en couleurs quadri** pour transformer en films quadri les films correspondant aux nuanciers.

L'icône est remplacée par l'icône .

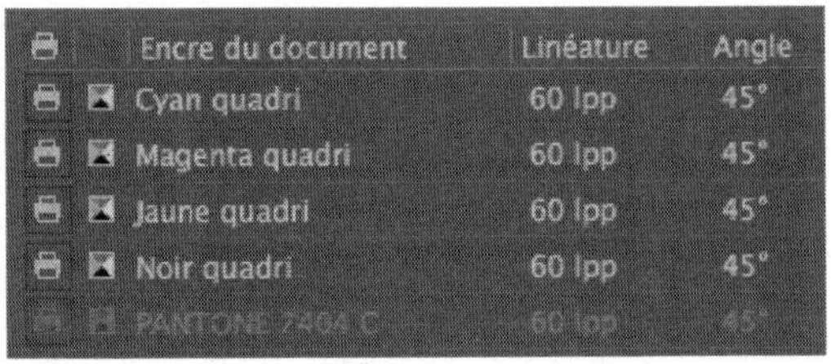

- Lorsque votre illustration contient beaucoup de textes ou de filets noirs, cochez l'option **Surimpression du noir** afin de garantir leur netteté.
- Cliquez, selon le cas, sur le bouton **Imprimer** ou **Terminer**.

Le bouton **Rétablir les valeurs par défaut** de la boîte de dialogue **Imprimer** (catégorie **Sortie**) permet de restaurer les paramètres des options de sortie.

Bitmap
Ce sont des images composées d'une matrice de points, les pixels. Ce sont surtout les photos et œuvres complexes telles que des peintures ou des illustrations qui sont concernées par ce format d'image, car il vise à reproduire au mieux la réalité. Ce mode de travail exige cependant beaucoup plus de ressources machine.

Centre de rotation
Le centre de rotation est le point autour duquel un objet pivote. Par défaut, celui-ci est positionné au centre de l'objet, mais peut être déplacé par un simple cliqué-glissé.

CMJN (Cyan, Magenta, Jaune, Noir)
Synthèse soustractive des couleurs utilisée pour les travaux destinés à l'impression ; la somme des trois couleurs CMJ donne du noir.

Couleurs quadri
Si le document que vous souhaitez imprimer nécessite des couleurs réalistes (photos couleurs, par exemple), vous devez utiliser des couleurs quadri. Les couleurs quadri sont reproduites par quatre encres : le Cyan, le Magenta, le Jaune et le Noir (CMJN). Les couleurs finales sont obtenues en mélangeant des pourcentages de ces quatre encres. Chez l'imprimeur, quatre films seront créés (un par encre).

Courbes de Bézier
Ce système de création des courbes a été créé dans les années 60 par Pierre Bézier, ingénieur chez Renault. Le but étant de traduire mathématiquement une courbe dessinée à la main, il parvint à la conclusion que toute courbe est définie à partir de quatre points. Elles sont constituées de deux points d'ancrage, deux points directeurs et deux lignes directrices.

DPI (Dot Per Inch)
Unité standard de résolution.

EPS (Encapsulated PostScript)
Format des fichiers destinés à l'impression.

Flasheuse
Machine permettant de graver votre illustration sur des plaques en aluminium, ces plaques étant passées dans des rotatives pour l'impression sur papier.

Niveaux de gris
Mode de rendu d'image qui remplace toutes les informations de couleurs d'une image par diverses densités de gris de façon à reconstituer les volumes et les éclairages.

PDF (Portable Document Format)	Les fichiers générés peuvent être constitués d'images et de texte. Vous pouvez y insérer des liens pour naviguer dans l'écran. Ce format permet d'avoir un très bon rendu à l'écran et à l'impression. Il est lu par le logiciel Adobe Acrobat.
Poignées de sélection	Les poignées de sélection apparaissent aux coins et sur les côtés d'un objet lorsque celui-ci est sélectionné ; elles sont au nombre de huit.
Points de contrôle	Les points de contrôle apparaissent lorsque vous sélectionnez un point nodal. Ils déterminent l'angle que décrit la courbe lorsqu'elle passe par le point nodal.
Points nodaux	Points de forme carrée, situés aux extrémités des segments linéaires et courbes.
Recouvrement	Permet, lors de l'impression des quatre films Cyan, Magenta, Jaune et Noir, d'éviter les zones non imprimées, le recouvrement crée un chevauchement des couleurs.
RVB (Rouge, Vert, Bleu)	Synthèse lumineuse additive des couleurs destinées au travail sur écran ; la somme des trois couleurs donne du blanc. Ce modèle colorimétrique est utilisé lors de la réalisation de sites web, de CD-ROM, etc.
Saturation	Permet de rendre une couleur vive ou non.
Segment	Ligne ou courbe située entre deux points nodaux dans un objet courbe.
Séparation	Permet de générer vos films d'impression : les quatre films Cyan, Magenta, Jaune, Noir, ainsi qu'un film supplémentaire par ton direct (couleur provenant d'un nuancier).
SVG (Scalable Vector Graphics)	Le format SVG est un nouveau format de fichier qui permet d'associer le HTML au JavaScript et donc de rendre les sites Internet plus dynamiques.
Ton direct	Ce sont des gammes de couleurs prédéfinies. Lors de l'impression, un film est créé pour chaque nuance de ton direct. Le Pantone est un exemple de ton direct utilisé par les imprimeurs.

Tracé

C'est une forme vectorielle dessinée à partir de laquelle les objets sont construits. Les tracés peuvent être ouverts (par exemple lignes ou courbes) ou fermés (par exemple cercles ou rectangles). Les tracés peuvent également être constitués d'un seul segment courbe ou linéaire, ou encore de plusieurs segments joints.

TSL (Teinte Saturation Luminosité)

Permet d'avoir une représentation graphique commune des deux modèles colorimétriques.

Vectoriel

Les images au format vectoriel sont composées de courbes, d'objets et de motifs géométriques. Ce sont surtout des logos, des dessins simples, éloignés de la réalité, qui sont créés dans ce format qui exige beaucoup moins de ressources machine que le format bitmap. Le mode vectoriel est cependant beaucoup moins souple d'utilisation que le mode bitmap.

A

B

C

P